英語定型表現研究

歴史・方法・実践

英語定型表現研究
歴史・方法・実践

八木克正
井上亜依

PHRASEOLOGY

開拓社

は　し　が　き

　本書は，日本独特の「語法研究」とは違った観点からの，語やイディオムの多義性・多機能性，統語特徴，構文などを中心にした研究のまとめである．基本的にはフレイジオロジーの研究であるが，過去10数年にわたって，フレーズはなぜ形成されるのか，フレーズを研究する方法はいかにあるべきか，理論だけでなく，実際の問題に取り組むとどのような問題が生じるのか，といった観点から研究を行ってきた．

　既存の言語理論は，ある一定の規則に基づいて，言語現象を記述かつ明示的に説明を行い，言語についての認識を発展させた．また，新しい言語事実の発見に多大の貢献をしてきた．しかしながら，言語には規則では説明しきれない現象が多数ある．既存の言語理論は，規則で説明しきれない個別の言語現象──その多くは，語彙やフレーズに関わるが──を例外として研究の対象から除外するか，あるいは，見て見ぬふりをしてきた．

　本書は，そのような「規則で説明しきれない表現」に定型表現研究の観点から綿密な事実の観察に基づき，その定型表現の色彩豊かな意味と機能を明示的に述べる．

　日本における英語の研究は，世界の英語学の動向を汲みながら日本独自の形を作り上げてきた歴史を持つ．我が国は，その早い段階で，英語学習者のためには定型表現が有益であるという考えに至り，定型表現の辞書を出版してきた．そして，そのような辞書は英語を母語とする英語教育研究者にも多大な影響を与え，教育学的立場から定型表現研究の発展に貢献した．現在の定型表現研究は，我が国における定型表現研究と世界の教育学的・英語学的立場からの定型表現研究との接触によって，互いに切磋琢磨し，時代の流れにのって1つのものとなり今に至る．1つとなった現在は，まるでシェフが得意とする素材を，得意とする調理手法で素材をおいしく調理しているかのように，各研究者が対象とする定型表現は各研究者にゆだねられ，研究方法もさまざまである．

　定型表現研究は古くから存在したが，「どのような定型表現を研究対象と

し，それらをどのように研究するか」ということはつまびらかになってはいない．換言すると，「古くて新しい学問領域」である．私たちは，過去10年間，データをどこから得るかなどの暗中模索の状態で定型表現の個別事象を調べることから研究を始め，これまでの言語研究と同じく，定型表現の事象の一般的説明に努めてきた．私たちが研究対象とした定型表現は，日本の英語教育もしくは英語学で長らくの間「正しい」と信じられていたものの見なおしや，英語母語話者には気づかないものなどを多く含んでいる．このような研究成果は，私たち独自のものであり，海外の学会でも一定の評価を得てきた．

定型表現研究は，まだよく知られていない分野であるから，研究方法も多種多様である．その中で，過去の語彙研究，定型表現研究の歴史からまなびながら，1つの研究方法を提示した．

研究の名に値するためには，少なくとも，理論の発展修正に貢献する，新しい事実を検証する，新しい事実で理論を検証する，新しい着眼点を提示する，といった条件を備えなければならない．このような観点からみると，本書は，既存の理論には頼らず，日本の英語学研究の伝統と欧米の理論を組み合わせた結果としての独自の理論に基づき，新しい事実を検証し，新しい着眼点を提示し，そして，その新しい事実を分析することによって独自の理論を発展させたという点で，研究の大義を果たしていると思う．

本書の構成は次のとおりである．大きく第Ⅰ部「理論編」（第1章～第5章）と第Ⅱ部「実践編」（第6章～第13章）から成る．

第1章は，定型表現研究の概説をし，研究の背景などを説明している．第2章は我が国における定型表現研究の発展を述べ，第3章は世界での定型表現の動向を述べている．第4章は，第6章以降で扱うような定型表現がなぜ成立してきたのか説明する．第5章は，これまで「正しい」と信じられてきた単語や定型表現が現代英語の実態とどれだけかけ離れ，そのかけ離れた単語や定型表現は歴史的にどのように理解されてきたのかを述べている．

第6章から第8章は，英語の定型表現（you know what, here we go/here we go again, let's say）の多義・多機能を明らかにしている．第9章は，類似の統語構造を持つ定型表現（and/but＋接続副詞）の意味的・機能的関連を述べている．第10章は，これまで区別されることなく同じものとして使用されて

きた定型表現（how come ...? と why ...?）の実態を論じている．第11章は，日本の英語教育で長い間規範的なものであった定型表現（as ... as any (...)／as ... as ever lived）を再考し，新たな事実を提示している．第12章は，現代英語に観察される譲歩の意味を表す新しい定型表現の実態と発展について述べている．第13章も第11章と同じく，これまで信じられてきた much と very の用法の説明は事実を反映していないことをさまざまな用例により明示している．

　最後になったが，本書の出版をご快諾いただき，鋭い洞察力で支援をしてくださった開拓社の編集者，川田賢氏に深謝する．本書の誤り，考え違いなどは筆者たちの責任である．

　また本書は，過去15年間にわたる科学研究費補助金によって可能になった．とりわけ基盤研究（B）平成20年度～平成23年度「新たな学習英文法構築のための基礎的研究」（課題番号：20320089，研究代表者：八木克正，研究分担者：井上亜依）によることが多いことを記し，感謝する．

　本書が，英語の語彙，成句などの一見不可解な現象の解明に答えるのに参考になればありがたいと思う．

　　2013年5月

八木克正・井上亜依

目　次

はしがき

第 I 部　理論編

第 1 章　コロケーション，定型表現，イディオム …………………… 3

- 1. 定型表現研究概観 ……………………………………………………… 3
  - 1.1. phraseology の意味 ……………………………………………… 3
  - 1.2. phraseology の訳語 ……………………………………………… 6
  - 1.3. 定型表現研究への関心の高まり ………………………………… 8
  - 1.4. フレーズ・レベルにおける「らしさ」 ………………………… 9
  - 1.5. なぜフレーズか？ ………………………………………………… 9
  - 1.6. 習慣としての言語 ………………………………………………… 10
- 2. 言語研究分野としての phraseology ………………………………… 11
- 3. 文法と定型表現研究 …………………………………………………… 16
  - 3.1. 言語能力と言語使用 ……………………………………………… 16
  - 3.2. 言語の規則性と不規則性 ………………………………………… 18
  - 3.3. 可能性と蓋然性 …………………………………………………… 19
  - 3.4. 形式と意味 ………………………………………………………… 21
- 4. 実証とは何か …………………………………………………………… 26
  - 4.1. 演繹と帰納 ………………………………………………………… 26
  - 4.2. 仮説をどのように検証するか …………………………………… 27
  - 4.3. 「実例がある」とはどういうことか …………………………… 28
  - 4.4. 定型表現研究の方法論 …………………………………………… 29
- 5. 結語 ……………………………………………………………………… 30

第 2 章　我が国における英語の定型表現研究の歴史概観 ………… 31

- 1. はじめに ………………………………………………………………… 31
- 2. 神田乃武・南日恒太郎共編『英和雙解熟語大辭典』(1909) ……… 31
- 3. 勝俣銓吉郎の『研究社英和活用大辞典』…………………………… 33

 4. 齋藤秀三郎のイディオモロジー (idiomology) ……………………… 37
 5. J. M. Dixon, *Dictionary of Idiomatic English Phrases* (1891) ……… 40
 6. H. E. パーマー (H. E. Palmer) …………………………………… 41
 7. A. S. ホーンビー (A. S. Hornby) ………………………………… 45
 8. M. ウエスト (Michael West, 1888-1973) ………………………… 48
 9. 1920 年代から 1952 年までの基本語彙選択とコロケーション選択
  の経緯 ………………………………………………………………… 52
 10. 結語 ………………………………………………………………… 55

第 3 章　近年の定型表現研究概観 ……………………………………… 57

 1. はじめに ……………………………………………………………… 57
 2. 定型表現研究の発展の過程 ………………………………………… 59
  2.1. 教育学的立場 …………………………………………………… 59
   2.1.1. *Oxford Dictionary of Current Idiomatic English*,
    Vol. 1 (1975) ……………………………………………… 60
   2.1.2. *A Dictionary of American Idioms* (1975, 1987) …………… 62
   2.1.3. *Longman Dictionary of English Idioms* (1979) …………… 63
   2.1.4. *Selected English Collocations* (1982) ……………………… 64
   2.1.5. *Oxford Dictionary of Current Idiomatic English*,
    Vol. 2 (1983) ……………………………………………… 64
   2.1.6. *The BBI Combinatory Dictionary of English* (1986,
    1997, 2010) ………………………………………………… 65
   2.1.7. 近年出版されているコロケーション辞典と句動詞辞典 ……… 67
    2.1.7.1. *Macmillan Collocations Dictionary* (2010) ………… 67
    2.1.7.2. *Oxford Collocations Dictionary for Students
     of English*, 2nd edition (2010) ……………………… 68
    2.1.7.3. *The American Heritage Dictionary of Phrasal
     Verbs* (2005) ………………………………………… 70
   2.1.8. 近年出版されている学習者用辞典での定型表現の扱い ……… 71
    2.1.8.1. *OALD*[8] …………………………………………… 71
    2.1.8.2. *COB*[7] …………………………………………… 71
    2.1.8.3. *LDCE*[5] ………………………………………… 72
    2.1.8.4. *CALD*[3] ………………………………………… 73
    2.1.8.5. *MED*[2] ………………………………………… 74
  2.2. 言語学的立場 …………………………………………………… 75
 3. 結語 …………………………………………………………………… 79

第4章　現代英語の変化を見る視点
　　　　──「効果的な意思伝達」と「労力節減」 …………………………… 81

1. はじめに …………………………………………………………… 81
2. 「労力節減」の種々相 …………………………………………… 84
    2.1. 発音における「労力節減」………………………………… 85
    2.2. 現代英語の形態的・統語的変化の例 …………………… 86
3. 言語学の中の「経済」のとらえ方 ……………………………… 87
4. 言語変化の原因としての「最小労力」の原則 ………………… 89
    4.1. 比較言語学以前 …………………………………………… 89
    4.2. 比較言語学から今日に至るまで ………………………… 90
    4.3. 20世紀の言語学者 ………………………………………… 91
5. プラハ学派のアンドレ・マルティネ (André Martinet) ……… 93
6. 「言語経済」の原理の再認識 …………………………………… 95
7. 結語 ………………………………………………………………… 96

第5章　英語の変化と辞書記述 ……………………………………… 99

1. はじめに …………………………………………………………… 99
2. 動詞 gain の構文 ………………………………………………… 101
3. have a game with him は「彼をだます」の意味になるか？ … 103
4. be incidental on/upon ... というコロケーション ……………… 104
5. comes at a cost …………………………………………………… 108
    5.1. 名詞 cost を使った定型表現 …………………………… 108
    5.2. comes at a cost の意味 ………………………………… 111
    5.3. comes at a cost の成り立ち …………………………… 114
6. 省略によって生じた定型表現 back when ……………………… 115
7. 動詞 think に後続する wh 節 …………………………………… 119
    7.1. think が wh 節をとる場合の整理 ……………………… 119
    7.2. can't think wh 節の用法 ………………………………… 124
    7.3. can't think wh 節の構文をとる think の特徴 ………… 125
8. 結語 ………………………………………………………………… 126

第 II 部　実践編
―定型表現再考と定型表現形成傾向―

第 6 章　what で終わる命題部分省略定型表現の多義と多機能 … 129
　1. はじめに …………………………………………………………… 129
　2. what で終わる命題部分省略定型表現の統語構造 …………… 130
　3. you know what を選択した理由 ……………………………… 132
　4. you know what の先行研究 …………………………………… 133
　5. you know what の多義と多機能 ……………………………… 135
　　5.1. 皮切りの you know what ………………………………… 136
　　5.2. 話題転換の you know what ……………………………… 137
　　5.3. 強調の you know what …………………………………… 137
　　5.4. 間詰めの you know what ………………………………… 139
　　5.5. 話題転換と強調が混合した you know what …………… 140
　　5.6. 情報補足の you know what ……………………………… 141
　　5.7. 代用の you know what …………………………………… 143
　6. "LKL" Corpus に観察された現代口語英語の you know what
　　 の多義と多機能 …………………………………………………… 144
　7. 既存の大規模コーパス（BNC, WB）との比較 ……………… 147
　8. その他の what で終わる命題部分省略定型表現の機能 …… 149
　9. you knew what, he knows what, she knew what などの統語
　　 的類似表現が観察されない理由 ………………………………… 153
　10. 結語 ………………………………………………………………… 154

第 7 章　here, there を伴った定型表現の多機能と多義 ………… 155
　1. はじめに …………………………………………………………… 155
　2. here we go, here we go again の構造 ……………………… 155
　3. 音調とその機能 …………………………………………………… 156
　4. here we go, here we go again の先行研究 ………………… 157
　5. here we go, here we go again の実態 ……………………… 158
　　5.1. 注意喚起の here we go …………………………………… 158
　　5.2. 奮起の here we go, here we go again ………………… 159
　　5.3. 嫌悪の here we go, here we go again ………………… 160
　　5.4. 同意の here we go ………………………………………… 161
　　5.5. 行為完了の here we go …………………………………… 162
　　5.6. 提示の here we go ………………………………………… 162

  6. 現代口語英語に観察された here we go, here we go again
   の多機能・多義 163
  7. 既存の大規模コーパス（BNC, WB）との機能の比較 164
  8. その他の here, there を伴った定型表現 165
   8.1. here goes 165
   8.2. there you go 166
   8.3. here it is 167
   8.4. there you are 168
   8.5. here you are 169
   8.6. here, there を伴う定型表現の機能 169
  9. here, there を伴った定型表現の機能的拡張 170
  10. 類似表現がコーパスで観察されない理由 171
  11. 結語 173

第8章　let's say とその他の類似定型表現 175

  1. はじめに 175
  2. let's say の統語構造 176
  3. let's say の先行研究 178
  4. let's say の多義性 179
   4.1. 例をあげる let's say 179
   4.2. 節を従えて喩えを言う let's say 181
   4.3. 前言訂正の let's say 184
   4.4. 間詰めの let's say 184
  5. let's say に類似した定型表現の分析 185
   5.1. let us say の機能 186
   5.2. let's see, let us see の機能 188
   5.3. let's assume, let's suppose の機能 190
  6. let's say が持つ機能の派生 192
  7. 間詰めとして働く you know what, let's say の相違 193
  8. インフォーマント調査 193
  9. 結語 196

第9章　and＋接続副詞，but＋接続副詞のパタンをとる
    定型表現の機能 197

  1. はじめに 197

2. 「接続副詞」,「and＋接続副詞」,「but＋接続副詞」の3者の機能 …… 197
　2.1. yet, and yet, but yet の場合 …………………………………… 197
　　2.1.1. yet ………………………………………………………… 197
　　2.1.2. and yet …………………………………………………… 199
　　2.1.3. but yet …………………………………………………… 201
　2.2. besides, and besides, but besides の場合 …………………… 201
　　2.2.1. besides …………………………………………………… 202
　　2.2.2. and besides ……………………………………………… 202
　　2.2.3. but besides ……………………………………………… 203
　2.3. then, and then, but then の場合 ……………………………… 205
　　2.3.1. then と and then ………………………………………… 205
　　2.3.2. but then ………………………………………………… 206
　2.4. still, and still, but still の場合 ………………………………… 207
　　2.4.1. still ………………………………………………………… 208
　　2.4.2. and still …………………………………………………… 209
　　2.4.3. but still …………………………………………………… 210
　2.5. nevertheless, and nevertheless, but nevertheless の場合 …… 211
　　2.5.1. nevertheless ……………………………………………… 211
　　2.5.2. and nevertheless ………………………………………… 212
　　2.5.3. but nevertheless ………………………………………… 212
3. 「接続副詞」,「and＋接続副詞」,「but＋接続副詞」の3者の関係 …… 213
4. 「and＋接続副詞」と「but＋接続副詞」の成り立ち ………………… 215
5. 「and＋接続副詞」と「but＋接続副詞」の成り立ちに働く基本原理 …………………………………………………………………… 216
6. and, but が単独で用いられた場合と「and＋接続副詞」と「but＋接続副詞」の違い ……………………………………………………… 216
　6.1. and と and yet の違い ………………………………………… 216
　6.2. but と but yet の違い ………………………………………… 217
7. 結語 ……………………………………………………………………… 219

第10章　why ...? と how come ...? の区別 …………………… 221

1. はじめに ………………………………………………………………… 221
2. why ...? に関するこれまでの記述 …………………………………… 223
　2.1. 八木 (1999) …………………………………………………… 223
　2.2. Quirk et al. (1985) …………………………………………… 224
　2.3. 小西 (編) (1989) ……………………………………………… 224

3. how come ...? に関する先行研究 ……………………………… 224
  4. how come ...? の構造 …………………………………………… 228
  5. 現代英語に観察される how come ...? の用法 ………………… 228
    5.1. パタン ……………………………………………………… 228
      5.1.1. how come S + V? ……………………………………… 228
      5.1.2. how come? …………………………………………… 230
      5.1.3. that's how come ……………………………………… 232
      5.1.4. how come not ………………………………………… 233
  6. how come ...? の機能とその成り立ち ………………………… 233
    6.1. 機能 ………………………………………………………… 234
    6.2. how come ...? の現代までの派生 ……………………… 234
    6.3. how come ...? と why ...? の統語形式 ………………… 234
  7. 結語 ……………………………………………………………… 235

第 11 章　同等比較表現の再検討
—as ... as any (...) / as ... as ever lived ……………… 237

  1. はじめに ………………………………………………………… 237
  2. 問題の所在 ……………………………………………………… 237
  3. as ... as 構文の分析 …………………………………………… 239
  4. 代表的用例についてのインフォーマント調査 ……………… 242
  5. 出典はどこにあるか …………………………………………… 244
  6. どのように引き継がれてきたか ……………………………… 246
    6.1. 小川（1954） ……………………………………………… 246
    6.2. 『英語語法大事典』 ……………………………………… 247
    6.3. 『続・英語語法大事典』 ………………………………… 247
    6.4. 大沼（1968） ……………………………………………… 248
    6.5. 『英語語法大事典　第 3 集』 …………………………… 249
  7. 実際の用例による検証 ………………………………………… 250
    7.1. as good as any person と as good as any other person ……… 250
      7.1.1. as ... as any other (...) ………………………………… 250
      7.1.2. as good as any (...) …………………………………… 252
    7.2. 絶対比較から強意へ—as ... as anything ……………… 254
  8. as ... as any ... の本質 ………………………………………… 255
  9. as ... as ever lived …………………………………………… 257
    9.1. 扱い方の変化 ……………………………………………… 257
    9.2. as ... as ever lived と類似の用例 ……………………… 257

  9.3.　as ... as ever lived の本質 …………………………………… 260
 10.　結語 ……………………………………………………………………… 261

第12章　譲歩を表す定型表現に伴う省略現象と機能転換 ……… 263

 1.　はじめに ………………………………………………………………… 263
 2.　no matter と whatever の前置詞的な機能 ……………………… 264
  2.1.　whatever の前置詞的な機能 ……………………………… 264
 3.　no matter の前置詞的な用法 ……………………………………… 268
 4.　regardless of の of の省略 ………………………………………… 270
  4.1.　of を伴わない regardless の実態 ………………………… 270
  4.2.　regardless の意味と機能の発展 …………………………… 273
  4.3.　その他の譲歩の意味を表す定型表現 ……………………… 274
   4.3.1.　notwithstanding の実態 ……………………………… 275
   4.3.2.　despite の歴史と実態 ………………………………… 276
   4.3.3.　in spite of の歴史と実態 …………………………… 276
   4.3.4.　irrespective of の歴史と実態 ……………………… 277
   4.3.5.　irregardless の歴史と実態 ………………………… 278
   4.3.6.　譲歩の意味を表す接続詞・前置詞の整理 ………… 279
 5.　意味と機能からみた「譲歩」の意味の定型表現 ……………… 280
 6.　結語 ……………………………………………………………………… 281

第13章　副詞 much と very の用法 …………………………… 283

 1.　はじめに ………………………………………………………………… 283
 2.　意味的統語論から見た very ………………………………………… 287
 3.　副詞 much の検証 …………………………………………………… 289
  3.1.　much の3つの機能 ………………………………………… 289
  3.2.　much が -ed 形，比較級などを直接に前位修飾する場合 ………… 291
   3.2.1.　比較級を修飾する much ……………………………… 292
   3.2.2.　-ed 形を修飾する much ……………………………… 294
   3.2.3.　事例研究——concerned の場合 …………………… 295
   3.2.4.　形容詞と過去分詞 ……………………………………… 296
  3.3.　動詞を修飾する much, very much ……………………… 297
 4.　名詞句，前置詞句，節を修飾する場合 ………………………… 300
  4.1.　名詞句の修飾 …………………………………………………… 300
  4.2.　前置詞句・as 節の修飾 ……………………………………… 302

5. much の本質 ……………………………………………………… 303
　5.1. 基本的意味 ………………………………………………… 303
　5.2. 機能的特徴 ………………………………………………… 304
6. 定型表現としての very much ………………………………… 305
　6.1. 「同定」の機能 …………………………………………… 305
　6.2. 「段階化」の機能 ………………………………………… 306
7. 結語 ……………………………………………………………… 307

参考文献 ……………………………………………………………… 309

索　　引 ……………………………………………………………… 319

本書に収録した論文などの初出一覧 ……………………………… 333

第Ⅰ部

理論編

第 1 章

コロケーション，定型表現，イディオム

1. 定型表現研究概観

1.1. phraseology の意味

　phraseology は，一般語としては "(A) choice or arrangement of words and phrases; style of expression; the particular form of this which characterizes a language, author, work, etc." (SOD^6)（語・句の選択や配列；表現のスタイル；言語，作家，作品などを特徴付ける表現形式）のように定義される．したがって，「（他の言語と比べて）英語独特の phraseology（表現法）」「ヘミングウェイの phraseology（表現上の特徴，文体）」「法律独特の phraseology（用語法）」のように使うことができる．

　言語学の一分野としての phraseology は，"phrase" が表すとおり，連語 (collocation)，成句 (set phrase)，イディオム (idiom)，決まり文句 (multi-word expression) など句レベルの単語と単語の結合する可能性，あるいは結合してできたかたまりが研究の対象である．

　実際には phraseology はもっと広い意味でとらえられ，個々の動詞，叙述形容詞，叙述名詞がとるパタンも語の個性としてとらえなおすことができる．もともと動詞と前置詞の結合のような文法範疇どうしの結合は，collocation との対応で colligation（コリゲーション）と言われていた．これを拡大して，ある特定の動詞，例えば want という動詞が取りうる補文構造，

look という動詞がとる前置詞と意味の関係，といったものを colligation と呼び，これらを phraseology の研究範囲に含めて考えることができる．このように，phraseology は，守備範囲はさまざまであるが，言語の個別事象，あるいは「不規則な現象」(irregularities) を扱う分野である．

　この立場を標榜する背景には，理論言語学，主として生成文法に対立する考え方がある．言語理論は，もっぱら言語の規則性 (regularities) を担う文法規則を見いだすことが研究の中心になる．それに対して，文法規則を担う語のレベルにまで研究の対象を掘り下げてゆくと，不規則性が際立ってくる．言語の不規則な部分は語彙と，その結合したものである句，あるいは定型表現，イディオムが担っている．

　実は，統一的なルールで説明ができる規則性は，豊かな人間の言語活動のほんの一部でしかない．言語活動の基礎になる大量の語彙は，それぞれに個性をもっている．言語運用 (performance) の観点から見れば，語と語の結合によって言語はさらに複雑な様相を示す．語が結合してできた句や文などの表現は，さまざまな場面の中であらゆるニュアンスをもって使われる．このことは理論言語学でも否定はしない．だからこそ，このような不規則な部分を研究対象とすることを避けてきた．結果として，語彙や句レベルのかたまりは個別性が高いために，それを扱うレキシコン (lexicon) の研究は進まず，まるで言語研究の域外であるかのように扱われる．

　生成文法のレキシコン開発を目指した「語彙意味論」(lexical semantics) は語彙が共有する意味的特徴と構造の関係を明らかにしようとしている．基本的にはやはり規則性，一般化できることに関心が向くので，語彙意味論が個別の語の特徴にまで踏み込まない限り，辞書学で行われているような言語の語彙研究がどれほどできるか不明である．

　言語学の目標を，人がいかにして言語を習得するかを明らかにすると設定すれば，日常的に人が使う言語を研究対象とする必要はなくなる．したがって，人の脳の仕組みの解明の方向に向かうであろう．言語学を自然科学の一分野とする方向を目指すのであるから，当然の成り行きと言わねばならない．

　それに対して，phraseology は，人間の豊かな言語の営みに関心をもつ人文科学である．言語の研究は規則的な部分だけに限らず，言語の不規則な部分に光をあてるという共通の立場を鮮明にするために掲げた旗印であると言

える．規則性を扱うことが言語学の役割であるとするテーゼに対して，不規則性を扱う言語学をテーゼとするのが phraseology である．

　言語研究の一分野として phraseology という用語が広く使われるようになったのは，20 世紀も末のことであった．若い分野ということもあって，今のところ phraseology 研究の統一的な理論とか方法論があるわけではない．

　マイケル・ホイ（Michael Hoey）やマイケル・スタッブズ（Michael Stubbs）などは方法論を確立すべく，コロケーションの定義や研究方法の一般化をはかっているが，彼らの方法や考え方が必ずしも phraseology 研究を主導しているわけではない．いろいろな人がいろいろな考え方や方法論をもとに，多種多様な対象を研究しているのが現実である．言語研究の対象を人間の言語活動全般に広げると，いろいろな立場や考え方に基づいて研究が進むということは避けられないし，現実にそうなっている．

　ある時突然，天才が言語研究の 1 つの方向を明らかにし，多くの人がその指し示された方向を目指して研究を進めるということだけが言語学，あるいは広く学問のあり方ではない．phraseology については，多くの人が共通の意識をもってはいるが，その意識をどのようにして学問的な体系にしてゆくかは，今後徐々に明らかになってゆくであろう．phraseology は具体的事実に基づいた言語の記述が基本であるから，どのような理論的枠組みの中でも，その価値を失うことはないであろう．アメリカ構造言語学での音声と音素分析，形態論的研究の成果は，生成文法の中で新たな意味づけがなされたが，記述した成果は価値を失うことはなかった．それは言語の事実を記述したからであった．

　我が国では，「語法研究」あるいは実証的な「文法研究」と言われる 100 年の歴史をもった分野がある．文法体系よりは，個別の単語や表現を事実の積み重ねによって，実証的に意味や用法を明らかにすることを主眼とした分野である．特に 1960 年代以降，20 世紀の間に生成文法が盛んになり，語法研究が言語研究の本質からはずれているように見なす傾向があった．このような傾向は世界的に見られるもので，コロケーションや辞書学的な語彙研究についてもあたかも言語学の本質からはずれているかのようであった．コーパス言語学など存在しないという考え方もある．このような中で，語法研究は，言語の意味や，言語と文化の関係を重視する phraseology とほぼ

重なり合う．

　文法規則を深く掘り下げて一般化を試みると，必ずと言って良いほど例外が出てくる．例外は，個別の語彙に関わる場合が少なくない．したがって，文法規則と個別の語の研究は切れ目のない連続体をなしている．この考え方は，認知言語学の立場と軌を一にするものである．

　形容詞 interested は後に何を従えるか，動詞 want の補文構造はどうかなどの研究は phraseology 研究の一環としてとらえなおすことができる．また，定型表現化して多様な意味と機能を発達させている as it were, pretty much のようなごくあたりまえの定型表現の多義性，多機能性も重要な研究対象となる．Burger et al. (eds.) (2007) には諺なども含め，扱われた研究対象はさらに多様である（第 3 章 1 節参照）．

　本書は，そのような背景をもとに，phraseology の研究方法とその方法をもとにした具体的な言語分析の成果を述べるものである．その言語研究は，日本の伝統の中で培われてきた方法に，近年の言語理論の中で開発されてきた方法を加えた独自の方法である．

1.2. phraseology の訳語

　phraseology の日本語訳は，まだ確定しているわけではない．語源的にみると〈phrase（句）+ ology（学，論）〉であり，直訳的に言えば「句学，句論」ということになる．「熟語」も適訳の可能性がある．

　今日までに「成句論」「成句表現研究」，また Stubbs (2001) の，語と語の結合度をパーセントで見る "lexical profile" や，Hoey (2005) の "lexical priming" の影響を受けたのか，「慣用連語」という訳もある（南出・石川（訳）(2009)）．「連語」はコロケーションの訳語である．phraseology は後に述べるように，確かにコロケーション研究から始まったが，今世界で行われている phraseology の研究分野をさすにはあまりにも狭すぎる．

　近年のイギリスやドイツ，イタリアでの phraseology 研究を見ると，言語研究上の単位としての phrase（句）の構成，意味，分布，文化との関わりなどの研究であることは共通している．辞書学でいう lexical phrase，言語習得理論でいう chunk（ただし，chunk は文の下位レベルとしての区切り一般という広い意味で使うこともある），また Biber et al. (1999) でいう lexical bundle はそれぞれ phraseology の研究単位と考えてよい．

いずれにしろ，言語研究の単位である「音声」（音声学），「語」（形態論），「文」（統語論）と同様に，phraseology の研究対象は「句」であり，語と語が結合する可能性，結合してできたかたまりが対象となる．できたかたまりが How are you? のように，文と同じ単位になることもある．

「成句表現研究」といった訳もできるが，与えるニュアンスから単語と単語の結合する可能性をさす「コロケーション」が抜け落ちている感じがある．

phraseology の研究単位を phraseological unit, phraseme などということもある．英語のさまざまな呼称については，第 3 章 2.2 節を参照されたい．本書では，研究単位を「定型表現」と呼ぶことにする．そして，phraseology はこれ以後，「定型表現研究」と呼ぶことにする．

定型表現の意味や，形成の過程，文化との関わりなど，今日までの研究範囲や予測されるこれからの広がりをも包括する用語になるであろう．

Biber et al. (1999: 992ff.) の lexical bundle は，do you want me, you want me など，頻出する語の結合を言うために，必ずしも統語的な区切りとしての phrase とは一致しない．しかし，This is ..., Is this ...? も定型表現の一種と考えるならば，lexical bundle も含めることが必要である．最近の n-gram の発達から，lexical bundle 研究の可能性が開けてきた．n-gram とは，コーパスの中から任意の n 個の単語連鎖を拾い出すプログラムである．意味に関係なく，is this a といった連語が拾い出される．

今のところ，ヨーロッパの研究動向からは，意味と無関係な lexical bundle を研究単位として認めるという傾向は必ずしもないように思われる．[1]

---

[1] Biber and Reppen (eds.) (2012) の第 1 巻は，コーパス言語学研究のうち「語彙研究」(lexical studies) の論文を収録しており，Word Use / Collocations and Semantic Prosody / Phraseology の 3 つのセクションがある．コロケーションとフレイジオロジーを分ける理由を，編者 2 人による "Editors' Introduction: Corpus Linguistics" で次のように述べている．collocation は個別の単語の結合性を扱うのに対して，phraseology は特定のレジスターの中での特徴付けや，異なるレジスターの中での定型表現の多様性を扱い，特定の限られた定型表現だけにとどまらない研究である (pp. xxiv-xxv)．この解説は，レジスターを重視するバイバー (Biber) の考え方を色濃く反映しており，この論文集の特徴となっている．この第 1 巻の phraseology のセクションで取り上げられた論文はすべて lexical bundle に関する研究である．私たちは，lexical bundle を phraseology と同一視して，phraseology をコロケーション研究と対立的に扱うような立場はとらない．

コロケーションは習慣的な語と語の結合の様子を言う．catch a cold, contract pneumonia, develop cancer というような病名と特定動詞の結合の様子がその例である．

定型表現は，コロケーションがさらに固定化され，かたまりとして頻繁に使用されるものである．頻繁に使用されるために多義性を帯びる．イディオムは，定型表現よりさらに固定化されたかたまりであり，一般的な定義にしたがえば，「構成する語の意味から得ることができない新たな意味をもったもの」である．意味が固定化されることによって，使用頻度は定型表現とは比較にならないほど低く，kick the bucket, spill the beans のようなものはイディオム研究の議論以外では実例としては極めてまれである．

1.3. 定型表現研究への関心の高まり

定型表現の研究が盛んになってきた背景には，コーパス言語学の発展，辞書学への関心の高まり，言語教育への応用の期待などがある．

言語理論の統語規則とレキシコン（理論上の辞書）のモデルでは，言語習得や言語使用にあたってのおびただしい数の固定表現の果たす役割をうまく説明できない．高度な科学論文を書く場合でも，母語話者と非母語話者の書く文章では使用言語「らしさ」の違いは定型表現の使いこなし方の違いに顕著に見られるという（Cowie (1999: 12ff.), Howarth (1998)）．統語規則とレキシコンがあればおそらく文は無限に産出される（generate）であろう．だが産出された文は，文法的にも適格であり（grammatical），意味的にも整合性がある（congruent）が，英語らしい慣用にのっとった表現であるという保証はない．私たちが英語で文章を書くと，文法的にも意味的にも間違いではないが，どこか英語らしくない文章になることは常に経験するところであろう．

Thank you very much. と言うが，*Thanks very much. とは言わない (cf. Swan (2005: 255))．「この時計は正確だ」とは言えるが「*この時計は正しい」とは言えない（国広 (1997: 21)）．言語使用者は知らず知らずのうちに慣用的な表現法を，単語と同じように丸ごと記憶して使っている．日本語と英語はそれぞれに独特の「らしさ」がある．「パソコン／机に向かう」は sit at the PC/table であり face the PC/table ではない．「車がパンクした」は The car punctured. ではなく I had a flat tire. である．「辞書を引く」は pull the dictionary ではなく see [consult] the dictionary である．定型表現研究者は，まずその「丸ごと」の結合を取り出して，それがなぜ一方が自然であり，他方が不自然であるかを可能な限り説明しなければならない．しかし実は「丸ごとの結合」を取り出すのは単語のように容易ではない．

1.4. フレーズ・レベルにおける「らしさ」

フレーズ・レベルにおける「らしさ」は「英語らしさ」「日本語らしさ」以外にも，「ヘミングウェイらしさ」「夏目漱石らしさ」「法律文書らしさ」「(雑誌の) ニューヨーカーらしさ」なども求めることができるであろう．このようなフレーズ・レベルにおける「らしさ」を構成するものは何かという研究は，すべて定型表現研究としてとらえることができる．

また一方で，イディオム（例えば「秘密をばらす」の意味の spill the beans）のように構成要素から全体の意味が推測できないわけではないが，you know what, forget it などのようにいくつかの単語が密接につながった「定型表現」が無数に存在し，頻用されることによって多様な意味を獲得する場合がある．母語話者はそのような定型表現を無意識に使っていることが多い．let me see, pretty much, but also, back when など頻出する定型表現で多義性をおびた例は枚挙にいとまがない．このような定型表現も定型表現研究の重要な研究対象となる．

1.5. なぜフレーズか？

定型表現研究は，効果的な外国語教育の必要性から起こった言語研究の方法という側面がある．まず次の引用を考えてみよう．

> ... communicative competence is not a matter of knowing rules for the composition of sentences.... It is much more a matter of knowing a stock of partially pre-assembled patterns, formulaic frameworks, and a kit of rules, so to speak, and being able to apply the rules to make whatever adjustments are necessary according to contextual demands. Communicative competence in this view is essentially a matter of adaptation, and rules are not generative but regulative and subservient.

(Widdowson (1989: 135), also quoted in Willis (2003: 142))

（コミュニケーション能力とは文を構成するルールを知るということではない．あらかじめ組み立てられたパタンや，決まった定式，それに，言わばひと組のルールを知ることであり，また文脈に応じて必要な調整をするためにルールの適用ができることである．コミュニケーション能力をこう捉えると，基本的には状況に応じて作り変えることであり，ルールは生成的ではなく，規制を加える副次的なものである）

この考え方は統語論中心の言語理論と対局をなす．言語の中心はパタンであり定式（成句，決まり文句，諺など）である．文法規則はそれらに従属する調整役である．例えば，There's a lot of people gathering in front of the station. という文は，〈there's ... ＋場所の副詞句〉というパタン，〈a lot of〉〈in front of〉〈people gather＋場所の副詞句〉という定式，それに gather を分詞化したり，これらの要素を配列する調整役としての文法規則からなると考えてみよう．そうすると，コミュニケーションに必要な知識は，定型表現やパタンの知識が中心であり，文法規則は従属的なものであるとする考え方も成り立つであろう．

1.6. 習慣としての言語

人は言語を習得する能力を持って生まれる．特定の言語環境に置かれれば，言語習得能力を使ってその言語を身につけてゆく．言語を身につけてゆくということは，その言語の習慣を身につけてゆくということにほかならない．共同で生活する人間社会には，長い間に社会的習慣を形成してきた．言語も社会的習慣の一部である．

私たちは，何事によらず習慣化することによって楽に学習し，後世に伝えてゆくことができる．個人のレベルでも同様で，生活を習慣化することによって，その時々に判断をしたり選択をしたりする必要性を省くことができる．朝早起きすることも習慣化することによって楽になる．その習慣と違ったことが生じるとつまずきが起こる．

幼い子どもがエスカレーターに乗るのは難しいが，慣れれば楽に乗れるようになる．停止したエスカレーターを歩いて上がろうとすると，よほど意識しないと必ず第一歩でつまずく，と言われる．エスカレーターが動いている

つもりで習慣通りの第一歩を踏み出すからであるという．

　人の言語使用も同じことである．いつも最初から単語と文法規則を使って文を組立てようとすると，話すことはできるだろうが，スピードは遅いし，慣用的でない表現が頻出する．日本語母語話者の英語は，基本的には，単語と文法規則を使って話したり書いたりする．その結果，文法的ではあるが堅苦しい，日本語のような英語ができるのは経験済みである．

　母語である日本語に接する全時間と英語に接する全時間とを比較し，その時間の差の大きさを根拠に，できるだけ英語に接する時間を増やす必要が説かれる．これはまさに習慣化させるために必要な手立てである．

　習慣化とは，長い間に形成されてきた英語らしさを身に付けることに他ならない．日本語で，「傘」とくれば「さす」「たたむ」である．英語で umbrella とくれば，どうなるか？　日本語に引かれて point, stick, fold とするか？　いや，open, close であることは習慣として記憶するしかない．定型表現研究はこういう習慣化されたものが何であるかを調べ，研究することであると言ってよい．

　習慣化は言語の創造性と何ら矛盾するところはない．単語の意味，定型表現，構文などの習慣化した部分は，表現を豊かにするための道具である．これらは煉瓦に例えることができる．この煉瓦を使って，いか様にでも創造性のある建築物（思想，哲学，文学など）を作り上げることができる．

2.　言語研究分野としての phraseology

　phraseology とは，「比較言語学」「アメリカ構造言語学」「生成文法」「認知文法」「体系機能文法」などとは異なり，漠然と研究分野・方法を指す用語である．定型表現研究は，その意味では，「コーパス言語学」「語法研究」「語用論」「談話分析」「会話分析」「パレミオロジー（paremiology）」（諺研究）といった用語と共通する．

　したがって，定型表現研究とはどのような理論に基づくのか，あるいはどのような体系性をもっているのか，などということを問うことは，少なくとも今の時点では意味がない．コーパス言語学に生成文法のような体系的理論を求めることに意味がないことと同じである．このように言うと，コーパス言語学者には異論があるかも知れない．Leech et al. (2009) は Preface の

冒頭で次のように述べている：

> Corpus linguistics is now a mainstream paradigm in the study of languages, and the study of English in particular has advanced immeasurably through the availability of increasingly rich and varied corpus resources.
> （コーパス言語学は今や言語研究の主流のパラダイムである．そして，特に英語研究はますます豊かになってゆき，多様化してゆくコーパスの資源を利用することで，計り知れない進展を遂げてきた）

今や英語の研究者でコーパスを使う人が多くなっていることは事実だろう．そして，コーパスを使った言語研究が特に英語の特質を明らかにする上で大きな貢献をしてきたことは間違いない．だが，コーパス言語学は「パラダイム」と言えるのだろうか．SOD^6 は paradigm を次のように定義している：*Philosophy* a mode of viewing the world which underlies the theories and methodology of science in a particular period of history.（［哲学用語］歴史の一定時期において，科学の理論と方法論の根本にある世界観）．

コーパス言語学として研究者が共通して理解していることは，次のような点にある．

(i) 言語直観では明らかにできないことがコーパスを利用することによって明らかにできる側面があるということ（ただし，実際の言語研究においては，言語直観との併用は避けられないことも事実である），

(ii) コーパスを使う研究は必然的に言語使用の研究であり帰納的方法をとること，

(iii) コーパスの利用によって文法的側面よりは，語彙，コロケーション，定型表現，イディオム，構文といった言語の側面の研究に貢献することができること．

このような共通理解で成り立つコーパス言語学は，パラダイムというほどに理論的に整備されているわけではない．私たちは「コーパス言語学」という用語自体を使うことを避ける．なぜならば，コーパスを使った言語研究はあまりにも多様であり，その方法自体も一定の方向を向いているわけではないからである．

チョムスキー（N. Chomsky）は「コーパス言語学など存在しない」と述べた（八木 (2013: 59)）が，近年は理論言語学の立場の研究者もコーパスを使うことが増えている．コーパスを使えばコーパス言語学をやっていることになるというのであれば，そのような生成文法学者もコーパス言語学者ということになるだろう．認知文法でも，構文文法でも，私たちのように定型表現研究の立場に立つ者も同じコーパス言語学の研究者ということになるのだろうか．私たちの考えはサンプソン（G. R. Sampson）と同じである．

> In reality, corpus linguistics is not a special subject. To be a corpus linguist is simply to be an empirical linguist, making appropriate use of the available tools and resources which are enabling linguists at the turn of the century to discover more than their predecessors were able to discover, when empirical techniques were last in vogue. As Michael Hoey put it in a remark at a recent conference, 'corpus linguistics is not a branch of linguistics, but the route into linguistics. (Sampson (2001: 6))
> （現実にはコーパス言語学は特定の研究課題ではない．コーパス言語学者になるということは単に経験的言語学者になるということに過ぎない．入手可能な道具と資料を適切に利用することで，経験的手法が前世紀ではまったく流行らなかったが，この世紀の変わり目に先人がなした以上の発見をすることが可能になる．マイケル・ホイが最近の学会での発言の中で述べたように，「コーパス言語学は言語学の一分野ではなく，言語学へ入ってゆく道筋なのだ」）

定型表現研究は，コーパスを利用することによって飛躍的に進展した．コロケーションや，定型表現，イディオム，パタンといった研究は大規模な言語資料を使う必要がある．日本では勝俣銓吉郎によるコロケーションの辞書『研究社英和活用大辞典』(1939) がある（第2章3節参照）が，これは個人の超人的な努力によって収集されたカードから生まれた．ただ，カード収集によるコロケーション研究には限界がある．

この優れた辞書は，用例は示してくれるが，ある語と共にもっともよく使われる語はどれかといった頻度は答えることはできない．言い換えればコロケーションの可能性は示してくれたが，文脈に即してどの類義語を選ぶかと

いう点での記述，あるいは，定型表現やイディオムの収集・記述においては改良の余地がある．さらには，次々に形成されている新しい定型表現，イディオムが存在する．また，語義の分析法をコロケーションとの関係で検討しなおすことが改良の1つの方法である．これはやはりコーパスを利用しないでは不可能であろう．

イギリスでは，ファース (J. R. Firth) の後継者の1人であるハリデー (M. A. K. Halliday) はコロケーションの研究に lexis という名前を与え，言語学の体系の中に組み込んだ (Halliday (1961))．言語研究を音声学も含めて，アメリカ構造言語学からの伝統的な音韻論，形態論，統語論，意味論を必須不可欠の分野とする言語学では，定型表現研究という分野は存在しない．だが，Halliday (1961) の枠組みは次のようになっている．

Levels of Language (Halliday (1961))

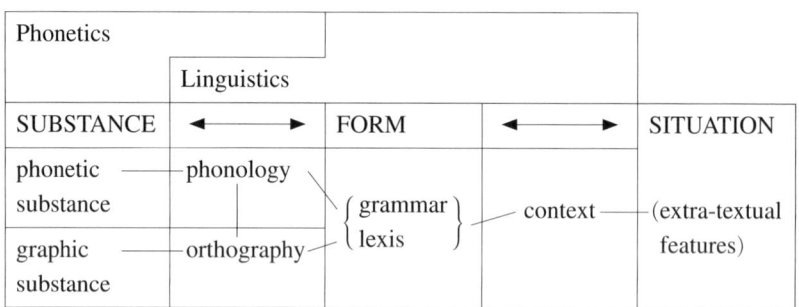

簡単に説明すると，音声実質 (phonetic substance) と書記実質 (graphic substance) と，文法論 (grammar) と語彙論 (lexis) とを，音韻論 (phonology)・書記論 (orthography) が結合する．文法と語彙論をテキスト外の状況 (situation) とを脈絡 (context) が結合する．別な枠組みで言う統語論と形態論は文法論に含まれる．

ここで重要なのは形式を扱う文法論と語彙論である．このハリデーの枠組みではいま定型表現研究とされている分野は語彙論と重なる部分が多い．ただ，次の引用にみるように，この枠組みでの語彙論はコロケーション研究と同義になっている．

> And for the sake of clarity I shall simplify the question of criteria

(i.e. criteria for the judgment of the eligibility of collocations) somewhat by assuming throughout that we are working within the bounds of well defined syntactic units about whose grammatical structure we are not in doubt. In this way we shall get as little involved as possible in irrelevant syntactical complications, and there will thus be no question of this or that collocation being ineligible because it fails to satisfy the requirements of grammatical patterns. (McIntosh and Halliday (1966: 188-189))
（明確にするために，基準（すなわち，コロケーションの的確性を判定するための基準）を幾分単純化して考える．以下で，われわれは文法構造が間違いなく正しい，十分に規定された統語単位の範囲内で研究を進める．このようにすると，統語上の複雑で不要な問題とできるだけ関わらないですむだろう．したがって，あれこれのコロケーションが文法的パタンの要請を満たさないから不適格になるという問題は生じないことになる）

　定型表現研究はコロケーション研究とは同義ではなく，もっと幅広い研究分野であることは上述のとおりである．また，上の引用では lexis は統語的に構造上問題ない単位を対象にすると述べている．そうすると生成文法が選択制限（Selection Restriction）としていた部分に重なるが，生成文法のように連続体としては捉えず別の分野と考えている．このような規定の仕方は，初期の生成文法で Colorless green ideas sleep furiously. などといった，統語的には問題ないが，意味をなさない文と，意味をなす文を説明する方法とを分野として分離したということになる．実際に言語理論は辞書を理論の一部として認めながらも，辞書に含まれる個々の語をどのように記述してゆくかという点ははなはだあいまいであり，実際に理論的な辞書ができることも期待薄であろう．

　Halliday (1966) や Sinclair (1966) はこの語彙研究の必要性をファースの追悼論文集の中で強調している．Sinclair (1966) は手作業で小さなテキスト（今で言うコーパス）を使ってコロケーション研究をしている．そのために，今では普通に使われる node（中心語），span（スパン＝中心語の両端いくつまで語彙項目をコロケーションとして扱うかを表す用語），collocate（連結語＝中心語と共起するスパンの範囲内に生じる語），significant collocation（有意なコロ

ケーション），casual collocation（偶然的コロケーション）などの用語が導入されている．それ以後シンクレアを中心に，その研究のための努力の結果として大規模なコーパスの製作と検索方法を開発してきた．それが「コービルド・プロジェクト」(COBUILD Project) である．

このように，定型表現研究は，1960年代にすでに概念としては形成され，コーパスの利用が可能になってくるに伴って盛んなった．その意味では，コーパスは定型表現研究にもっとも威力を発揮する．したがって，定型表現研究のためにコーパスをどのように利用するかを考えることが重要になっている．

コロケーション，成句や諺などの研究を指して，定型表現という用語だけが使われているわけではない．formulaic language（Pawley (2009) など）であるとか，コロケーションという用語を使うことも可能である．コロケーションや formulaic language という用語は私たちが考える研究分野をさすには狭すぎる．コロケーションという概念は定型表現やイディオムを含まないし，formulaic language は研究分野を指す用語としては一般語的すぎる．

私たちは，コロケーション研究を含む定型表現研究を，体系性を求める言語理論の諸分野とは分離して，独自に研究すべきものと考える．そして，定型表現研究という分野の独自性に注目し，今後の研究を進めてゆく．

3. 文法と定型表現研究

この節では，文法と定型表現研究との関係について，いろいろな面から検討する．理論言語学が考える言語学の目標，研究対象，研究データについても議論を避けて通ることはできない．

3.1. 言語能力と言語使用

生成文法では人の言語能力の研究をうたい，いわば脳内に存在すると仮定された文法を研究する．データは母語話者の内省（直観）である．文法は文を研究の基本単位とし，文を構成する語を結合する規則の体系とする．

それに対して定型表現研究は，言語使用の研究であり，実際の発話資料をデータとし，言語を構成する基本単位である句 (phrase) の意味と用法を研究するのが本旨である．文法規則は句を結合する従属的役割を果たすに過ぎ

ない．このような観点からの定型表現研究は，言語研究に新しい視点を与えるとともに，英語教育にも新たな視点を与えることになる．

　句レベルの意味と用法の研究は，一部で古くから行われてきた．だが，この句レベルに基本単位としての役割を認めることによって，語，コロケーション，成句，パタン，イディオムといった従来の言語理論の体系から洩れ落ちていた部分の役割が逆に中心となる研究視点が生まれる．言語研究や言語教育は，従来から文法が中心と考えており，今日も大勢は変わらない．しかし，実際の言語活動を考えると，抽象的な文法の役割はわずかしかないことは，経験的に誰にでも理解できるほど明白である．

　母語を使う会話で，誰が文法を意識して喋るだろうか．文法はほぼ無意識レベルまで内在化している．だが，表現や語は慎重に選ぶことが多い．誤って選択した語句や表現法は聞き手に誤解を与えるし，怒らせる場合がありえる．概して文法の選択はそのような危機的状況を生むことがない．He likes ... とすべきところを He like ... としてしまってもそれは大きな問題ではない．主語が he であればおそらく likes とするであろうが，少し複雑になって，He, as well as Mary and Joy, ... となるともはや like であっても likes であっても問題にはならない．表現や語が言語使用の中心であり，文法は意識せずとも利用できる内在的規則である．このような思想が定型表現研究の基本的考えである．句レベルから言語使用を研究するという考え方は，今後その重要性がますます増大するであろう．

　定型表現研究は，理論言語学が隆盛の時代は体系的な研究ができないという理由で排除されてきた部分に光を当てる．1つの例をあげてみよう．英語でも日本語でも，仲のいい語とよくない語がある．「苔」は「生（む）す」と仲がいいが「生える」とは仲がよくない．「小鳥」は「囀（さえず）り」，「鶏」は「鳴く」．このような語と語の仲の良し悪しをコロケーションと言う．このような言語の側面は，理論的に扱うことは難しいであろうが，実は豊かな言語活動には欠かせない側面であることは間違いない．

　句レベルの塊は文法規則によって形成されるというよりは，あらかじめ形成されている場合が多い．また，句は時に pretty much のように多様な機能と意味を持つ場合ができる（八木 (2006a: 244ff.)）．これが定型表現である．「一体全体それは本質的に何なのだ」の意味の What is it all about? はイディオムである．このようなイディオムはどのような経過で形成されてきたかと

いうことも重要な研究課題である．生成文法の枠組みでは語形成の研究が盛んにおこなわれたが，コロケーション，定型表現，イディオム形成も魅力的な分野である．特に，イディオム形成に文化がどのように関わっているかという観点はさらに言語研究の枠を広げる．定型表現，イディオムの形成は，語形成のように，閉ざされた要素から論じることができず，無数の要素と要素の結合から生じる，いわば開かれた要素間の関係を考察の中にとりいれなければならない．

3.2. 言語の規則性と不規則性

　言語の本質は統語特徴にあり，それを研究することこそが科学的言語研究であるという立場がある．だが，人の豊かな言語活動を見ると，文学作品を生み出し，日常的に新聞，テレビの報道が行われ，人と人の会話が行われ，読者，視聴者がいる．そのような活動の中で統語論がどれほどの役割を果たしているのだろうか．

　リーチ（Leech）らは，コーパスを使ってここ数十年間の英語の文法的変化の研究を進めている（Mair and Leech (2006: 320), Leech et al. (2009)）．そこで扱われている研究成果は，以下のようなものである．

(i) 不規則な形態変化を画一化する方向：dreamt→dreamed
(ii) 「命令」の仮定法（「仮定法現在」のこと）の復活．堅い米語表現の影響であろう：We demand that she take part in the meeting.
(iii) 1人称未来の助動詞 shall の排除．
(iv) get, want などの動詞の助動詞化：The way you look, you wanna/want to see a doctor soon.
(v) 進行形の新しい構造への進出．法助動詞に後続する進行形，現在完了進行形，過去完了受動進行形：The road would not be being built / has not been being built / had not been being built before the general elections.
(vi) 句動詞の増加：have/take/give a ride など．
(vii) 頻度副詞を助動詞の前に置く：I never have said that.
(viii) 所有の have の疑問文・否定文に「do 支持（*do*-support）」を使う：Have you any money?　No, I haven't any money. / Do you have

[Have you got] any money? No, I don't have any money [I haven't got any money].
(ix) 屈折形 whom の喪失．
(x) 可算名詞の前に fewer の代わりに less を使う：less people
(xi) 人名詞以外に 's 所有格を使う：the book's cover
(xii) 状況によって冠詞が省略される：renowned Nobel laureate Derek Walcott
(xiii) 単数の they の普及：Everybody came in their car.
(xiv) like, same as, immediately を接続詞的に使う
(xv) 分析的比較級，最上級への移行：politer→more polite

このように数え上げるほどでしかない文法変化に対して，新しく生まれ，また廃れた語，定型表現，イディオムなどは，ほとんど無限と言っていいほどの変化をとげつつある．

3.3. 可能性と蓋然性

文法は限られたルールによって，ある文が可能であるか不可能であるかを判定する規則の体系である．例えば (1)，(2) の例において，(a)，(b)，(c) は対応関係にあると考えられている．

(1) a. John believes that she is honest.
　　b. John believes her to be honest.
　　c. John believes her honest.
(2) a. John thinks that she is honest.
　　b. John thinks her to be honest.
　　c. John thinks her honest.

これらの対応関係は文法規則によって説明できる．しかし，(1) の believe については (c)，(2) の think については (b) の容認度が低い（八木 (1999)）．このような believe と think の違いは一般的な文法規則では説明ができない．believe と think それぞれがもつ統語特性を知らなければならない．

形容詞の例をあげてみよう．文法的には (3a) と (3b) は対応関係にある．

(3) a. It was kind of you to have shown us around.
   b. You were kind to show us around.

だが，kind という形容詞については (b) のタイプで使われることはないと考えてよい（八木 (1999))．このような事実は kind のもつ統語特性を知らなければ説明できない．

　文法は一般的規則を述べるが，個々の動詞や形容詞などがその文法規則の適用を受けるかどうかは余り大した問題ではないと考えられがちである．だが，一歩個々の語のレベルに入ると，迷路に迷い込んだように分からなくなる．そして，実際の言語使用にあたっては，母語であっても外国語であっても，知りたいのは個々の語の使い方であり，一般原則ではない．個々の単語の使用について関心をもってきたのは辞書編纂者くらいであったと考えていいだろう．我が国では「語法研究」という分野が個々の語の使い方に関心をもってきた．

　(1), (2), (3) は，語が文法規則の適用を受けるかどうかという問題であったが，次に，語どうしのコロケーションの可能性を考えてみよう．

(4) a. The plane took a dive into the ocean.
   b. The plane made a dive into the ocean.

　(4a) と (4b) は意味が異なる．(4a) は墜落であり，(4b) は自ら飛び込んだのである．take と make は入れ替えると意味が変わる．したがって，意図する意味を伝えたいならば，入れ替えることは原則的にはできない．ただ，実際のコミュニケーションの中では聞き手はどちらなのか聞きなおして確認する可能性がある．

　次の例ではどうだろうか．

(5) a. John got off the plane.
   b. John got out of the car.

(5a) は一般的には get off であり，(5b) では get out of である．これはどうでもいい選択ではない．これがまさにコロケーションの問題である．

　このような問題は，語彙の選択，すなわちコロケーションに関わる．文法は可能か不可能かの規則の体系であり，コロケーションは不可能ということ

ではないが，どちらがより適切であるかという蓋然性の問題である．Sinclair (1966) は次のように述べている．

> One lexical item is not chosen *rather than* another, lexical items do not contrast with each other in the same sense as grammatical classes contrast. There are virtually no impossible collocations, but some are much more likely than others. At the present time, lexical statements look very much weaker than statements made using the precise and uncompromising machinery of grammar.
>
> (Sinclair (1966: 411))

（ある語彙項目は別の語彙項目の代わりに選択されたのではない．語彙項目は文法の類が対立するのと同じ意味でお互いに対立するのではない．実質的に不可能なコロケーションはないのであり，あるコロケーションが他のものよりも蓋然性が高いだけだ．現時点では，語彙に関して述べていることは，正確で妥協の余地のない文法機構を使って述べられていることに比べると，はるかに弱いように見えるであろう）

　この時代は，まだコーパスの利用ができる時代ではなかった．コロケーションの研究は始まったばかりである．文法研究のように厳密に構築してゆける状況ではなかった．コーパスが使えるようになった今でもその状況はたいして違わないように思える．実質的に不可能なコロケーションはない．そうすると，統計的に蓋然性の高低でしか示すことはできないことになる．get off the plane / get out of the car といった断片的で典型的な例示はできるが，体系的にどのようにしてコロケーションの研究を進めることができるかは，今でも模索中であるといえる．

3.4. 形式と意味

　主語や動詞，目的語の位置関係を決める原則や，前置詞と名詞との位置関係などの範疇間の関係は，明らかに自立的な統語上の問題であるが，個別の語と語の関係まで統語規則がすべて自立的に決定しているわけではない．古典的な Katz and Fodor (1963) の意味論では，個別の語彙項目に，品詞名，自動詞・他動詞の区別といった「統語標識」(Syntactic Marker)，語彙に共通に見られる意味的な特徴である HUMAN, ANIMATE, INTENTIONAL

などの「意味標識」(Semantic Marker)〔以後,意味標識は大文字で表記する〕,1つ1つの語彙項目のもつ意味特徴である「識別標識」(Distinguisher),連語 (Collocation) の可能性を示す「選択制限」(Selection Restriction) を与える.

　このうち,「統語標識」は個別の語彙項目どうしの関係ではなく,品詞などの統語形式の標識である.「意味標識」は,語彙項目の意味のうち統語関係に反映するものである.このように,語の意味を,統語関係に反映する部分(意味標識)と,個別の語どうしを区別する部分(識別標識)に区別するという考え方を,言語理論の中に明確に位置付けたのは,Katz and Fodor (1963) が最初である (Saeed (1997: 235) 参照).語の意味を2つに分けるという考え方は,その後の言語研究にも反映されている.

　統語構造に深い関わりをもつ「意味標識」は,特定の語に特有のものではなく,一定数の語彙の中に共通して見られるものでなければならない.この「意味標識」の考え方は,その後,姿を変えて生成意味論に受け継がれていった.意味を成分に分け,それが文のもっとも深い部分の統語構造をなすと考え,意味部門を単に解釈部門としての役割から,統語構造のさらに基本的部分にあるという考え方である.例えば,kill を (CAUSE) (BECOME) (NOT) (ALIVE) のような「意味の元素」(semantic prime) に分ける.semantic prime は,すなわちここで言う「意味標識」と同じものと考えて良い.

　本書は,Katz and Fodor (1963) に遡る「意味の二分」考え方をもとに,どのような意味標識がどのような統語特徴として現れるかを,広範な英語の現象の中に追求する.このような,意味と統語形式との関連を追及する分野を,「意味的統語論」(Semantic Syntax) ということにする.

　「意味的統語論」は,私たちの考える記述的研究が最も関心をもつ分野である.統語形式は数の限られたものであるが,意味は無限であり,その結果,複数の意味が1つの統語形式で表現される.ある表現が,意味の反映である統語特徴に理由がある場合と,純粋な統語特徴が理由である場合,さらに,これらの混合した場合がある.

　意味を言語研究の基本に置く立場は,ハリデーなどの体系機能文法,ラネカー (R. W. Langacker) の認知文法などに見られる.

　Halliday (1994: xiv) は,彼の機能文法 (functional grammar) の基本的

な姿勢を端的に次のように述べている：

> In the history of western linguistics, from its beginnings in ancient Greece, this was the direction that was taken: first the forms of words were studied (morphology); then, in order to explain the forms of words, grammarians explored the forms of sentences (syntax); and once the forms have been established, the question was then posed: "what do these forms mean?". In a functional grammar, on the other hand, the direction is reversed. A language is interpreted as a system of meanings, accompanied by forms through which meanings can be realized. The question is rather: "how are these meanings expressed?"

引用の最後の部分は,「言語は意味の体系であり,その意味を具現するために形式が伴うのである．問題は,（これまでの西洋言語学の伝統とは異なって）「意味がどのように表現されるのかということを問うことである」」ということである．

また，Langacker (1987: 12) は，次のように述べている：

> From the symbolic nature of language follows the centrality of meaning to virtually all linguistic concerns. Meaning is what language is all about; the analyst who ignores it to concentrate solely on matters of form severely impoverishes the natural and necessary subject matter of the discipline and ultimately distorts the character of the phenomena described.

認知文法では,形式と意味とを一体のものとして扱う．したがって,「統語部門」といったものは認めるわけにはいかない．しかし,「意味」が言語の本質であるという点では,ハリデーなどの機能文法と共通するものである．

私たちの立場は,機能文法とも認知文法とも異なって,統語特徴でも意味の反映であるものとそうでないものを認める．すべてが意味から出発するのではなく,統語形式から出発するが,語のもつ統語特徴によってまずその配列が決定されることは認めておく必要があるというのが,私たちの基本的な

立場である．この考え方は，先にあげた Halliday (1961) の grammar と lexis の枠組みにそのまま当てはまる．

　生成文法の立場では，(6) の2つの文を以下の説明のように関係づける．

　(6) a.　It is likely that John will defeat Mary.
　　　b.　John is likely to defeat Mary.

　(6b) は (6a) の that 節の主語 John を主節の主語の位置に繰り上げるという操作を想定する．これに対して認知言語学では，そもそもこのような2つの文は意味の違うものであって，補文標識の that や to なども意味をもっていること，likely のこの2つの叙述形式がなぜ選択されたかを説明することが必要であり，機械的な統語的関連づけでは説明したことにならないとする．つまり，(6a) と (6b) が意味的に同じであるか違うかという，意味解釈からして異なる．

　もともと基本的な立場は，かたや生成文法の形式主義に対し，認知言語学は意味（機能）を出発点とする．もちろん認知言語学では深層構造（D Structure）と表層構造（S Structure）の区分は認めないが，(6a) と (6b) のような文の関係を換喩（Metonymy）によって説明する．簡単にいえば，(6a) では命題全体が問題であるが，(6b) では John に焦点があたっている．いずれにしろ，このような，意味を出発点にする認知言語学の考え方はハリデーなどの体系機能文法にも共通するものである．

　本書の立場はこれらのどちらの立場にも与するものではなく，範疇どうしの関係といった大きな統語関係は形式的な問題であり，数の限られた統語形式のどれにどの語が当てはめられてゆくかは，語の意味によって決定される，すなわち意味の問題であると考える．このような考え方をもとに，八木 (1999) で叙述形容詞と叙述名詞を，意味と統語形式（パタン）の関連性を論じた．

　Francis et al. (1996) は意味と語の選択について，次のように述べている．

　　During the early research days of COBUILD, I became convinced that a meaning of a word was closely related to the choice of which words occurred nearby, and their position."　　(Francis et al. (1998))
　　(COBUILD の初期の研究に間に，私は単語の個々の意味は近隣に生じる単語

の選択とそれらの位置の選択に密接に関係していることを確信した）

　Francis et al.（1998）とともに，この考え方に基づいて個々の動詞，形容詞，名詞がとり得るパタンを示した．だが，意味と形式の関係はこの研究において明確に出されたとは考えられない．

　Francis et al.（1998）によって，意味のパタンがどのように対応していることが示されているかをみてみよう．形容詞のパタンは数多くあるが，そのうち it is Adj. to do のパタン（pp. 494ff.）をとる場合をとりあげる．このパタンをとる形容詞には9つの下位グループがある．グループ名は代表的形容詞で呼ばれる．以下にそのグループ名をリストする．ただし，もとはすべて大文字になっているが，ここでは冒頭以外は小文字にした．

1　The 'accurate' and 'illogical' group
2　The 'easy' and 'difficult' group
3　The 'selfish' and 'safe' group
4　The 'exciting' and 'safe' group
5　The 'surprising' and 'interesting' group
6　The 'important' group
7　The 'legal' group
8　The 'funny' group
9　The 'enough' group

そして，それぞれのグループの代表的な用例をあげ，グループに所属する形容詞をリストしている．グループ1の用例と所属の形容詞の一部をリストする．

Example sentences:
It is illogical to believe that old age or a love of privacy should entitle her to expect special treatment.
It is at least plausible to conclude that rainfall patterns will shift and drought will occur.
word list: accurate / anachronistic / correct / erroneous / fair / fallacious / false / fanciful / illogical / obvious / plain / plausible / right / slanderous / true / unfair / untrue / valid / wrong

この分類にはいくつか問題がある．まず，it is Adj. to do というパタンが形容詞のどのような意味的特徴と関連しているのかが明らかでない．第二に，9つのグループに分けた理由がわからない．第1グループの形容詞の意味的共通性は，"an idea or statement is accurate, obvious, true, or untrue"（ある考えや陳述が正確である，明白である，真実である，真実ではない）として表されている．anachronistic, misleading, slanderous, unfair はこの定義のどの部分と合っているのだろうか．

意味とパタンがどのような対応関係をもっているのかは，この分類では少しも明らかにはなっていない．

私たちがとっている意味的統語論では，叙述形容詞の分類は，英語の形容詞全体としてとり得るパタンすべてをあげ，それぞれのパタンをとる形容詞類の共通の「意味的特徴」との対応関係を調べて全体像を作り上げた（八木(1999)）．Francis et al. (1998) のように個々の形容詞をリストしても対応関係を説明したことにはならないから，意味的特徴とパタンとの対応関係を考えたのである．詳細は八木（1999）の第5章を参照されたい．

4. 実証とは何か

4.1. 演繹と帰納

科学的な研究手法には大きく分けると，演繹的手法と帰納的手法がある．演繹的手法では，理論をもとに仮説をたて，その仮説を実験やデータによって実証する．実験やデータとの照合によって仮説を修正し，理論の修正も行われる．帰納的手法は，データから一般的性を見出し，理論を構築してゆく．ただ，コーパスを使った研究が単純に帰納的手法の典型であるということにはならない．

最近のコーパスを使った研究を見ると，生成文法や認知文法，認知言語学の立場からの研究が少なくない．つまり，理論の中で扱われた問題である場合が少なくない．最初からコーパス言語学の立場をとって，既成の統語範疇などあらゆる予断を取り払って，ただひたすらにコーパスにすべてがあるという立場の corpus-driven という手法をとる場合もある．この立場は私たちがとるものではないが，これは純粋な帰納主義ということになる．

私たちがとる手法は，当然ながら，何らかの問題意識をもとに，その問題

意識に対して経験と勘から仮説を作り，さまざまな手法によって入手したデータを使ってその仮説を検証する．大きな理論をもとに仮説を作るか，日頃の問題意識から特定の問題について仮説を立て，それを検証するかという違いはあるだろうが，私たちはこのように演繹的手法をとっており，純粋にボトムアップの方法をとっているわけではない．

4.2. 仮説をどのように検証するか

　自然科学であれば，実験が仮説の検証の主体になるであろう．言語学では被験者を使って実験をする場合もあるだろうが，言語の構造を研究する場合は広くデータを収集することが第一となる．理論言語学では母語話者の直観が利用できるので，研究者自身がその言語の話者である場合，自分自身でデータ提供ができる理屈になる．ただ，言語研究においては母語話者が自分の言語を研究するだけではない．母語以外の言語を研究する場合は，理論言語学ではインフォーマントにデータ提供を依頼することになる．

　しかし，言語研究はさまざまな状況で行われる．インフォーマントを利用するのが難しいことは当然考えられる．また，ラテン語のような母語話者がいない言語の研究はできないことになる．このような言語の場合は否応なしに文字として残されている資料しか研究対象とすることはできない．

　すでに死語となった言語でも今使われている言語でも，言語資料を電子コーパス化することによって誰にでも研究可能になる．文字を持たない言語でも，話し言葉と同じく，文字化することによって研究対象とすることができるし，現実にそれが実践されてきた．これがコーパスの強みである．ただ問題は，コーパスからは可能な表現を手に入れることができるが，不可能な表現を手に入れることはできない．また，省略現象など，検索不可能な現象を研究することは困難になる．仮説を検証するに値するコーパスがない場合もある．このような限界を超えるには，やはりインフォーマント調査は欠かすことができない．

　結局は可能な限りコーパスを使うとしても，どうしてもインフォーマントを利用する必要ができてくる．検証したい問題にふさわしい適切なコーパスを利用し，さらにはインフォーマントの利用によって補うというのが一般的手法になるだろう．さらには，検証したい問題がすでに研究されているかどうか文献調査によって知っておくことが不可欠である．

先に corpus-driven という手法があることを述べた．統語範疇を含めて，言語の先行研究がないのと同じ状況で研究をするという考え方である．Tognini-Bonelli (1996: 78) は corpus-based と corpus-driven の手法について次のように述べている．

・[Corpus-based approach] is the use of a corpus as evidence for linguistic description
（[corpus-based なアプローチは] 言語記述の証拠としてコーパスを使うことである）
・Corpus-driven approach ... aims to derive linguistic categories systematically from the recurrent patterns and the frequency distributions that emerge from language in context.
（corpus-driven のアプローチは文脈の中の言語の中に見えてくる繰り返し起こるパタンと頻度分布から体系的な言語範疇を引き出すことを目指す）

この説明から，同じようにコーパスを使う研究といっても2とおりがあり，corpus-driven は純粋に帰納主義的アプローチであり，corpus-based は仮説を証明するための証拠としてコーパスを使うという演繹的アプローチであることがわかる．私たちがとるアプローチは言うまでもなく corpus-based であり，演繹的である．

4.3. 「実例がある」とはどういうことか

「実例がある」とはどういうことか，2つの側面から考える必要がある．1つは，実例があるということは必ずしもその表現が可能であることの証明にはならないという点である．また逆に，実例がないということは，その表現が不可能であるということにはならないという点である．

最初の点を，具体的な例で考えてみよう．very で強調することができない一群の形容詞がある．*very polar, *very alone, *very senior, *very delicious などがその例である．polar（北極の）は段階性をもたない．alone も同様に段階性はもたないが，all alone/ completely alone のような極性を表す副詞とは共起できる．senior は比較級であるので very の修飾を受けない．delicious は，英語母語話者にとっては very delicious というコロケーションには違和感がある（八木 (2008a)）．しかし，例えば BNC のような

コーパスではこのコロケーションは皆無ではない．そもそも delicious は"very good" の意味であって，強調の意味がこもった語であるから，これにさらに very を付加すると二重の強調となる．「馬から落ちて落馬する」「今の現状」の類である．しかし，これはいわゆる文法違反ではないので，まれに使われることがある．実際「今の現状」という表現を聞くことがあるのと同じである．おそらく「現状」を「現在の状況」という本来の意味が忘れられて，「状況」と同じ意味に解釈しているのであろう．

　delicious についても，特に英語を母語としない人の英語，例えば日本人英語では very delicious ということが多いので，その影響もあってか，very delicious が英語母語話者にまで広まっているという可能性は十分にある．

　「delicious は very の意味を含んだ語であるので *very delicious というコロケーションは生じないであろう」は 1 つの仮説である．しかしコーパスで検索すると very delicious の例が見られる．ではこの仮説は間違っていたのか，というと一概にそうは言えない．インフォーマントは一般に very delicious は拒否する．言語構造の視点からはなぜコーパスに見られるのかということは研究の対象外となるかもしれないが，定型表現研究の観点からは，ここからが新たな探求の始まりともなる．なぜ very delicious という用法が見られるようになったのか．1 つの推測は，日本人など，英語を母語としない人の英語が浸透してきたのではないか，ということである．

4.4. 定型表現研究の方法論

　定型表現研究とはこういうものであるということが仮に理解できたとしても，具体的に解決したい問題が生じたとして，どのように調べてゆけばいいのだろうか．

　定型表現研究は，現時点では具体的な問題を解決しながら，方法論をつみあげている段階と考えてよい．研究対象は幅広く，方法論も多様であるが，基本的には研究者がそれぞれいろいろな立場から具体的問題に取り組む中で方法論を作り上げてゆくというのが実情である．

　私たちがもっとも力を入れて取り組んできた問題は，現代英語に存在するがまだ記述されていない定型表現あるいはイディオムの発掘と，それらの形成過程である．現代英語では新しい定型表現やイディオムが次々と形成されている．

八木（2006b）において，今現在使われている各種の英和辞典に見られる誤った記述や，極めて古い（多くはシェークスピア・欽定訳聖書の初期近代英語の時代や，トーマス・ハーディ（Thomas Hardy）などの後期近代英語などの）表現・語義・用例などが，そのまま特に《古》や《廃》などの記号を与えることもなく残され，あたかも今の時代でもごく普通に使われるかのような記述になっている状況を，数多くの例をあげて具体的に明らかにした．また，八木（2007b）は冒頭で，八木（2006b）の研究内容の概要と方法論と基本的な考え方について述べている．そこで述べたことは，定型表現研究の基本的な方法に密接に関係があるが，それらの実証研究は八木（1996, 1999, 2006b, 2007a, 2007b）を参照していただかなければならない．

5. 結語

　言語研究が実証科学であるならば，いろいろな立場の言語学はそれぞれどのように「実証的」であるのかを一度考えてみる必要があると思う．その問題意識から，本章では，定型表現研究という考え方を歴史的に明らかにし，それとコーパスとの関係から，定型表現研究がとる実証性の問題を論じてきた．

第 2 章

我が国における英語の定型表現研究の歴史概観

1. はじめに

　本章は，我が国における英語定型表現研究の経過をたどる．我が国では，19 世紀初頭より英和辞典の歴史が始まった.[1] その約 1 世紀後に，英語の定型表現に関する日本独自の研究が始まった．本章は，英語の定型表現研究がどのように発展してきたのかを，これまでの辞書を中心に概観する．

2. 神田乃武・南日恒太郎共編『英和雙解熟語大辭典』(1909)

　この辞典は日本で最初の定型表現辞典で，英語名を *A Dictionary of English Phrases* という．この辞典の英文で書かれた Preface によると，「包括的な企画をもとにつくられた信頼のおける定型表現の辞書がなかったことは，何千人という英語学習にとって遺憾であり妨げとなっていた (The lack of a reliable phrase dictionary on any comprehensive plan has been regret

---

[1] 八木 (2006b) によると，英和辞典史は 6 つに大別できる．(1) 1861 年までの「原初的単語集期」，(2) 1863 年〜1910 年の「翻訳期」，(3) 1911 年〜1926 年の「日本人のための英語辞書期」，(4) 1927 年〜1966 年の「共同編纂期，第一次学習辞典期」，(5) 1967 年〜現在の「第二次学習辞典期」，(6) 2000 年〜現在の「英和大辞典期」である．各時期の詳細は八木 (2006b: 12ff.) を参照されたい．

and a check to thousands of students in the way of learning English.)」ことがこの辞書編纂の動機になったと述べている．

　この辞典には編者の名前に加えられていないが，当時早稲田大学の勝俣銓吉郎の定型表現の選択方法と項目配列法（名詞中心主義）が採用されている．

　この辞典は，16世紀以降の熟語，現在でいうイディオムを多く記述しており，編者の判断によって［俗］，［俚］，［癈］，［稀］の4つのスピーチレベルを与えている．後で具体的な例を見るが，その熟語には意味を与えているが，用例の訳はない．レジスターは78もあり，その種類は印刷術，法律，簿記，幾何，造船学，醫学，修辞学など，どれも日常的ではないものばかりである．このことから，この辞典は英語学習者のための熟語辞典というよりは，英語を使って仕事をする職業英語の熟語辞典といえる．収録されている熟語は，レジスターと関連して専門的なものはもちろんのこと，イディオムにとどまらず abide by のような現在でいうコロケーションから That's about it. のような決まり文句（formulae）まで幅広い．

　go の項を見てみよう．現在出版されている辞典も go の項には多くの熟語を記述しているが，本辞典も同じである．動詞の go には 707 ページから 732 ページまでの 25 ページを割き，go a wool-gathering（途方にくれる）を皮切りに，現在でも使用される go to bed のコロケーションなどさまざまな種類の定型表現を含んでいる．

　具体的に動詞 go の見出しの最初の定型表現 wool-gathering に始まるいくつかの定型表現を見てみよう．

> ～ **wool-gathering**. 途方にくれる，思ひ惑ふ．—To be perplexed.
> ～ **aback**. 退く．—To retreat.
> ～ **a-bagging**. 通（ハ）けずにゐる；望み手がない．—To be in no demand; have no applicants: as, last week, strawberries *went a-begging* in the market.
> ～ **aboard**. 乗船す；搭乗す．—To enter a ship; embark.
> ～ **about** [*prep.*]. ❶ …に奔走す，…に取掛かる，…に着手す．❷［癈］…を求む，…を追求す．—❶ To busy oneself about, set to work upon, take in hand. She *went about* her work in cold, impassive way. *Mary Linskill*. ❷ To seek after. Lust is unsat-

isfiable; to *go about* it is to go about an endless piece of work. *Trapp.*

　このように，見出し，訳語，英語の定義の順に書かれ，go a-bagging にあるように，用例を "as," の後に示す場合がある．また，go about は前置詞の場合と副詞の場合にわけている．上の引用には前置詞の場合だけをあげた．複数の訳語がある場合はすべてそれを先にあげ，次に訳語ごとに英語の定義と，用例をあげている．ただし，用例には出典として著者名があるが，日本語訳はない．

　定型表現をどの見出し語にあげるかは検索上重要なことであるが，この辞書では先にも述べたように，名詞中心主義を採用している．しかし，go to などの「動詞＋前置詞」，go to the hammer などの「動詞＋前置詞＋名詞」，swear off のような「動詞＋副詞」，make merry などの「動詞＋形容詞」からなるコロケーションは，それぞれの成句の動詞の項に収録されている．その他さまざまな配列規則が首尾一貫して守られており，説明もわかりやすく，熟語辞典としては充実している．Preface によると，この辞書編纂にあたっては，Oxford, Century, Brewer, Dixon, Kwong などを参考にしたことが述べられている．Oxford は *Oxford English Dictionary*, Century は *The Century Dictionary*, Brewer は *Brewer's Dictionary of Phrase and Fable*（1870 年初版），Dixon はこの章で後にふれる J. M. Dixon, *Dictionary of Idiomatic English Phrases* である．Kwang は Dixon が参考にしたと述べている Kwong's *Dictionary of English Phrases*（私たちは未見）のことであろう．

3. 勝俣銓吉郎の『研究社英和活用大辞典』

　『研究社英和活用大辞典』（英語名は *Kenkyusha's Dictionary of English Collocations*, 以後『活用』）は，勝俣銓吉郎によって編纂され，初版は 1939 年である．第二版は『研究社新英和活用大辞典』と名前を変え，1958 年に，そして第三版『研究社新編英和活用大辞典』（市川（編集代表））は 1995 年に出版された．

　『活用』は，英語を書く際に役立つことを第一の目的としており，それはすべての版の「序文」もしくは「まえがき」で明言されている．この『活用』

という用語は，勝俣自身が作り出した用語であり，その意味は初版の序文によると，「動かない英語に活を入れ，英語の知識の運用を確實ならしめること」である．勝俣は動かない英語に活を入れ，その運用を高めるためにコロケーションに着目し，初版では英語母語話者の書き言葉の材料から約12,000のコロケーションを収録している．「私が常に實行している note-book habit の一産物である．（中略）要するに，本書は作った字書でなく，出來た字書である」という．このように，勝俣が読書中に見つけたコロケーション例をメモしたものがもとになっている．

それでは，勝俣のいうコロケーションとはどのようなものなのだろうか．

初版の序ではコロケーションとは何かという点にはふれていない．1958年の二版の「まえがき」で，「語が他の語と慣習的に結合して1つの表現単位をなす姿」と述べ，このようなものを広く集め，文法的に「排列」（『活用』の表記）したものが『活用』である．しかし今考えると，上記の慣習的ではない結合（『活用』では「偶発的な語と語の結合」と呼ばれる）が多く収められている．第三版ではこれらはかなり少なくなっている．その理由は，第三版では研究社独自のコーパスを使用しており，また英語母語話者編纂者と日本人編纂者との間で何度もコロケーションの確認を行ったためである，と考えられる（「まえがき」による）．

コロケーションの選択と同様に問題になるのがそれらの「排列」，すなわちどの見出し語であげるかである．初版より第三版まで勝俣が考案した「排列方法」が首尾一貫してとられている．その「排列」は，見出しに名詞・動詞・形容詞を認める．名詞見出しの場合，最初にその名詞を目的語にとる他動詞，他動詞句をその動詞の原形のアルファベット順に「排列」し，その後その名詞とともに用いられる形容詞，名詞，前置詞をアルファベット順に「排列」する．つまり『活用』は，英単語の中で主要語である名詞に重点を置き，これに動詞，副詞及び前置詞のコロケーションを記述している．動詞には副詞または副詞性を持つコロケーション及び前置詞を，形容詞には副詞のコロケーションを記述している．

前節でも述べたが，このような「排列」は1909年刊行の神田・南日の『英和雙解熟語大辭典』で勝俣が編纂にたずさわったことで初めて採用され，『活用』で2回目の採用となる．当時の一般向け英和活用辞典は当然のことながらこのような首尾一貫した「排列」ではない．勝俣がなぜこのような

「排列」を採用したのかについて次のように述べている(ただし,この説明では,実は,なぜ名詞を中心に配列したのかは明らかではない).

> 名詞を主にして,これに他動詞を配する形を最も重要視した譯はかうである.Sentence は通則として動詞を要する.從つて動詞は表現單位として重要な位置を占め,sentence の魂とさへ言はれてゐる.英語の動詞の大多数は他動詞であり,また總て語の連結を支配する親和力の色彩が,transitive verb + object なる連語に於て濃厚に現はれてゐるので,その連語は極めて重要な表現單位を成すのである.
>
> (1939 年序文)

勝俣が上記のような考えに至ったのは,ロンドンで出版された Badger & Rodale の *The Verb-Finder* であると初版の序文で述べている.勝俣は大正9年(1918年)に『英和活用五千句』(私たちは未見)を出版した.これが『活用』の根源となっているという.

初版では 12 万のコロケーションを記述していたが,第二版では 20 万に増え,最終的に三版では 38 万にまで増えた.38 万のコロケーションのうち 80% は新しいものである.前述したが,初版から第三版まで首尾一貫しているのは,コロケーションの「排列方法」とそれらの収集資料を書き言葉に求めたということである.

採録されたコロケーションは,前節の『英和雙解熟語大辭典』とは全く内容が異なる.専門的な用語辞典的なものでなく,日常使う英語で,しかも英語母語話者が使う英語を収集しているので,実例をそのまま使えることも少なくない.初版から第三版までの記述を具体的にみてみよう.

初版では,名詞の見出し語であれば,「他動詞 + 名詞(どのような動詞の目的語になるか)」(e.g. create a fashion),「形容詞 + 名詞(どのような形容詞修飾語をとるか)」(e.g. in the conventional fashion),「前置詞 + 名詞(どのような前置詞の目的語になるか)」(e.g. after a fashion) のコロケーションが中心となる.

動詞では「動詞 + 修飾語」「動詞 + 前置詞」のコロケーションが中心となる.go の記述をみてみよう.

go の見出しのあと,品詞名が *v.*,続いて訳語がまとめてあげてある.「行く,往く;歩く,通る;動く,廻る;(うまく又まづく)いく,運ぶ:成ゆく,成る;やって行く:通ずる,至る;則る,據:定まる.」とある.

これに続いて，go と共起する M.（修飾語）が並ぶ．*go **abroad*** 乗船する．¶ *go **about*** in shirt sleeves and suspenders 上衣をぬいでズボン吊で歩き廻る． ‖ *go **about*** with a person ‖（以下，略）

多数の例のあと，P.（前置詞）が続く．She went ***about*** her work in a cold way. 彼女は冷静に仕事に取り掛った．（以下，略）…

前置詞の配列もアルファベット順で，about のあと above, across, after, against ... と続く．

前置詞のあと，O.（その他）の項には It is *going* to be a very fine day. 今日は天気がよくなりさうだ．¶ There isn't *going* to be any war! 戦争なんかありさうもない…のような例が続く．

第二版では記述方式は初版と変わらないが，コロケーションタイプが3つ増えた．見出し語が名詞の場合，「名詞＋動詞（その名詞が主語になった場合，どのような動詞がくるか）」(e.g. *Fashions change* quickly.) を V^2 で，「名詞＋名詞（名詞が作る複合名詞）」(e.g. this year's *beach fashion*) を Q^2 で，「名詞＋前置詞」(e.g. it is the *fashion for* gentlemen to ...) を P^2 で表記している．

ただ，コロケーションを整理して見やすくするという工夫がまだできていない．例えば，go back の場合 *go back home to one's family*（家族の待つ家に帰る）という例を皮切りに go back の用例がたくさん収められている．このような場合，go back という見出しを設けて，その項目に go back, go back to の用例をまとめてあると検索がしやすいように思う．この第二版は，「「引く」だけではなく，「読む」辞書でもある」（第二版「新版の刊行に際して」）から，読んで参考になる事項を見つけることが期待されているのであろう．

「排列方法」，収録コロケーションの充実ぶり，質の高さ，内容の濃さは，当時の英英辞典，英和辞典と比較にならないほど世界に誇れるものであることは間違いない．

第三版は，用例は「研究社が長い歳月をかけて集積してきた現代英語の実例資料（corpus）を活用」（「まえがき」）して作られた．その結果，用例は現代英語にすっかり入れ替えられた．コロケーションタイプとしては，第二版とほとんど同じであるが，第二版で Q^1, Q^2 としていたものを１つに「合体」（「まえがき」）している．その理由は名詞の前の要素が名詞であるか形容詞であるか区別が無理なことが多いためであるとしている．そして，V, Q, M などの記号を廃止して，「動詞＋」(e.g. She is good at **anticipating** (the) *fash-*

ion(*s*).),「＋動詞」(e.g. *Fashions* **change** quickly.),「前置詞＋」(e.g. He can speak and write French — **after** a *fashion*)「＋前置詞」(e.g. It is now the *fashion* **among** the young to drive a sports car.) のような表記方法によっている．

4. 齋藤秀三郎のイディオモロジー (idiomology)

日本の科学的英語学研究は，市河三喜の『英文法研究』(1912) に始まるとされる．そして，それ以前にどのような英語研究が行われていたのか，関係学会以外では，今の時代にはほとんど語られることがない．八木 (2007a) は，日本の英語学黎明期に，齋藤秀三郎が果たした大きな役割について述べている．その記述を参考にしながら，齋藤秀三郎の果たした役割と，彼のイディオモロジーについて述べておく．

豊田 (1939: 250) は日本の「英学」の歴史を振り返り，1800 年頃からの英語研究の古い文献を検証した後で，次のように述べている．

> 以上のやうな次第で，我が國では英文典は先ず蘭通詞，蘭學者によって學ばれ，安政開國以來その初歩の知識は可なり普及するやうになつた．然し日本における英文法研究を眞の研究の域に進めた人は齋藤秀三郎であつた．

このように，齋藤の役割を評価しているが，彼を「英文法研究家」として捉えている点については，異論がある．齋藤は，自らの立場をイディオモロジーと言っており，文法の研究者とは言っていない．齋藤の著作には，*English Conversation Grammar* (1893), *Practical English Grammar* (1898-1899), *Advanced English Lessons* (1901-1902), *Monographs on Prepositions* (1904-1906), *Class-Books of English Idiomology* (1905-1909), *New Higher English Lessons* (1907-1908), *Studies in Radical English Verbs* (1909-1911) などがある．最初の 2 つの著作こそ grammar と言っているが，それ以降は grammar という語は使わず idiomology と言っている．idiomology は齋藤独自の用語で，当時これが英語として正しいのかどうかというような議論もあったが，結局は齋藤独自の用語として終わってしまった．

齋藤の idiomology は英和辞典の名称でも使われ，『熟語本位英和中辞典』

(1915) の英語名は *Saito's Idiomological English-Japanese Dictionary* である. ではその idiomology とは齋藤にとってどのようなものだったのだろうか. *Advanced English Lessons* (1901-1902) の Preface から引用しておく.

> It is true that there is English Grammar; but, as it is generally taught and studied, it is nothing more than a set of rules dealing with mere form without matter, and it is justly condemned as being rather a hindrance than a help to the acquirement of the living language. No grammar, rhetoric, or lexicon in existence treats of the living physiology of the language, the multifarious functions of each individual word, the nice distinctions and delicate shades of meaning peculiar to each word and phrases, the spirit and genius of the English idiom. It is not sufficient explanation to say that an expression is idiomatic. Idiom is a growth, and all growth is subject to natural law. Some idioms have arisen from a tendency to brevity, others from considerations of emphasis, and still others from the necessity of distinction. The study of formation of idiom reveals that language, as it is, has not been formed at random, but that the expressions of human thought is governed by laws of economy no less rigid than those which regulate the material world.

ここで述べられている内容は，次のようなことである：確かに英文法というものは存在するが，その英文法は中身のない形式を扱う規則にしか過ぎず，言語学習の妨げにこそなれ，役には立たない．文法にしろ，修辞論にしろ，辞書にしろ，言語の生きた姿や個々の多様な機能，語や句の独特の微細な意味，英語のイディオムの精神・真髄を扱うものはない．ある表現をつかまえて，これは慣用的 (idiomatic) だ，などというだけでは不十分である．イディオムは成長するものであり，すべての成長は自然法則に従っている．簡潔を好む傾向から生じたもの，強調のために生じたもの，目立たせる目的から生じたものがある．イディオム形成は，無秩序にできたものではなく，人間の思考の表現は物質世界を支配する経済の法則に勝るとも劣らない経済の法則に支配されている．

ここで述べられているイディオムは，今日一般的な意味でのイディオムではなく，広く定型表現と考えてよい．すなわち，齋藤のイディオモロジーとは，今で言う定型表現研究と同様な考え方をもっていた．そして，上に引用した齋藤の見解は，第1章で扱った現代の言語習得の中（Widdowson (1989); Willis (2003:142f.)）でも見られる．そこでは，定型表現学習が主体である，文法はそれをつなぐ従的な役割しか果たさないという考え方が述べられている．

齋藤のイディオモロジーは大村（1960）では「慣用語法学」(p. 144)，「組織英語学」(p. 224) などと訳されているが一定していない．大村の見解を引用しておく．

> 今こゝで Idiomology の定義を行おうと思わないが，極めて豊富な熟語や言い方に富む英語を，同じく単語や熟語，いい方等の非常に豊富な言語である日本語と対比させて研究して行くことが常にその中心のテーマであることに間違いはない． （大村（1960: 407））

大村（1960）に引用された『英語青年』（昭和五年二月号）掲載の飯塚陽平の一文を引用する．

> （齋藤秀三郎）先生を英語の文法家と思って居る人がまだ世間にポツポツあるようであるが之は大いなる誤解であると思う．先生は自分の研究を idiomology と称えて居った如く言葉や語法の陰にある心理，考え方，或は其言葉を話す人の心持を研究解剖して其甘味を生徒に伝えたのである．

イディオモロジーなるものの明確な定義は必ずしも明らかではないが，齋藤が東京帝大工部大學の学生であった時にジェームズ・メイン・ディクソン (James Main Dixon) 教授の影響を受けたと考えられている．ディクソンは，英語習得上のイディオム習得の重要性に気づき，齋藤にその教えが受け継がれたと考えてよい（大村（1960））．ディクソンの主な著作に *English Lessons for Japanese Students* (1886) と *Dictionary of Idiomatic English Phrases* (1891) があり，後者について次節で触れる．

5. J. M. Dixon, *Dictionary of Idiomatic English Phrases* (1891)

前節の齋藤秀三郎が師事したディクソン（J. M. Dixon）の辞書（以下ディクソン）を，BiblioLife 社による復刻版によって解説をする．Preface によると，この辞書の材料は日本で収集され日本で英語を勉強している人たちのために 1888 年に日本で出版したものである．この辞書が収集した定型表現について，Preface で次のように述べている：

> The phrases that recur so often in English books and in conversation, conveying a meaning to the native English ear which a rational dissection of their component parts quite fails to supply, had not previously been collected in a handy volume.
> （英語の本や会話で頻出し，構成部分の論理的な分析ではまったく伝えることができない意味を英語の母語話者には伝えるフレーズは，未だかつて使いやすい一冊に収集されたことはなかった）

ここで述べられている定型表現は，今日イディオムとして定義されるものを指している．定型表現をアルファベット順に配列し，編者の考えに基づいて，1つ1つの定型表現に，「品位の降順に」(in descending scale of dignity)，P（「散文」(prose)），C（「会話」(conversation)），F（「打ち解け」(familiar)），S（「俗語」(slang)）の4つのラベルを与えている．例えば kick の見出しにある定型表現の To kick over the traces（反抗的になる）には F, To kick the beam（秤が狂っている）には P, To kick up the dust（小田原評定を続ける）には C, To kick the bucket（死ぬ）には S のラベルが与えられている．

この辞書にあげられた定型表現の G 項の最初の 10 個が，どれほど齋藤の『熟語本位』にあげられているかを見てみよう．定型表現の後の（　）内の○は齋藤の『熟語本位』に掲載されているもの，×は掲載されていないものである（見出し語が大文字になっているものもすべて小文字に統一した）．

> the gift of the gab (○), upon the gad (○), to gad about (○. ただし，gad の見出しで，後続前置詞のリストの中に about がある), to blow the gaff on (×), to gain ground (○), gall and wormwood (○), gallows-bird (○), game for anything (×. ただし，be game

for something がある), the game is worth the candle (○. ただし, the game is not worth the candle で)

これを見ると,基本的にはディクソンに収録されたものは齋藤にも収録されていると考えて良いだろう.ただ,ディクソンにない定型表現も数多くある.というより,むしろディクソンにない定型表現の方が圧倒的に多い.

6. H. E. パーマー (H. E. Palmer)

ハロルド・エドワード・パーマー (Harold Edward Palmer, 1877-1949) は,日本の EFL (English as a Foreign Language) 辞書の中で定型表現研究実践者の 1 人であり,教育者でありかつ辞書学者でもある.次節で述べるアルバート・シドニー・ホーンビー (Albert Sydney Hornby) も定型表現研究の創始者の 1 人である.

パーマーは,1920 年代に日本で comings-together-of-words もしくはコロケーション[2]と呼んだ word-combinations を選択し分類することから定型表現研究に着手した.後にホーンビーが加わり,1933 年に *Second Interim Report on English Collocations* (Kaitakusha, Tokyo, 以下 *SIR*) を出版した.パーマーはそこで,英語を難しくしているのは英単語や英文法ではなく,なんともあいまいで奇妙な語連結である,と述べている.

> It will tend to confirm his impression that it is not so much the words of English nor the grammar of English that makes English difficult, but that that vague and undefined obstacle to progress in the learning of English consists for the most part in the existence of so many odd comings-together-of words.　　(Palmer (1933: 13))
> (英語を難しくしているのは英単語でも英文法でもない.それは,英語学習の進歩を妨げている曖昧で,漠然とした障害物の存在にあり,それは多くの語がくっついたものからなる)

---

[2] 現在の定型表現研究の分野の 1 つであるコロケーションとは異なるのは後に見るとおりである.

このように，パーマーは外国語として英語を学ぶ立場より定型表現研究を実践し，その実践を辞書の中で行った．

パーマーがなぜ日本で EFL 学習者のために定型表現研究を行ったのだろうか．澤柳政太郎[3]は日本の学校での英語教育のお粗末さを危惧していた．澤柳は，1916 年に，日本人英語初期学習者にとって必要な語彙を明らかにすることに取り組んだ木下正雄に，日本での英語教育の懸念を話したところ，木下はパーマーが日本での英語教育に新風を吹き込むことができると伝えた．そこで澤柳は 1921 年にロンドンを訪れた．また，日本の実業家松方幸次郎が当時ロンドンを訪れていたという偶然が重なって，松方がパーマーの給料を支払うということになりパーマーが来日する運びとなった．

1922 年にパーマーは文部省（現文部科学省）の linguistic advisor に任命され，1923 年に当時の文部省と松方，澤柳の支援により the Institute for Research in English Teaching (I.R.E.T.) が設立され，パーマーはその指導者に任命された．I.R.E.T. の目標は，日本における英語教育法の改善，言語研究，教育者指導にほかならなかった．また I.R.E.T. はパーマーを編集者として Bulletin を出した．この I.R.E.T. の研究目的の 1 つとして word-combinations のリスト編纂があり，ここに，実質的に，教育のための定型表現研究が始まったといえる．

パーマーの SIR の Introduction の冒頭で，この報告書が生まれるまでの経緯を述べている．

> 1927 年 10 月の I.R.E.T. の第 4 回年次大会で I.R.E.T. の研究活動が目指すべきことはおおよそ次のようなことであることがわかってきた．第一に，制限語彙リスト (limited English word-list) を作成すること，第二に comings-together-of-words, word-compounds など，さまざまな呼び方をされるものを選び出すことであった．さらには，文部省はこれらのリストを文部省が上級の学校へ進学を希望する者に対する必修語彙として採用することを勧奨するべきであるという提案もあった．

---

[3] 日本の教育改造に貢献した教育者であり成城学園の設立者でもある．

これを受けて，3000 語リストの作成が始まり，1930 年には *First Interim Report on Vocabulary Selection* が作成され，翌年には *Second Interim Report* が出された．この作業と並行して comings-together-of-words の収集も行われ，数千を収集したものが第 8 回年次大会（おそらく 1931 年）で公開された．その報告を改訂増補したのが *SIR* であり，第 10 回年次大会（1933 年）に報告された．

収集した comings-together-of-words の元は，齋藤秀三郎『熟語本位英和中辞典』や種々のイディオムリスト，文法書などの補遺，引用句辞典，調査した出版物などである．集められたものは，To give someone up, All at once, To go to bed ... など雑多であるが，これらに共通するものは何かを定義すると次のようになる．

> All the succession of words have one common characteristic, viz. that (for various, different and overlapping reasons) each one of them must or should be learnt, or is best or most conveniently learnt as an integral whole or independent entity, rather than by the process of piecing together their component parts.
>
> （語の連続はすべて 1 つの共通した特徴を持っている．すなわち（多様でまちまちで，重複した理由で）それぞれ 1 つ 1 つは，構成部分をまとめあげる過程をとるよりは，一塊，あるいは独立した実体として習得しなければならない，あるいは習得すべきである，あるいは習得すると便利である）

このように定義をして，さて次に，まちまちな呼び方がある中で，何と呼ぶべきかということを考える．種々な呼び方をあげながら，結局コロケーションが良いという結論を導く．言うまでもなく *SIR* の書名の一部になり，その書名にコロケーションの定義が書かれている．

> A collocation is a succession of two or more words that must be learnt as an integral whole and not pieced together from its component parts.
>
> （コロケーションとは 2 つまたはそれ以上の語の連続で，一塊として習得すべきもので，構成部分を繋ぎ合わせるべきものではないものである）

以上のような解説の後，収集したコロケーションを次の 7 種類に分類し

リストしている．それぞれに2つずつ例をあげておく．

  Verb collocations (To give in, To make way)
  Noun collocations (Aeroplane carrier, Floorwalker)
  Determiner collocations (including Pronoun-collocations) (A few, Another piece of)
  Adjective collocations (Clean-handed, Hard and fast)
  Adverb collocations (At anchor, At the door)
  Preposition collocations (As proof of, After the fashion)
  Connective collocations (At the thought of, According as)

　パーマーは上記のようにコロケーションの定義をすると同時に，コロケーションでないもの，つまり自由連結語句がどのようなものであるかも明らかにした．包括的な用語としてのイディオムという用語は，パーマーが考えるコロケーションとは異なるものであり，また当時イディオムは別の意味で使われる用語であったという理由で避けられた．代わりに，当時使用されていなかったコロケーションが用語として用いられた．留意すべき点は，このコロケーションは，イディオム，複合名詞を含むという点で今日の辞書学で定義されているコロケーションとは異なることである．

　SIR の中では，定型表現は N_1（主語），N_2（目的語）などの記号を用いて統語的特徴により厳密に区分されている．lose sight of が文脈に依ってイディオムなのかコロケーションのどちらであるか明確な説明がなされていないなど，すべての定型表現が完璧に区分されていないという欠点はあるにしろ，SIR は 1938 年に出版される *A Grammar of English Words*（以後 *GEW*）の礎となった．

　パーマーの編纂で出版された *GEW* は，約 1000 語の中核語（これは当時より 40 年前の 1899 年にヘンリー・スウィート (Henry Sweet) が外国人英語学習者にとっては必要となる語と定義したもの）の統語的パタン，意味，中核語を用いた定型表現を記述している．*GEW* の長所は，定型表現の配列と記載方法であった．現在では当たり前のように活用されているが，イディオム，定型表現を太字で記載し，その定型表現の代替語を角括弧でかこんで記載している．また定型表現のところには，Phr. という記号を用い，用例も豊富で，学習者の定型表現の理解を深めるような工夫がされている．欠点としては，

コロケーションなのか自由連結語句なのか区別がつかない例があることである．

パーマーを中心に，当時の日本で定型表現研究の最先端の研究が行われていたことは誇るべきことであり，パーマーの今日にまで影響を及ぼす定型表現研究が日本の英語教育に多大なる貢献を果たしてきたことは疑いようがない．

7. A. S. ホーンビー (A. S. Hornby)

アルバート・シドニー・ホーンビー (Albert Sydney Hornby, 1898-1978) は，1923 年ロンドンで若い日本人と面会し，1924 年に英文学を教えるために大分高等商業学校に招かれた．[4] ホーンビーは，日本に来て I.R.E.T. Bulletin に新規会員として登場した．ホーンビーは，文学よりは英語を教えることの方が大事であることを知り，英語教育や英語の言語学的研究に関心をもった．東京の英語教育研究所長であったパーマーとの文通を通じて，1932 年に東京に移り，東京外国語学校などで教えながら，パーマーとともに SIR の作成に携わった．

ホーンビーは東京に移ったあと，パーマーに制限語彙 900 語のリストを提供し，後にこれを改良し，パーマーとホーンビーの共著として 1937 年に基礎語彙 1000 語を収録した Palmer and Hornby (1937) *Thousand-word*

---

[4] ホーンビーが来日した年と上京した年について，いくつかの文献で異なる記述がある．MacArthur (ed.) (1992: 484) の Hornby の項では，「1923 年から東京で英語を教え始めた」とあり，Y. Ogawa, 'Hornby Osei: A Tribute to Japan.' P. Strevens (1976: 8-10) には，「1930 年に初来日して大分高等商業学校で 10 年間英語を教え，その後上京して東京高等学校 (Tokyo Normal Higher School) と東京外国語学校 (Tokyo School of Foreign Languages) で教えることになった」とある．K. Naganuma (1976) "The History of *Advanced Learner's Dictionary*: A. S. Hornby, *ISED*, and Kaitakusha, Tokyo," Strevens (ed.) (1976: 11-13) は，「1932 年に，パーマーは大分からホーンビーを招聘した」とある．Cowie (1998a) は，「日本からの招きにより，1924 年にシベリア鉄道経由で日本に来て，大分で英語を教えた．I.R.E.T. のプロジェクトであるコロケーション収集の仕事に携わっていたパーマーに招聘され，1932 年に上京した」とある．そして，この 1932 年の年号部分は上記の Naganuma (1976) からの引用である旨の断りがある．本書の記述は Cowie (1998a) によっている．

English (以下, Palmer-Hornby (1937))[5] として刊行した.

Palmer-Hornby (1937) は，アメリカのソーンダイク (E. Thorndike) の基礎語彙リストが品詞の違いはもとより語義の違いに関係なく頻度によって作成されたのに対して,「語類」(word family) をアルファベット順に配列したものであった (Cowie (1998a: 7)). 例として Cowie (1998a) があげている draw と soft の記述をあげる.

 DRAW [drɔː], *v.*
 drew [druː], *pret.*
 drawn [drɔːn], *past pll.*
 (1. *e.g.*, a picture)
 (2. *e.g.*, a line)
 drawing ['drɔːiŋ], *n.*

 SOFT [sɔft], *adj.*
 (1. *contrasted with* hard *or* rough)
 (2. *contrasted with* loud *or* harsh)
 softly ['sɔftli], *adv.*
 softness ['sɔftnis], *n.*
 soften ['sɔfn], *v.*

基本になる語形と発音，品詞をあげ，語義分けを draw の場合はコロケーションの a picture (絵を描く) と a line (線を引く) で示し, soft の場合は, 反意語 hard, rough と loud, harsh をあげて語義を示す方法をとっている.

また, agree の見出しの記述を見て，派生語・反意語とあわせて，コロケーションについても詳細に記していることを見ておこう.

 AGREE [əˈgriː] *v*
 agreement [əˈgriːmənt], *n.*
 disagree [disəˈgriː], *v.*

---

[5] 相愛大学図書館所蔵の原本でつぶさに見ることができた．便宜を図っていただいた図書館に感謝申し上げる．

disagreement [disəˈgriːmənt], n.
agree to
agree with

彼は，東京に招かれた後，現在の東京外国語大学である東京外国語学校や，東京高等師範学校で英語を教えていた．このような日本での教育経験より，E. V. ゲートンビー (E. V. Gatenby)，H. ウェークフィールド (H. Wakefield) とともに外国語として英語を学ぶ人のための新しい辞書編纂に取り組むことになった．その成果が，1942 年に *Idiomatic and Syntactic English Dictionary* (Tokyo, Kaitakusha, 以後 *ISED*) として出版された．

ホーンビーは *ISED* にそれまでの研究成果を盛り込んだ．日本では開拓社から発行された *ISED* はよく知られているために，この改訂版である *Advanced Learner's Dictionary* (Kaitakusha, 1963)（以下 *ALD*）から，*Oxford Advanced English Dictionary* (OUP, 1974)（以下 $OALD^3$），$OALD^4$ (1989)，$OALD^5$ (1995)，$OALD^6$ (2000)，$OALD^7$ (2005)，$OALD^8$ (2011) と改訂が重ねられたと思われている（八木 (2006b: 180 fn.))．だが，$OALD^7$ の FOREWARD（緒言）で，ヘンリー・ウィッドウソン (Henry Widdowson) は，最初の版を日本ではほとんど知られていない *A Learner's Dictionary of Current English* (OUP, 1948) としている．この間の事情は Cowie (1998a: 15) の引用文献の中の，次の文献名によって知ることができる．

Hornby, A. S., Gatenby, E. V., and Wakefield, H. (1942), *Idiomatic and Syntactic English Dictionary* (Photographically reprinted and published as *A Learner's Dictionary of Current English* by Oxford University Press, 1948; subsequently, in 1952, retitled *The Advanced Learner's Dictionary of Current English*) (Tokyo: Kaitakusha).

Naganuma (1976: 12) は *ISED* のリプリント版が *Advanced Learner's Dictionary of Current English* と名を変えて 1948 年に OUP から出版されたとしている．だが，$OALD^7$ のウィッドウソン (Widdowson) が述べていることと，上のカウィ (Cowie) が述べていることが合致していることから，やはり，*ISED / LDCE / ALDCE* が同じ内容で初版であり，改訂第 2 版は *ALD* (1963) で，その後 *OALD* へと改訂が進んでいったものと考えて良い

であろう.

　ISED は，*SIR* で使用したデータ，記述方法を用いた．例えば，パーマーが *GEW* で既に使用していた太字などである．また，*SIR* で記載されていた定型表現を正確に各定型表現の idiomaticity（定型表現度の段階）に応じて記述している．*ISED* は，*SIR* と同じデータを使用していたが，*SIR* にない定型表現も収録している．Cowie (1998b) によると，これはホーンビーがさまざまな本を参照し，英語母語話者の直感に頼ったということである．また当時ホーンビーが日本にいたということが幸いし，齋藤秀三郎の *Monograph on Prepositions* (1904)，*Studies in Radical English Verbs* (1911) を目にして，齋藤の本に記載されていた定型表現を *ISED* に記載したということである．また，*ISED* は，辞書の中で初めて挿絵などの絵・図を用いて学習者にわかりやすさを提供した．

　ISED は，特殊目的の *SIR*，*GEW* とは異なり，汎用目的辞書であるが，*SIR*, *GEW* の成果を応用し，1970 年代，80 年代に出版される定型表現研究関連の辞書に大きな影響を与えた．

8. M. ウエスト (Michael West, 1888-1973)

　T. MacArthur (ed.) (1992: 1110-1111) によると，ウエストは，インドで英語教育に携わった．英語教育に携わる一方で，バイリンガリズムの調査を行い，ベンガル地方のバイリンガリズム事情の調査報告書を作成した（*Bilingualism, with Special Reference to Bengal*, 1926）．その結果をもとに，バイリンガル教育における読書の重要性を強調した．

　さて，20 世紀になって英語の世界的普及に伴い，英語を母語としない人たちに英語を教える教師のために，英語教育の中で何を学習させることが必要かを明確にする必要に迫られていた．その研究の一環として，基本となる語彙を制限して学習させる「語彙制限」(vocabulary selection) の考え方が台頭した．その結果，L. Faucett, H. E. Palmer, E. L. Thorndike and M. West による *Interim Report on Vocabulary Selection*[6] (1936, P. S. King &

---

[6] 大阪教育大学所蔵の原書をつぶさに見ることができた．便宜を図っていただいた図書

Son Ltd. London)［以下 Faucett et al. (1936)］が出版された．この報告書は，5部からなり，第1部 緒言，第2部 会議で提案された諸問題のリスト，第3部 会議録，第4部 リストに含まれた（あるいは排除された）語彙の分類に続いて，第5部が本体の"The General Service List"となっている．この語彙リストは，英語を外国語として学習する人が学ぶ基礎語彙として選んだ2000語である．

この報告書ができた経過は以下のとおりである．

アメリカのカーネギー社がスポンサーとなり，語彙選択のためのプロジェクトの会議が1934年にニューヨークで開催された．Faucett et al. (1936) では単に the Conference と言っているが，T. MacArthur (ed.) (1992: 1110-1111) はこの会議を Carnegie Conference on Vocabulary Selection と呼んでいる．会議の出席者は，フォーセット (L. W. Faucett), ウエスト (M. West), パーマー (H. E. Palmer) で，ソーンダイク (E. L. Thorndike) はコンサルタントして出席した (Faucett et al. (1936: v))．フォーセットは中国で，ウエストはインドのベンガルで，パーマーは言うまでもなく日本で英語教育にたずさわっていた．ソーンダイクは米国で英語の語彙を頻度によってリストする研究をしていた．この語彙リストの作成にはウィリアム・カーネギー (William Carnegie) やアメリカ構造言語学者創設の1人エドワード・サピア (Edward Sapir) も関わっている．

ニューヨークでの会議に続くロンドンでの会議で，語彙リストの作成と出版を決め，カーネギー社はロンドン大学教育研究所 (The University of London Institute of Education) に研究資金を寄託した．その資金によって出版されたのが Faucett et al. (1936) である．この報告書の中心部分である "General Service List" の extend の項をみてみよう (この extend の項は，Cowie (1999: 23) にも引用されている)．[7]

  EXTEND
  extend, *v.* (1) (*stretch out, be stretched out*)

館に感謝申し上げる．
 [7] extend の項目は，派生語を品詞別に分けてそれぞれに豊富な用例が挙げられているために，簡略化して引用した．

     The garden extends as far as the river
     The road extends for miles
   (2) (*continue, enlarge, protract, lengthen*)
     Extend one's visit
     Extend a business
     Extend a building
     Extend a wall
 extent, *n.* To the full extent of the garden
     The full extent of his goodness
 extension, *n.* An extension of the hospital
     An extension of one's holiday
 extensive, *adj.* Extensive repairs, enquiries
 extensively, *adv.*

 語義分けをして，それぞれに用例を与えてコロケーションをよくわかるように示していることがわかる．
 このリストは広く利用されたが，絶版となっていたために，1939 年からウエストが改訂に取り組み作成したものが *A General Service List of English Words with Semantic Frequencies and a Supplementary Word-List for the Writing of Popular Science and Technology Compiled and edited by Michael West*（1953, Longman, London）（以下，*General Service List*）である（本節の以下の記述は，ロンドン大学教育研究所の G. B. Jeffery 署名の *A General Service List* の「緒言」(FOREWORD) によっている）．この書名の "general service list" は，「すべての英語学習者の学習の基礎となる語彙リスト」の意味である (p. vii)．
 このリストには，語の出現頻度だけではなく，語がもつ複数の語義ごとに使用頻度を % 表示していることが大きな特徴である．語義ごとの使用頻度を調べるために，百科事典，雑誌，教科書，小説などからとった合計 500 万語の資料（場合によってはそれの半分の 250 万語による場合もある）を収集し，手分けして資料を読み，該当の語が資料に出てきた時に，その語が *OED* の語義定義のどれに該当するかを確認し，頻度を数えたという．手作業でコーパスを作り，手作業で語義の使用頻度調査を行った，極めて貴重なデータで

第2章　我が国における英語の定型表現研究の歴史概観　　　　　　51

ある．
　West（1953）の使用説明（"Explanation"）が "game" を例にとっているので，その説明を利用して概略を述べておく．

　　GAME　638　(1) (*amusement, children's play*)
　　　　　　　　　　Fun and games
　　　　　　　　　　It's not serious; it's just a game　**9%**
　　　　　　　(2) (*with the idea of competition, e.g., cards, football, etc.*)
　　　　　　　　　　A game of football
　　　　　　　　　　Indoor games; outdoor games　**38%**
　　　　　　　(3) (*a particular contest*)
　　　　　　　　　　We won, six games to three
　　　　　　　　　　I played a poor game
　　　　　　　　　　Play a losing game (10.5%)　**23%**
　　　　　　　(4) (*games = athletic contest*)
　　　　　　　　　　Olympic Games　　　　　　　**8%**
　　　　　　　　　　?[= *animals*, 11%; -game /, game- birds, etc., 5%]
　　　　　　　　　　[= *fun*, Make game of, 0.5%]

　この項目の読み方は次のとおりである．game の出現数は638．(1) (*amusement, children's play*) の語義（日本語では「楽しみ，娯楽，子供の遊び」）では Fun and games / It's not serious; it's just a game のような例で使われ，この意味での出現頻度は，全体の9%である．(2) は日本語の「試合，競技」にあたるが，この語義の出現頻度が一番高く38%であることがわかる．(3) は「（テニスなどの試合の）セット，試合運び」の意味で，これが2番目に高い頻度である．(4) は日本語の「競技大会」にあたり常に複数形で使われる．
　それ以外 [　] 内の語義は学習者には教えるべきでないことを示している．また，[= animals ...] の前の？は，必ずしも正確な語義を数えたのではないことを示している．
　語義には必ず用例が示されている．語義はコロケーションやイディオムによって確定できることを明らかにしていることが特徴である．名詞の light の項の Phrases には次のリストがある．これらの定型表現に出現頻度が与

えられている.

> Stand in his light (=*cause shadow; also be an obstacle to*) ...
> (頻度表示なし)
> Has come to light (=*been discovered*)　　1.1%
> Give me a light (=*illuminate; also ignition, e.g. for cigaret*te)
> 7%
> Throw light on it (=explain)　　3%
> The light of nature, of reason　　3%
> In the light of what you have just said　　4%
> Light and shade in painting　　1%

　動詞には定型表現を作るものが多いが，ほぼ網羅的に採集しているといっていいであろう．動詞 put の項にあげられた定型表現を % 表示とともに引用しておく．

> Put to use **3%**/ Put an end to **8%**/ Put a question to **1%**/ Put at ease, on guard, in readiness, on record **4%**/ Put to death, to this expense, to so much trouble, to shame, to rights, to sleep **5%**/ Put aside (away, by) money for the future **2%**/ Put it back; put back the clock **1%**/ Put it down; put down a rebellion **2%**/ Put forward an argument **2%**/ Put in seeds, a caretaker, a claim, a request **4%**/ Put in the tenor part of a song, a figure in a song, a figure in a picture **2%**/ Put in time at the school **1%**/ Put off my visit till later **1%**/ Put a roof on, my coat on, put on a welcoming smile **3%**/ Put out a light, a fire **2%**/ Put up a house, a tent **1%**/ put up a notice **1%**/ ?[Put him up for the night **2%**]

9. 1920 年代から 1952 年までの基本語彙選択とコロケーション選択の経緯

　これまで明治末からの英語のコロケーションやイディオムの重要性についての主張や研究，リスト作成などを人名と書名・報告書名別に見てきた．こ

れらの人や書物がどのような有機的関係にあるのかは簡単には述べることはできない大きな問題であるが，私たちがこれまでの研究の中で考えてきた大きな流れを本節でまとめておきたいと思う．

　齋藤秀三郎が教えを受けたディクソンは，先に見たように自らイディオム辞典を作り，外国語としての英語学習者に役立てようとした．その考え方を齋藤が受け継ぎ，イディオモロジーの思想に繋がっていった．

　一方，パーマーが来日，1922年から日本の英語教育の方向を指導する立場に身を置いた．1923年に設立された「英語教授研究所」(The Institute for Research in English Language Teaching)（現「外国語教育研究所」(The Institute for Research in Language Teaching: IRLT)）の所長として，教授法のみならず，英語学習者のために「語彙制限」(vocabulary selection) とともに，コロケーションのリスト作成を実践した．

　パーマーが英語学習に comings-together-of-words の習熟を欠かすことができないという考え方を得た根本には齋藤秀三郎の著作，とりわけ『熟語本位英和中辞典』がある．彼はコロケーションの選択にあたっても齋藤の著作も参考にしたことは先に述べたとおりである．基本語彙の用法とコロケーションの選択の仕事はパーマーとホーンビーの基本となった．

　パーマーはニューヨークで開かれた "General Service List"（以後 *GSL*）作成の作業にあたっても，パーマーの *Interim Report on Vocabulary Selection* (1930)，*Second Interim Report on Vocabulary Selection* (1931) が参考にされている．また，イディオム，コロケーション，言い回し (Locutions) などの理解を欠かすことができないということも述べられている．事実，*GSL* の記述は，コロケーションをリストするように工夫されている．例えば face の見出しには，make a face, look him in the face, in the face of danger, face to face with の定型表現があげられている．基礎語彙の選択だけではなく，コロケーションやイディオムが適切な見出しのもとにあげられていることは記録に値する．改定版の West (1953) でも，配列は変わっているが，face の見出しにはこれらのコロケーションやイディオムはそのままあげられている．

　パーマーとホーンビーの共著として公刊された Palmer and Hornby (1937) は，先に述べた *Interim Report* やソーンダイクの基礎語彙集などを参考にしながらも，独自の工夫を加えた．ask の項は次のような内容になっ

ている.

  ASK [ɑːsk], *v.*
   (1. = inquire)
   (2. ask for = demand or request)
   (3. = put a question)

ダニエル・ジョーンズ (Daniel Jones) の発音辞典による発音記号を与え，品詞名，語義分けをし，その中には ask for のような句動詞形も含めている.
believe の見出しは次のような内容になっている.

  BELIEVE [biˈliːv]
   believer [biˈliːvə], *n.*
   belief [biˈliːf], *n.*
   disbelieve [disbiˈliːv], *n.*
   disbelief [disbiˈliːf], *n.*

見出し語は1000語であるが，派生語があげられているので，実質上は1000語をはるかに超える語彙を提示している.また，all の見出しを見てみよう.

  ALL [ɔːl], *det., adv., and conj.*
   all at once
   (not) at all
   all but

このように，all の見出しに，all が中心になってできる定型表現をリストしている.「役に立つ可能なコロケーションをすべてあげたが，そのことが，当初意図したほぼ単なる単語のリストでしかない本書の分量を，かなり増大することになるだろう) (To make entries of all the useful or permissible collocations would increase very considerably the bulk of what is intended here as little more than a word-list) (p. 24) と述べて，控え目ながら，単なる基礎語彙リストでなく，コロケーションもリストしたものになっていることを述べている.また，唯一，見出し語としてあげたが，それがコロケーションの一部でしか使われないものがあるという (p. 25).それは of course

のコロケーションで使われる course である．

つまり，この 1000 語リストであるが，派生語をあげ，またコロケーションをあげて，このリストの有用性を増していることを誇示している．このような経過を経て，*ISED* ができ，それの発展として *ALD*, *OALD* ができて，いわゆる学習英英辞典の新しい時代へとつながるのである．

10. 結語

上記の検証から，日本の定型表現研究は英語学習者のために発展してきており，世界に類を見ないほど古くから充実した展開を見せてきたことがわかる．その成果は，世界に影響を与え，これらの先人達の偉業なくしては今日の定型表現研究は存在しなかったことを認識させる．

第 3 章

近年の定型表現研究概観

1. はじめに

　本章で，近年の定型表現研究の動向を紹介する．定型表現に関する研究は，まず大きく 2 つに分けられる．1 つは，構文文法などの理論的定型表現研究の立場，もう 1 つは，実証的な定型表現研究の立場である．2 年おきに開催されるヨーロッパ定型表現学会，European Society of Phraseology（略して EUROPHRAS）では，定型表現の用語を統一し，研究の理論化に向けた発表もあるが，それはごく少数で，研究発表の大半は後者の立場による研究発表が行われている．一例をあげると，文化と定型表現の関係，新しい定型表現の紹介，少数派言語で使用される定型表現などがある．だが，現在世界で行われている研究を一言で言い表すのは難しい．Burger et al. (2007: XI) で言われているとおり，"... today there is a general consensus that phraseology encompasses a very palette of linguistic phenomena and issues"（今日，定型表現研究は広範囲の言語現象と問題を包含しているという一般的な共通認識がある）である．また Burger et al. (2007) によると，現在世界で行われている定型表現研究は，少なくとも下記の分野に分けることができる．

　(1) a.　subject area, terminology and research topics

　　　　　（主題領域¹，用語，研究テーマ）
　　b.　semantics of set phrases（成句の意味）
　　c.　semiotic aspects of set phrases（成句の記号論的側面）
　　d.　set phrases in discourse（談話の中での成句）
　　e.　set phrases in types of texts and conversation
　　　　（テクストと会話のタイプごとの成句）
　　f.　phraseology of literary texts and individual authors
　　　　（文学作品と個々の作家の定型表現研究）
　　g.　proverbs（ことわざ）
　　h.　particular types of set phrases（ある特定のタイプの成句）
　　i.　set phrases in technical language（専門用語における成句）
　　j.　areal aspects of phraseology（地域ごとの定型表現）
　　k.　contrastive phraseology and translation
　　　　（対照的定型表現研究と翻訳）
　　l.　phraseology in individual languages（個別言語の定型表現研究）
　　m.　cognitive and psycholinguistic aspects
　　　　（認知的，心理言語学的側面）
　　n.　language acquisition and language teaching（言語習得と言語教育）
　　o.　phraseography（成句の地域的分布）
　　p.　computational linguistic aspects of phraseology
　　　　（数理言語学の定型表現研究）
　　q.　corpus linguistic aspects of phraseology
　　　　（コーパス言語学の定型表現研究）
　　r.　historical phraseology（歴史的定型表現研究）

　（1）のような種々の研究分野が認められるのは，次の成果が1つの流れにまとまってきたことが背景にある．日本のイディオモロジーからパーマー，ホーンビー，さらにはロンドン学派のファースのコロケーション研究，その発展としてのシンクレアたちへと繋がったのが大きな1つの流れがあり，

---

[1] phraseology とはどのような分野を含むのかということ．

そしてロシアの流れ，それから，フランスの流れ，といったものがある．これらが底流となって，コーパスの発達が1980年代に爆発的に広がり今のような活発な研究につながったといえる．また，(1)の研究分野が定型表現研究のすべてではない．外国語教育の立場からの研究もあり，研究分野は広範囲で定型表現に関する研究であれば，どのような立場であれ定型表現研究の分野となる．

2. 定型表現研究の発展の過程

本節では定型表現研究の発展の経過を詳述する．定型表現研究は，パーマー，ホーンビーによりはじめられた教育学的立場とシャルル・バイイ (Charles Bally) の1909年の言語学的立場から発展したと考えられる．

2.1. 教育学的立場

教育学的立場による定型表現研究は，第2章で述べた1909年の神田乃武・南日恒太郎（編）『英和雙解熟語大辞典』(*A Dictionary of English Phrases*) で始まる．それは，EFLの学習者にとって英語運用能力向上のため文法規則に加えて定型表現を覚えることが重要であるという考え方により始まる．また，Palmer (1933) が述べているとおり，「英語を難しくしているのは定型表現である」という考え方とも関係がある．そのために，辞書の中で定型表現を記述するという形で英語学習者に提示する努力が現在まで継続されている．

神田・南日 (1909) の後は，(2) に示す順番で定型表現の辞書が出版された．(2a, b, c, d, e) についてすでに第2章で述べた．(2f, g, h, i, j, k) の辞書については，Cowie (1999) も参考にしながらその内容を紹介する．その他近年出版されているコロケーション辞典，定型表現辞典についても触れる．

(2) a. 齋藤秀三郎『熟語本位英和中辞典』(*Saito's Idiomological English-Japanese Dictionary*) (1915)
  b. H. E. Palmer and A. S. Hornby, *A Second Interim Report on English Collocations* (1933)

c. H. E. Palmer, *A Grammar of English Words* (1938)
　　　d. 勝俣詮吉郎『研究社英和活用大辞典』(*Kenkyusha's Dictionary of English Collocations*) (1939, 1958, 1995 (市川 (編集代表)))
　　　e. A. S. Hornby, E. V. Gatenby, and A. H. Wakefield, *Idiomatic and Syntactic English Dictionary* (1942)
　　　f. R. Mackin and A. P. Cowie, *Oxford Dictionary of Current Idiomatic English*, Vol. 1 (1975)
　　　g. A. Makkai, *A Dictionary of American English* (1975, 1987)
　　　h. T. H. Long, *Longman Dictionary of English Idioms* (1979)
　　　i. C. D. Kozłowska and H. Dzierżanowska, *Selected English Collocations* (1982)
　　　j. R. Mackin and A. P. Cowie, *Oxford Dictionary of Current Idiomatic English*, Vol. 2 (1983)
　　　k. M. Benson, E. Benson, and R. Ilson, *The BBI Combinatory Dictionary of English* (1986, 1997, 2010)

2.1.1. *Oxford Dictionary of Current Idiomatic English*, Vol. 1 (1975)

　(2f, j) の R. マッキン (R. Mackin) [以後, マッキン] と A. P. カウイ (A. P. Cowie) [以後, カウイ] 編纂の *Oxford Dictionary of Current Idiomatic English*, Vol. 1 (1975) [以後, ODCIE^1] と 1983 年に出版された ODCIE^2 は, 第二次世界大戦後にイギリスで出版された, 書き言葉を題材にした初めての定型表現辞典である.

　編者の 1 人であるマッキンは, かつてブリティッシュ・カウンシルの外国語教育専門家であり, エディンバラ大学で応用言語学を教えており, 定型表現の辞典を作成する必要性を提唱した. マッキンは最も広い意味でのコロケーションの辞典を作るという目的のために, 約 3 万に及ぶ書き言葉のコロケーションリストを作ったが, 2 つの問題に頭を悩ましていた. 1 つは, 英語上級学習者のために, 辞書の中でこれらのさまざまな定型表現を正確に記述するにはどうしたらよいか, また, 2 つめはイディオム度の高い定型表現と比較的低い定型表現をどのように区別したらよいか, ということであった.

　マッキンによって集められた広範囲の定型表現は, 動詞 + 副詞的不変化詞

あるいは動詞＋前置詞のような句動詞であった．そのため，それらの句動詞が文法的構造とどのように関連しているかを体系的に述べる必要性があった．編者の1人であるカウイは，彼の博士論文の一部でそのような体系的な枠組みを考案していたので，マッキンはカウイに ODCIE[1] の編集に加わるよう誘った．その結果，句動詞と文法構造との関連を明確にしたカウイの枠組みが革新的な定型表現辞書に採用された．

　句動詞については，ロンドン学派の言語学者 Mitchell（1958）ですでに簡潔に説明されていた．ミッチェル（T. F. Mitchell）は，句動詞と前置詞付動詞を4つの構造タイプに分類した．The plane takes off. のような句動詞の自動詞，Fred took off Jim. / Fred took Jim off. のような句動詞の他動詞，Fred took to Jane (in a big way). のような前置詞付動詞，最後に Fred took up with Jane. のような句前置詞動詞である．これらの分析は，統語的証拠によってしっかりと裏付けられたものではあるが，問題があった．名詞句の目的語が動詞と前置詞の間に位置する前置付動詞（他動詞）（e.g. Fred got both students through the test.）と名詞句の目的語が不変化詞と前置詞の間に位置する句前置詞動詞（他動詞）（e.g. Fred took out his irritation on Jim.）を組み入れる必要があった．またミッチェルの分析は，句動詞（他動詞）の場合，例えば The boss passed over my brother. では名詞句（my brother）を over の前に移動させて The boss passed my brother over. が可能であるが，The plane passed over my house. は名詞句（my house）を移動させて *The plane passed my house over. とはならない，ということがミッチェルの分析で欠けていることであった．

　このように定型表現のイディオム性をどのようにみなすか，どのように定義するかということについて，ODCIE[1] は1960年代および70年代のロンドン学派の言語学者によって広く採用された形式的なテストを適用した．1つは，置換テストである．Bill passed over the bread. の passed は，類義語の handed で置き換え可能であるが，The boss passed over my brother. の passed は置き換えができない．もう1つに，削除テストがある．イディオムの場合，不変化詞（over）は削除できないが，イディオムでないない場合，不変化詞は意味をほとんど変えることなく削除可能である．

　このように ODCIE[1] は，言語学的立場からの定型表現研究の成果をうまく教育に応用できた辞典といえる．

2.1.2. *A Dictionary of American Idioms* (1975, 1987)

(2g) のマッカイ (A. Makkai)［以後，マッカイ］(編) の *A Dictionary of American Idioms* (1975, 1987)［以後，*DAI*］は，4000 以上に及ぶ主にアメリカ英語で使用されるイディオム的な表現（スラング，ことわざ，決まり文句等）を収録している．マッカイは，その表現を3つのタイプ，lexemic idioms（語彙イディオム），phrasal idioms（定型表現的イディオム），proverbial idioms（ことわざ的イディオム）に分類した．

マッカイは，イディオムのほとんどは名詞が関係しており，各イディオムの構成要素の名詞の見出しに記述されている．しかし，名詞が2つある *bats in the belfry* の場合，このイディオムは *bat* の項に記述されている．マッカイの辞書を引く際，学習者はイディオムの中で何が一番重要な要素なのかを決める必要がある．

定型表現的イディオムは，phraseological idioms とも呼ばれる．*DAI* (1975) が，辞書の中で初めて phraseological という用語を用いた．定型表現的イディオムは，*to fly off the handle*, *to blow one's stack*, *to seize the bull by the horns* のように節の長さを持つものである．その特徴は，"they do not readily correlate with a given grammatical part of speech and require a paraphrase longer than a word" (Makkai (1975: vi))（それらは，簡単には品詞分類ができず，2語以上を使った言い換えが必要である）である．さらに，定型表現的イディオムの形は完全に固定している．

ことわざ的イディオムは，*don't count your chickens before they're hatched* のようなもので，ことわざとして確立しているものである．マッカイは，次のような問題提起をしている．なぜ，アメリカ英語にはこれほどたくさんのイディオム的な表現があるのだろうか？ これに対する妥当な答えは，新しい概念を作り出すとき，それに対する新しい表現が必要である．しかし，新しい言葉を作り出す代わりに，いくつかの既存の単語をくっつけて新しい意味を作り出そうとするからである，というのが彼の答えである．

DAI (1975) には，4種類の見出し語がある．主要見出し（main entry），追い込み見出し（run-on entry），相互参照（cross-reference entry），索引見出し（index entry）である．主要見出しのもとで，そのイディオムの説明をしており，追い込み見出しは他のイディオムから派生したものである．相互参照見出しは，別のイディオムを参照させるものである．最後の索引見出し

は，索引語を含んでいる項目に直接たどり着くためである．この4つの見出しは，厳密に守られている．上記の特徴は，第二版でも変わりがない．第二版の特徴は，廃語となったイディオムが含まれていないことである．

2.1.3. *Longman Dictionary of English Idioms* (1979)

(2h) の *Longman Dictionary of English Idioms* (1979) ［以後，*LDEI*］の特徴は，辞書使用者が簡単に検索できるように複雑な記載項目の配置の工夫を3点実践した．第一に *LDEI* は，*the child is father of the man*, *child's play* のような例の場合，これらの定型表現の最初，もしくは唯一の名詞（CHILD）を，その定型表現のキーワードとして扱い，CHILD の項で扱われている．このように CHILD という語によって導かれる定型表現はすべて CHILD の項に記載されている．

次に *LDEI* は，ある語のもとにまとめられたすべての定型表現を厳密にアルファベット順に配列した．これは辞書使用者が定型表現の適切な見出し語を見つけることができる第三の工夫である．例えば，FATHER, PLAY というキーワードのもとで，*the child is father of the man* という定型表現を見つけることができるし，相互参照で見出し語 CHILD でもその定型表現を見つけることもできる．

その他の *LDEI* の特徴は，イディオムとコロケーションの統語パタンを扱う特別な仕組みを考案したことである．その仕組みは，これまでの学習辞典の中で，もっとも創意工夫に富んだものになっている．簡潔に言うと，cut$^\circ$ D dead の表記では，D は直接目的語を表し，give$^\circ$ I a piece of one's mind の I は間接目的語，上付き文字の $^\circ$ は動詞，名詞，形容詞の屈折変化を示し，make$^\circ$ a man$^\circ$ of P の P は前置詞の目的語，put$^\circ$ / shove$^\circ$ / stick$^\circ$ in^m one's oar$^\circ$ の上付き文字 ^{m} は移動の可能性を示す．

LDEI の表記の特徴は，これまでの *GEW* や *ISED* と比較すると大変簡潔でわかりやすいが，慣れるには時間がかかる．イディオムの定義は，West (1953) に記載されたおよそ2000語の制限語彙で示している（Introduction, p. x）が，用例は編者の作例でなかったため，用例で定義語彙を超えた語が多く使用されており，使用者には難しい例がある．見出し語にはスピーチレベル，レジスター表記もあり，13のレジスターが認められている．そのうち *fml* (formal, 形式的)，*not fml* (not formal, 形式的でない)，*coll* (colloquial,

口語的），sl（slang, 俗語）の4つのレジスターが主に使用されている．このように LDEI は，辞書使用者が使いやすいことを目指し，序文にある "to provide the students of English with a thorough coverage of the most common idiomatic phrases in use"（英語学習者にもっとも一般的に用いられているイディオム的な定型表現を完全に提供すること）を達成しているように思える．

2.1.4. *Selected English Collocations* (1982)

(2i) の *Selected English Collocations* (1982)［以後，*SEC*］は，Dzierżanowska と英語母語話者の編者（Kozłowska）によって編纂されたコロケーション辞典である．*SEC* の特徴は，学術書や学術雑誌，イギリスの高級紙などの幅広い書き言葉の資料からコロケーションを集めたということである．また，*SEC* は見出し語と連語の可能性のある語を豊富に提示した．例えば，見出し語 decision には 42 の共起可能な動詞（*abide by, acquiesce in, adhere to, affect* など）を記述している．このように *SEC* は，語の連語可能性を提示することが目的なので，一般的な学習者辞典に与えられている意味的・統語的情報に欠けている．なぜ *SEC* はこのような特徴を持っているのだろうか．それは，編纂者たちが *SEC* の使用者はすでに意味的・統語的知識は持っていると想定し，使用者はある語の連結可能特性を調べるためだけに *SEC* を利用すると想定しているからである．

　SEC のコロケーションは，少なくとも1つの名詞を含んでおり，名詞が見出し語となっている．これを「方向付け」(orientation) と呼び，名詞見出しから動詞，形容詞もしくは名詞の連結構成語へと進む．この方向付けは，辞書の発信機能と，物を書く際に名詞が出発点であるということに基づいている．*SEC* の主要な目的は，書く際，翻訳の際，英語の構造や中身を説明する際の道具として機能することである．このため，英語上級学習者，翻訳者にとって詳細なコロケーションを提示しているといえる．

2.1.5. *Oxford Dictionary of Current Idiomatic English*, Vol. 2 (1983)

(2j) の *Oxford Dictionary of Current Idiomatic English*, Vol. 2 (1983)［以後，ODCIE[2]］は，ロシアの定型表現研究の理論（本章2.2節で説明するヴィ

ノグラードフとアモソワの理論) を用いた. $ODCIE^2$ は, 広範囲の文のような定型表現 (決まり文句の *if you can't beat them, join them*, やことわざの *patience is a virtue*) を含んでいる. 特筆すべき点は, *don't I know it, you can say that again* のような話し言葉で使用される定型表現を数多く収録して, 説明していることである. *do you know* の場合, 発話の前もしくは後に用いられ, 皮肉や怒りを表す <u>*Do you know*</u>, *that's the first time I've heard of burglars having children. Makes them quite human, doesn't it?* (Cowie (1999: 74)) (強盗が子供を産むなんて初めて聞いたよ. 人間らしいところもあるんだね) のような例をあげている.

$ODCIE^2$ は, 数語のグループがあたかも1語のように機能する連結に対してロシアの定型表現研究者の枠組みを利用した. その語のような連結は, pure idiom (純粋イディオム, *e.g. blow the gaff* (秘密を漏らす)), figurative idioms (比喩的イディオム, *e.g. a close/narrow shave* (危機一髪)), restricted collocations (制限的コロケーション, *e.g. jog someone's memory* (記憶を呼び起こす)) の3タイプに分けられた.

また, $ODCIE^1$ と異なり, $ODCIE^2$ は多くの定型表現を収録している. さらに, *gambling*《ギャンブル用語》のようなレジスター表記もしている.

2.1.6. *The BBI Combinatory Dictionary of English* (1986, 1997, 2010)

最後の (2k) *The BBI Combinatory Dictionary of English* (以後, *BBI*) は, 初版が1986年, 第2版が1997年, 第3版が2010年に出版された. 辞書のタイトルの *BBI* は, 編纂者3名の名前 M. ベンソン (M. Benson), E. ベンソン (E. Benson), R. イルソン (R. Ilson) にちなんで名づけられたものである. 第2版は *The BBI Dictionary of English Word Combinations* と名称を変更したが, 第3版はオリジナルの *The BBI Combinatory Dictionary of English* に戻った.

このような背景をもった *BBI* の特徴を簡単に述べることは難しいが, 書名の "combinatory" の由来と記述の原則について述べることにする.

まず書名に combinatory という用語を使った理由は, 第3版になって初めて Preface で説明された. 単語と単語の結びつきは collocation (連語), その結果できあがった連鎖は phraseology (定型連鎖), 単語が結合して文法

的なパタンになったものは colligation（範疇結合），complementation（補部），construction（構文）などと呼ばれ，その結果できあがったものは valency（結合価）と呼ばれる（ここでの訳語は，この辞書の解説という文脈の中で適切と思われるものを当てた）．この辞書は collocation と valency の両方を記述したもので，この2つを合わせて combinatory と呼ぶことにしたということである．

　記述方法はかなり複雑である．結合を大きく，「文法的コロケーション」（grammatical collocation）と語彙的コロケーション（lexical collocation）に分ける．文法的コロケーションは，主要範疇である名詞・形容詞・動詞と，前置詞や to 不定詞や節などの文法構造との結合で，G1 から G8 までに下位区分される．G1 は「名詞＋前置詞」の結合（例えば duty の項の 10 は a 〜 to とあって，すぐ後に（a 〜 to one's country）の用例がある），G2 は「名詞＋to 不定詞」の結合（例えば duty の項の 11 は a 〜 to + inf. (physicians have a 〜 to report such cases) という記述になっている）である．G3〜G7 までは省略して，G8 は動詞のパタンで，A〜S の 19 の下位区分がある．A は S V O to O／S V O O で，いわゆる二重目的語をとり，間接目的語が to で置き換え可能なものである．give の項の 1 の記述は次の通りである：(A) she gave the book to me; or; she gave me the book. パタンを記号 A で表し，用例をあげるという形である．

　語彙的コロケーションは L1〜L7 の 7 つの下位区分がある．L1 は「動詞＋名詞／代名詞／前置詞句で，come to a conclusion／make an impression／composite music などがその例である．これらの情報がどのように詰め込まれているかを垣間見るために，conclusion の見出しを見てみよう．

> **conclusion** *n.*　1. to arrive at, come to, draw, reach a 〜　2. to jump, leap to a 〜　3. to bring to a 〜 （中略）　7. a 〜 that clause (the evidence pointed to the conclusion that war is inevitable)　8. at the 〜 (at the conclusion of the meeting she asked us to pray) （後略）

この項目は，1 から 6 までは「語彙コロケーション」，7 以下は「文法的コロケーション」のようにまとめられている．項目によっては USAGE NOTE がある．road の項には street との違いの詳しい説明がある．

このように記述が複雑であるが，初版から検索の便を次のように述べている：

> if there is a noun in the collocation, look under the noun; if there are two nouns, look under the second; if there is no noun, look under the adjective; if there is no noun or adjective, look under the verb.
> （連語に名詞があればその名詞を見なさい；2つ名詞があれば2番目の名詞を見なさい；名詞がなければ形容詞を見なさい；名詞も形容詞もなければ動詞を見なさい）

ここでも名詞をコロケーションの中心とした意識がある．

2.1.7. 近年出版されているコロケーション辞典と句動詞辞典

前節で述べた定型表現辞典以外に，近年は次々とコロケーション辞典，句動詞辞典が出版されている．その他，コロケーションのテキストなども多数出版されている．そのような辞典，テキストのほとんどは学習者用であり，定型表現がいかに英語学習，教授において重要であるかの認識が広まっていることをものがたっている．

これらの根底にある考えは，話す，書く，読む際に英語らしさを伴って発信，受信するにはコロケーション，句動詞を理解し，学習することが不可欠であるということである．本節は，近年数多く出版されているコロケーション，句動詞辞典のうち，*Macmillan Collocations Dictionary* (2010)，*Oxford Collocations Dictionary for Students of English*, 2nd edition (2010)，*The American Heritage Dictionary of Phrasal Verbs* (2005) の特徴を述べる．

2.1.7.1. *Macmillan Collocations Dictionary* (2010)

Macmillan Collocations Dictionary (2010)［以後，*MCD*］は Preface で，英語学習者，とりわけ学術的・専門的に英語を学習する人に有益なものであると述べている．その中でも IELTS (International English Language Testing

System の略．日本語訳は国際能力試験)[2] のために有効であると述べていることから，英語を外国語として学ぶ学習者用辞典を意図していることがわかる．

MCD の各項のコロケーションの数は，16 億語のコーパスを用いているだけあって，量的，質的に充実している．MCD は，コロケーションを列挙するだけでなく，各項とコロケーションの文法的な関係も詳細に記述している．例えば，enhance（動詞）の場合，adv + v という文法情報を記載し，「とても」という意味の副詞，considerably, dramatically, enormously, greatly, immeasurably, significantly, substantially, vastly が共起することを示し，用例をのせている．その他，Usage（語法）のボックスを設けて，enhance はしばしば受身で使用されるという説明を与えている（e.g. *They believe genetically enhanced crops will help poor farmers in developing countries.* 遺伝子的に改良された作物は発展途上国の貧しい農民を助けるだろうと彼らは信じている）．

MCD は名詞，動詞，形容詞，副詞のコロケーションの提示だけでなく，どのような前置詞と結合しやすいかも用例の中で示されている．一例をあげてみよう．funding（名詞）の項で，n + N の場合（N = funding）で「資金の出所」の意味で使用される時，great, lottery というコロケーションを提示した後，用例 (The trust has secured grant funding *from* the Heritage Lottery Fund and sponsorship for the project. その合弁企業は，ヘリテッジ・ロッタリー・ファンドからの助成金とそのプロジェクトへの資金提供を保証した）の中で from が共起することを説明している．

MCD は，このように，各項のコロケーションとその他の情報が充実している．IELTS の試験のためだけでなく，発信する際に英語らしさを求めるのには有益な辞典といえる．

2.1.7.2. *Oxford Collocations Dictionary for Students of English*, 2nd edition (2010)

Oxford Collocations Dictionary for Students of English, 2nd edition (2010)［以後，*OCD*[2]］は，約 9000 の見出し語を設けて，各見出し語に語用

---

[2] イギリスのケンブリッジ大学が考案した試験で，イギリス，カナダ，オーストラリア，ニュージーランドの大学に留学する際に必要となる英語能力を判定するために利用される．

論的なコロケーションを記述している．これは，この辞書使用者，すなわち英語学習者が英語母語話者のように発信できるようになることを目的とした教育的立場に依って立つことを示している．

　car（名詞）の項を見ると，形容詞とのコロケーション，fast, new, diesel (BrE.), electric, fuel-efficient (AmE) などを記述し，アメリカ英語（AmE）なのかイギリス的英語（BrE）なのかを記述している．次に，文法的情報 VERB＋CAR（car に前置する動詞）を提示し，drive, have, own, run（esp. BrE, 特にイギリス英語）などを記述している．そして，CAR＋VERB（car の後に来る動詞）の表示のもとで，start, run on, do, pull out の動詞がコロケーションとしてあることを示している．その他，CAR＋NOUN, PREP（＝preposition, 前置詞）のコロケーションを記述している．このようなコロケーションとは別に，PHRASES をいうセクションがあり，car を使用した一般的な定型表現，a brand of ～ (esp. AmE), a make of ～, a model of ～, ～s on the road を提示している．このように OCD^2 は多くのコロケーションを記述しているためか，各コロケーションの用例があまり多くない．これは，car の項に限らずほとんどの見出し語に言えることである．

　OCD^2 のその他の特徴として，近年の世の中の状況を反映したコロケーションが多数記述されている．例えば，computer (p. 151) では，コンピューターのコロケーションを状況ごとに記載している．例えば，installing software（ソフトウェアのインストール），creating a document（書類作成），cutting and pasting text（テキストのコピーと貼り付け），looking up something on the Internet（インターネットで何かを調べる），running several applications at the same time（同時にいくつかのアプリケーションを動かす），backing up a file（ファイル保存）である．最初の installing software（ソフトウェアのインストール）では，**boot up/start up** the **computer**, **insert** the program **disk/CD-ROM** or **download** the **software** from a **website**, **follow** the set-up **instructions**, **reboot/restart** the computer をあげている．その他の状況におけるコロケーションも充実している．

　OCD^2 は，現代の情勢を反映したコロケーションを説明する一方で，日常生活に必要不可欠なコロケーションを状況ごとに示している．例えば，clothes には1ページ全部を使った表の形でコロケーションを示している．「着る，脱ぐ」のコロケーションとして pull on＋boots, gloves, a jacket な

ど，pull up + a dress, jeans, knickers (BrE) など，remove + clothes, a coat, glasses など，pull off + boots, a coat, gloves などを列挙している．

OCD^2 は，学んだコロケーションを正しく理解し，使用できるかを確認するために STUDY PAGES を設けている．このように，OCD^2 は教育学的立場に基づく充実したコロケーション辞典といえる．

2.1.7.3. *The American Heritage Dictionary of Phrasal Verbs* (2005)

The American Heritage Dictionary of Phrasal Verbs (2005) [以後 AHPV] も，コロケーション辞典としての目的は OCD^2 と類似しており，英語学習者がより英語母語話者らしく英語を話したり，書いたりできることを目的としている．

AHPV は，動詞 + 前置詞もしくは副詞的不変化詞から成り立つ 2 語，3 語の句動詞を数多く記述し，用例の中でどのような種類の目的語を従えるか説明している．例えば，billow out が第二義（逆巻かせる，膨らませる）で使用され，1 つの目的語をとる場合，The wind billowed the sails out.（風が帆を膨らませた）を記述している．pepper with（（質問などを）浴びせる）のように目的語を 2 つ取る場合，She peppers her stories with interesting details.（彼女は面白い話を詳しく話して盛り上げる）という用例で説明している．目的語を取らない場合（e.g. black out など）も用例で，その句動詞の使い方を説明している．

AHPV では，多くの句動詞は略式的なものであるが，ある種の句動詞に SLANG（俗語）のレベルを付与している（e.g. blow off など）．AHPV は，次節で述べる学習者用辞典ではとりわけ句動詞として認識されていないもの（pepper with など）[3] を句動詞として認めており，動詞 + 前置詞もしくは副詞的不変化詞のかたまりがすべて句動詞として扱っているような印象を与える．他の句動詞辞典と比較して語義の充実した記述，用例の多さは学習者にとって親切でわかりやすい．

---

[3] $OALD^8$, MED^2 などでは，with が太字表記となっているだけで，phrasal verb の箇所には記述されていない．

2.1.8. 近年出版されている学習者用辞典での定型表現の扱い

前節で説明したコロケーション辞典，句動詞辞典だけでなく，いわゆる学習者用一般辞典においても定型表現の重要性の認識が高まりつつあることがわかる．本節は，その学習者用一般辞典のうち4強と言われる辞書，*Oxford Advanced Learner's Dictionary*, 8 版（以後 $OALD^8$），*Collins CO-BUILD Advanced Dictionary of English*, 7 版（以後 COB^7），*Longman Dictionary of Contemporary English*, 5 版（以後 $LDCE^5$），*Cambridge Advanced Learner's Dictionary*, 3 版（以後 $CALD^3$）と，*Macmillan English Dictionary for Advanced Learners*, 2 版（以後 MED^2）の計5冊の辞書における定型表現の特徴を述べる．

2.1.8.1. $OALD^8$

この辞典は，定型表現にコロケーション，句動詞（e.g. *knock around/about* など），イディオムの3タイプを認めている．

コロケーションの場合，ある見出し語のある語義のもとで使用される場合，そのコロケーションは太字表記となっている．句動詞とイディオムは，それぞれ別項目を立てて，その中で句動詞とイディオムを記述している．$OALD^8$ に含まれる句動詞とイディオムは，$OALD$ の長い歴史のせいによるものなのか，他の辞典では記述されていない古いものが含まれており，旧態依然とした印象が否めない．例えば，old-fashioned として *play fast and loose*（*with* sb/sth）（人，物をもてあそぶ）のような定型表現が含まれている．また，イディオム（各構成要素の意味から全体の意味の総和が予測できないと定義されている）の箇所に，*you never know*, *you know* のようなイディオムの定義から外れた，会話で使用される定型表現が多数含まれている．しかし，$OALD^8$ の長所は，他の辞典では記述されていないすべての句動詞とイディオムにストレス表記があることである．

2.1.8.2. COB^7

2012年に出版された7版は，更新されつつある45億語のコーパスを使用して，COB の長年の特徴である品詞に関係なく，語義の使用頻度順に語義配列している．用例も，COB の特徴である，作例ではなく，コーパスで観察されたありのままの例を選んでいる．

7版の最大の特徴は，VOCABULARY BUILDERS と称して PICTURE DICTIONARY BOX, WORD WEBS（例えば laboratory の場合，その語に関連した researcher, petri dish, mould, sample, experiments, research, publish, study などが列挙されている），WORD PARTNERSHIPS（= collocations），WORD LINKS（例えば geo は earth を意味し，geography, geology, geopolitical を列挙），THESAURUS, USAGE を設けている．

定型表現については，フレーズ，コロケーション，句動詞を収録している．用例の中でコロケーションを提示しているが，それができない場合は，上記の WORD PARTNERSHIPS でコロケーションを説明している．会話で使用される定型表現は，フレーズ（PHRASE）と決まり文句（CONVENTION）に分類し，両者ともに語用論的な情報を付与している．例えば，CONVENTION である *I'm blessed if I know* or *dammed if I know* には，[INFORMAL, EMPHASIS] という情報を与えている．また，45 億語のコーパスを使用しているということもあって，会話で使用されるフレーズの記述は充実している．一例をあげると，get の項のフレーズには PHRASE You can use **you get** instead of 'there is' or 'there are' to say that something exists, happens, or can be experienced. [SPOKEN]（用例は省略）とあり，学習者が理解することが難しい定型表現の説明をわかりやすく説明している．フレーズ，コロケーション，句動詞のすべてにストレス表記はない．

2.1.8.3. *LDCE*[5]

第 5 版は 2009 年に出版され，すでに第 4 版の特徴であったコロケーションを更に充実させている．単語の語義に特徴的なコロケーションは，その語義のところで太字表記している．コロケーションが多数ある場合は，コロケーション・ボックス（COLLOCATION BOX）で列挙している．句動詞の扱いについては，ストレス表記があり，他の辞書における表記と大差はない．イディオムとフレーズは一緒のものとし，その構成要素の中で一番重要な語の項に記述されている．例えば，*carry* sth (= something) *in your head/mind* は，carry の項に記述されている．名詞の項にイディオム，フレーズがないと日本人英語学習者は混乱するが，それは *LDCE*[5] に限ったことではない．欧米で出版されている辞書の多くは，イディオム，フレーズの構成要素のうち，重要な語の箇所にイディオム，フレーズを記述している．イディ

オム，フレーズの重要な語とは，執筆者や編集者の恣意であり，名詞の項で扱うことにするなど一貫性があるほうがよいと思う．

$LDCE^5$ の特徴の1つに，会話で使用されるフレーズを多く収録していることがある．一例をあげると，*you can't be too careful*（SPOKEN）が careful の項に記述されている．それだけでなく，辞書の中頃に話し言葉，書き言葉で賛成，反対，謝罪，意見，提案，要求，あいさつなどを述べる際に使用する単語，定型表現，決まり文句を詳細に記述している（例えば，部分的に賛成するときには *I agree up to a point / to some extent. I have some sympathy with* sb/sth. などの表現を列挙している）．

このように，定型表現が充実していることが $LDCE^5$ の特徴の1つであるが，定型表現の重複が見られる．night and day/day and night は，night の項に記述されているが，night のフレーズ・ボックスにも記述されている．それぞれの用例は異なるが，意味は同じ（all the time，四六時中）である．

2.1.8.4. $CALD^3$

2008年に出版された $CALD^3$ も $LDCE^5$ と同じく，話し言葉で使用される定型表現の記述が充実している．$CALD^3$ は，辞書の巻末に 'Let's Talk' というセクションを設けて，仕事場での会話と友達との会話という2つの状況設定をし，その状況ごとに想定される場面をさらに設定し，その場面で便利であろうと思われる定型表現を記述している．仕事の場合，賛成，反対，意見を言う，問う，聞き返し，理解できなかったとき，誤解，知らない場合などに使える定型表現を列挙している．

友達の場合は，あいさつ，約束，情報提供を求める，興味を示す，同情する，おどろき，会話を中断する，謝罪する，of course の多様な使い方，という場面を設けている．とりわけ，最後の of course の多様な使い方は，他の辞書と比較して非常に興味深いものである．

それによると，of course に6つの用法[4] を認めており，各用法に理解し

---

[4] 1: used to say politely that someone can do or have something（誰かが何かをする，持っていることを丁寧に言うために使用される） 2: used to state a fact that most people already know（ほとんどの人がすでに知っている事実を述べるために使用される） 3: used

やすい用例を添えている．辞書の本文中は，限られたスペースで，かつ語彙に関するさまざまな情報が記載されているので，何が定型表現なのかなかなか理解することが難しいことがある．状況を設定して，その状況でよく使われる定型表現をまとめてあげるという方法をとれば，読みやすくなるであろう．

　イディオムは，他の辞典と大差なく，イディオムを構成している要素のうちの主要語の項に記述されている．$CALD^3$の特徴は，IDIOM FINDER というページが辞書の巻末にあり，学習者がイディオムを見つけることができなかった場合，その IDIOM FINDER を調べるとイディオムが記述されている箇所にたどり着けるという工夫がなされている．

　語義や用例の中で，イディオムではないが定型表現として使用される場合（例えば，think/speak highly of sb）は太字表記になっている．コロケーションは太字表記となっており，用例で説明できない場合は WORD PARTNER というボックスの中でコロケーションを記述している．句動詞の扱いは，他の辞典との大差は見られない．

2.1.8.5. MED^2

　2007年に出版された MED^2 では，イディオム，固定化された表現，句動詞，コロケーションが定型表現として扱われている．前者の2つのイディオムと固定化された表現は，フレーズ（PHRASE）という箇所に収録されている．このフレーズには，固定化された表現＝定型表現が多数記述されている．特に，口語英語で使用される定型表現は充実している．例えば，「最後までどうなるかわからない」は The show/it isn't over until the fat lady sings. というオペラの知識がないと理解が難しく（オペラの最後には恰幅のよ

---

for saying that something that happened was not surprising（ある出来ことが驚くことではないないことを言うために使用される）　4: used to mean 'certainly' when someone asks you a question or asks you to do something　（誰かが質問をしたり，何かをお願いする際に「もちろんです」を意味するために使用される　5: used for disagreeing strongly with something that someone says（誰かが言ったことに対して強く反対するために使用される）6: used when someone tells you that they or someone else felt angry or sad and you want to show you understand how they feel（誰かが怒っていたり悲しんでいる時に，わかります，と同感を示すときに使用される）

い女性が歌うことからできた表現)，比較的新しいものでも浸透している定型表現を記述している．このような記述は，他の辞典にはないものであり，英語らしさを感じさせる定型表現である．

　しかし，口語英語で使用されている定型表現の記述については，その意味の少なさやストレス表記がないなどの質的な問題と，口語英語で使用されている定型表現を正確に記述しているとはいえないという量的な問題があり，今後の記述の充実が待たれるところである．ストレス表記がない例として，*The ball is in sb's court.*（お鉢が回ってくる，順番である）を見てみる．この定型表現は機能語 sb，例えば，your, my にストレスが置かれるので，どこにストレスが置かれるか明記したほうがよいだろう．次に，記述の充実が待たれる例として *I bet / I'll bet* をあげる．*I bet / I'll bet* は「わかった，賛成する」と *I (will) bet that* 〜 のパタンで「〜だと思う」という意味を記述しているが，コーパスのデータなどを見るとこれ以外にも多様な使われ方が観察される．

　コロケーションは，他の辞典と大差がなく，ともに用いられる語義の箇所に太字で表記されているか，もしくはコロケーション・ボックス（COLLOCATION BOX）の中に表記している．例えば，habit が「習慣」という語義で使用される場合，形容詞のコロケーションとして，annoying, bad, dirty, disgusting, filthy, unfortunate を記述している．これは，*BBI* と同じくらい充実した記述といえる．句動詞は，ストレス表記があるが，その表記には取り立てて *MED*[2] の際立った特徴は観察されない．

2.2. 言語学的立場

　言語学的立場は，1909年のシャルル・バイイ（Charles Bally）の *Traité de stilistique française* に始まる．バイイの考え方は広く受け入れられることはなく，1930年代のロシアのヴィノグラードフに取り上げられるまで定型表現研究は活発に研究されなかった．私たちが，これまでの定型表現研究の先行研究を調べた結果をもとに1909年より定型表現研究の言語学的立場からの研究の時代区分をすると (3) のようになる．

　　(3) a.　the primitive period from 1909 to the 1930
　　　　　　（1909年から1930年代の初期段階）

b. the studies in phraseology carried out in the 1930s and 1940s by Vinogradov and Amosova as Russian national policies
（1930 年，40 年代のロシアの国家政策による研究期）
c. the collocational studies conducted in the 1950s and 1960s by the neo-Firthian school of linguists, which includes linguists such as Mitchell, Sinclair, and Halliday
（1950 年，60 年代の新ロンドン学派によるコロケーション研究期）
d. the works of Makkai and others influenced by Russian phraseology in the 1970s and 1980s
（1970 年，80 年代のロシアの影響を受けた研究期）
e. the phraseological studies which used corpora in the 1980s and 1990s
（1980 年，90 年代のコーパス活用期）
f. the beginning of different kinds of phraseological studies following the establishment of the EUROPHRAS (European Society of Phraseology) conference in 1999
（EUROPHRAS 発足による研究細分化期）

　(3b) のロシアの定型表現研究は，国家政策の一環として始められた．そのロシアの定型表現研究で活躍したヴィクトル・ヴラディーミロヴィチ・ヴィノグラードフ (Victor Vladimirovich Vinogradov)［以後，ヴィノグラードフ］は，ロシアの定型表現研究の父と呼ばれ，定型表現を体系的に分類し，初めて phraseological units という言葉を使用した．ヴィノグラードフの功績をさらに発展させた人物がナターリャ・ニコラエヴァナ・アモソワ (Natalya Nikolaevna Amosova)［以後，アモソワ］である．この 2 名のロシア人定型表現研究者によって提唱された体系は，パーマーたちによる *SIR* (p. 41) のそれと一致する．
　ヴィノグラードフは，フレーズの包括的な範疇を phraseological unit と呼び，Ginzburg et al. (1979: 74), Cowie (1998b: 214) は，"non-motivated word-groups that cannot be freely made up in speech but are reproduced as ready-made units"（自由に組み合わせることができないが，既成の語群として使用される，普通は結合するとは予測しにくい語群）と定義している．ヴィ

ノグラードフは，phraseological units に属する phraseological fusion（イディオム），phraseological unities（定型表現的結合体），phraseological combination（定型表現的結合）を明確に区別した．phraseological fusion は，Cowie（1981）の定義によると，純粋なイディオムであり，それは定型表現を構成する各語の意味から定型表現全体の意味が予測できないものである．

次の phraseological unities は，*blow off steam*（うっぷんを晴らす）のように定型表現全体の意味が隠喩的または換喩的で，部分的に構成が予測できない定型表現である．これは Cowie（1981）の分類では，figurative idiom（比喩的イディオム）である．最後の phraseological combination は，*meet the demand*, *meet the necessity* のように定型表現の構成要素のある語は直接的な意味で使用されるが，別の語は比喩的な意味として用いられる定型表現である．*meet the demand*, *meet the necessity* の場合，*meet* は比喩的な意味で用いられ，*demand*, *necessity* は各語が持つ本来の意味である．

アモソワの定型表現分類体系は，ヴィノグラードフのそれと類似しているが，異なる点は phraseological combination を phraseme と phraseoloid に分類したことである．それぞれは下記のとおりである．

前者の phraseme は，定型表現が拘束的な意味をもち，ある 1 つの決定的な要素を持つ定型表現である．*grind one's teeth* を例にとると，*grind* の特別な意味は，*teeth* に依って決定される．一方，*small talk*, *small hours* のように，*small* の意味は非修飾語が 1 つの決定項目を持っている．これを phraseoloid という．

ヴィノグラードフとアモソワの体系は，1960 年代と 1970 年代のアメリカ，西ドイツ，イギリスの言語学者の注目を浴び，その結果，*ODCIE*[1] (1975)，*LDEI* (1979)，*ODCIE*[2] (1983) の編集者たちに採用された．

(3c) の時期では，イギリスでミッチェル，シンクレア，ハリデーがコロケーションを文法構造により分類し，何がコロケーションで，何がそうでないかを置換テスト，削除テストなどを用いて明らかにした．ハリデーは，実証的な研究ではなく理論的側面から定型表現研究に取り組んだ（ハリデーの体系の詳細については第 1 章 2 節を参照されたい）．

(3d) の時代には，Makkai (1972) の *Idiom Structure in English* を始め，ハラルド・サン（Harald Thun）の *Probleme der Phraseologie* (for Romance languages) (1978)，ハラルド・バーガー（Harald Burger）などの

Handbuch for Phraseologie (1978), ウルフギャング・フライシャー (Wolfgang Fleischer) の *Phraseologie der deutschen Gegenwartsprache* (1982) が出版されるなど，個別言語の定型表現研究が活発になされた．

次の (3e) の時期には，コーパスが言語研究に用いられたことにより，コーパスを使用した定型表現研究が盛んに行われ始め，定型表現研究が広く注目を浴び，活発に行われ始めた．

(3f) の時期は，1999 年に EUROPHRAS が発足したことでヨーロッパを中心に定型表現研究が花開いた．EUROPHRAS は，当該分野における国際的な交流を図るために設立された学会である．それ以降隔年に，EUROPHRAS が開催されている．EUROPHRAS での研究のほとんどは，bottom-up による研究である．これは，定型表現研究が記述的側面より発達したことに大きく関係がある．現在，定型表現研究は (1) に示したように，文化と定型表現の関係，翻訳における定型表現の役割，少数派言語の定型表現など多方面からの定型表現研究があり，百花繚乱の時代を迎え，今後益々発展していくと思われる．

Table 1　Terms and definitions of phraseology in major previous studies
　　　　（主要な先行研究の用語と定義）

Author	*Terms*	*Definitions*
Alternberg (1998)	recurrent word-combinations	consisting of at least three words occurring at least ten times
Gläser (1998)	phraseological units	a lexicalized, reproducible bilexemic or polylexemic word group
Howarth (1998)	phraseological units	collocations
Moon (1998)	fixed expressions and idioms	units of two or more words
Aijmer (2002)	discourse particles	to give important clues to how discourse is segmented and processed
Inoue (2007)	phraseological units	units that have various meanings in line with each context irrespective of the number of words

(adapted from Inoue (2007: 104))

Table 1 でわかるように，用語，定義とも研究者によって決められている．これは Cowie (1998b: 4) で述べられているとおり，"in phraseology, as in other fields within linguistics, it is not uncommon for individual scholars to apply different terms to the same category (or the same term to different categories). I have therefore thought it essential—while not suppressing individual differences—to provide a general framework, in which the terms used by any one individual can be understood in relation to those used by others"（定型表現研究は，言語学の他領域と同様に，個々の研究者が同じカテゴリーに異なる用語（もしくは異なるカテゴリーに同じ用語）を利用するのは特に変わったことではない．そこで，私は個々の違いをなくさないように，包括的な枠組みを提供することが必須であると考えた．その枠組みでは，個々の研究者により使用されている用語は他の研究者に使用されている用語との関連で理解できる）

EUROPHRAS での研究発表においても，研究者がさまざまな用語を用い，定義をしている．このことから，今後は用語と定義の統一を図る研究が進むと考えられる．定型表現研究の根幹である「言語の中核をなすのは定型表現である」という基本概念共有のもと，定型表現研究の理論化，それが次の定型表現研究の進む道と考える．

3. 結語

本章は，定型表現研究のこれまでの過程を教育学的立場と言語学的立場より述べた．また定型表現研究の問題点などを述べることにより，近年の定型表現研究の動向を紹介した．この章よりわかることは，研究者によって用語，定義が異なるという状況を改善するためにも今後定型表現研究は理論化へ進むことが予想されることである．そして，定型表現研究は理論を確立しながらも個々の研究者の特性を存分に活かした研究が活発に行われると推測する．

第 4 章

現代英語の変化を見る視点
──「効果的な意思伝達」と「労力節減」

1. はじめに

　定型表現やイディオムが形成されてゆく過程を言語の変化としてとらえ，その変化の原理を人間の本性である「労力節減」（同じことをするならば，できるだけ楽をしたい）に求めることができる．この労力節減の原理は「言語経済」などとも呼ばれるが，この原理は，古くから言語学者が関心を寄せるところである．本章で，言語変化の根底にある原理の1つとしての「言語経済」あるいは「労力節減の原理」を言語学者がどのようにとらえてきたかを振り返ることにする．

　言語現象はすべて平等に存在しているのではなく，中心的な部分と周辺的な部分があること，周辺的な部分は中心的な部分からの派生によって説明できること，そのために，「類推」「混交」「融合」「概念の範疇化」というメカニズムによって説明を試みてきた（八木 (1999) などを参照）．そのような研究の中で常に頭にあったのは，「なぜこのような現象が起こるのか」という根本的な疑問である．

　現代英語のありのままの姿をみていると，これまで辞書や文法書には書いていないことや，書いてあっても事実と合わない記述や，あるいは誤った記述を見いだすことは難しいことではない（八木 (1996, 1999, 2006a) 参照）．あるいは，接続詞が前置詞化したり（八木・井上 (2004: 第 12 章) 参照），定型表現が多義性・多機能性をもったり（井上 (2003, 2004), Inoue (2006, 2007) 参

照)する現象として分析してきた．

　言語は常に変化しているのであるから，新たな事実を発掘したり，記述を改めたりすることは，英語の実証的研究の使命である．そのような使命を担って新しい現象の発掘に取り組んでいると，いろいろな英語の変化の根底に何らかの変化の法則があるのではないかという思いに至る．近年の英語の簡略化への変化と，それとは逆のある種の複雑化・多様化への変化に気づいている．このような変化はどのような理由で生じたかを考えることは価値のあることだろう．

　一般に，実証的・帰納的な方法をとる研究の場合，個別の事実の観察からその中に潜む法則を導き出すという方向をとる．上記の「変化の法則」は，個別の事実から得られる法則の発見からさらに一歩進めて，法則一般に通底する基本原理（メタセオリー）を見いだしてみようというのが本章の目的である．このような努力は，bottom-up の手法をとった実証的研究がとるべき当然の方向であろう．

　そこで，私たちが導入しようとする原理は，結論から先に言うと，種々の現象を説明する法則に通底すると仮定する「最小労力の原理」(the principle of least effort)，あるいは「経済の原理」(principle of economy) と言われるものである．この原理の存在を前提として，今までに私たちが観察し，記述し，分類し，説明してきた諸現象を新たな統一した視点から見なおすならば，新たな説明を付け加えることができるのではないかという予測が立つ．また，そこから新たな問題の発掘も可能になるであろう．

　一方で，言語の諸現象を見ると，「労力節減」(economy) とは正反対の「冗漫」(redundancy) と思える方向への現象も少なくない．1つ例をあげると，終了時を表すのに until next Friday だけでは心もとないのか，until to next Friday というような屋上屋を重ねる表現法が見られる．このような現象がなぜ生じるのかを考えるためには，「労力節減」とは正反対の「冗漫」という原理も存在することを認めておかねばならない．この「冗漫」も言語変化の1つの方向になっていると考えさせる現象が見られる．

　「労力節減」と「冗漫」は矛盾する原理である．このような矛盾する原理を両立させるさらに大きな原理として，言語の本質的な役割である「効果的な意思伝達」(effective communication) という原則を想定しておかねばならない．この大原則のもとに，「労力節減」と「冗漫」がバランスをとりなが

ら，言語の変化をつかさどっていると考えることにする．その視点から，今までに明らかにされてきた緒現象を見直し，さらには新しい諸現象の発掘と説明を試みようと思う．「労力節減」と「冗漫」とあわせて「言語経済の原則」と呼ぶことにする．

　Zipf (1949) の研究をもとにして，分かりやすい例をあげてみよう．最も徹底した「最小労力」の原則が働くとするならば，例えば，ある言語の中で，1つの言語表現の形式ですべての内容（伝えたい事柄，意図）を伝えることができるのが理想ということになる．しかし，その場合，1つの形式が無限にあいまいになり，それを状況に応じた意味解釈をするためには，聞き手は無限の労力を強いられることになる．最小労力の原則は，意思伝達という言語のもっとも根本的な機能から遊離した議論は意味がなくなる．労力は，話し手と聞き手の双方に関わる問題としてとらえなければならない．

　言語表現形式の1つとして，英語の単語だけを取り出して見てみよう．最小労力という観点からは，単語は短いものの頻度が高く，長い単語は使用頻度が低いであろうという予測が成り立つ．そして，実際に1つの文学作品の単語の長さと使用頻度の関係は，反比例することが実証された (Zipf (1949: 63ff.))．

　また，例えば，ジェームズ・ジョイス (James Joyce) のユリシーズ (Ulysses) は総語数は 26,040 語，異なり語数は 29,899 語である．この 29,899 語を頻度順に並べ，それぞれの語に順位を与えると，順位 10 位の語の頻度は 2,653 回であるのに対して，順位 100 位の語の頻度は 265 回である．順位と頻度を掛け合わせて得られる数値は 26,530 と 26,500 であり，ほぼ一定である (Zipf (1949: 23))．ここには，「統一化」と「多様化」のバランスを読み取ることができるという (Zipf (1949: 26f.))．

　このように，労力節減だけでは言語の実態をとらえることもできないし，言語変化の基本原理の説明にもならない．効果的な意思伝達という言語の基本原則のもとに，節減と冗漫とが常にバランスをとろうとして，言語変化が起こるものであり，そのバランスのとり方は，言語によって，また，英語であれば，英米や，クリオール英語それぞれによって異なるということも事実である．

2. 「労力節減」の種々相

　今日まで，言語学者はどのような現象をさして「労力節減」の原則が働いていると考えていたのだろうか．本章で後にさまざまな言語学者の考えを引用するが，その前に，本章で考えている「労力節減」の原則が働いていると思われる現象を主に英語を中心に，インフォーマルな形であげてみよう．労力節減とか言語経済などという用語は，実際には専門用語として必ずしも確立しているわけではない．しかし，「言語経済」という言葉を聞くと，言語学者はおそらく誰にでも言わんとすることは理解できるであろう．「労力節減」「言語経済」というのは，そのような用語というか，一般に広くもたれている概念なのである．[1]

---

[1] 言語学において，本章で論じようとする意味と異なった意味で economy という用語が使われる．例えば，Hocket (1958: 110) は，「音素分析の手順の第4原則」の1つとして，"the Principle of Economy" をあげている．これは，音素分析の結果は，できるだけ記号が少なく，簡潔な表示方法が好ましいということである．このような経済の考え方は，生成文法においても生かされ，言語理論において，「経済」の概念は極めて重要な基本である．しかしこれは，本章の「はじめに」や，2節，3.1節で述べてきたものとは違った用語の使い方であることは明らかであろう．科学的な分析結果を表す定式は，簡素 (simple) なほど美しく望ましいという原則を言語学の中に生かしたものである．Crystal (2003: sv. ECONOMY) は，「最小努力」とか「労力節減」などには一切触れることなく，科学的分析は，できるだけ短く，できるだけ少数の用語を使うことが望ましいという基準 (criterion) のことを述べている．
　また，言語類型学 (linguistic typology) の中でも economy という用語が使われる．言語類型学は，世界の言語を（発生とは関係なく）種々の特徴によって体系的な分類を試みるもので，そこで考えられている「経済」は，言語変化の原動力である「経済」の別な現れ方と考えることができる．Croft (2001) によれば，Zulu 語には，名詞の単数を表す接尾辞も複数を表す接尾辞もある．英語では，単数を表す語尾はないが複数を表す接尾辞がある．中国（日本語も［筆者注］）には単数接尾辞も複数接尾辞もない．それぞれの言語における数の表し方のうち，どの言語がもっとも経済的な表示をしているのだろうか．単純に考えれば，何も表示しないことが一番経済的であり，単数・複数の区別が必要であるならば，文脈で判断すればよい．しかし，言語類型学的にみれば，経済性と相反する概念として，「象徴性」(iconicity) がある．単数も複数も，それぞれ意味を表しているのであるから，それぞれに対応した形式がある方が象徴的には好ましい．単数は無印，複数は表示する英語のような言語は，単数を無印 (unmarked) にすることによって，経済的かもしれないが，実は，単数の意味に対応する特別な形式がないということで，象徴性に欠けることになる．

第 4 章　現代英語の変化を見る視点　　　　　　　　　　　　　85

　過去において，どのような言語学者がどのような現象を頭において，「言語経済」と言っていたかを確認しておくことも無駄ではないであろう．

2.1.　発音における「労力節減」

　もっとも分かりやすい現象は，音声に現れる．英語の音素 /t/ で表される音は，前後の環境によって，さまざまな具体的な音となって現れる．eighth の最後の子音は [tθ] と発音されるが，[t] 音は，次の歯摩擦音 (dental fricative) の発音準備のために，舌端 (apex) は上歯の裏に押し付けられる．この現象は，ごく自然な生理的現象であるが，/t/ 音の基本性質は舌端を歯茎に当てるものであるために，言語学的な訓練を経てない人にとっては，実際の発話時に調音位置の移動までは気づくことはない．まったく無意識の間に，このようなことが起こっている．そのような意味では，人が A 地点から B 地点に行く場合に，最短距離を行くように，あれこれ道順を考えるというものとは性質が異なる．このように，言語経済は，無意識的なものであることが大きな特徴である．

　その無意識は，英米で異なる場合がある．例えば，student の発音は，初期近代英語では /stjúːdənt/ であったものが，アメリカ英語では，/j/ の音が脱落し，/stúːdənt/ となる傾向がある．これに対して，イギリス英語では近年とみに，/stʃúːdənt/ の発音が普通になってきている (Wells (2000) 参照)．/tjúː/ は日本人に限らず，英語話者でも発音しにくい．だから，アメリカでは /j/ の音が脱落する傾向が生じ，一方イギリスでは，/t/ と /j/ の同化によって日本人の発音によくある /tʃ/ 音になる傾向が生じている．だから，「労力節減」といっても，それが別の環境では別の現れ方をする．一定の方向があるわけではないのである．

　言語変化のこのような変化は，予想のつかない方向をとる．Sapir (1921: 147ff.) のいう「ドリフト」(drift) (日本では，「駆流」「偏流」などと訳されることがある) はまさにこのような傾向を指しているのである．生きた言語のと

非常に興味のある考え方で，「経済」的な側面からだけでは言語の諸現象を正しく見ることができず，必ず相対する法則があって，そのバランスの上で言語が成り立っていることがわかる．

どめのない変化について，Sapir (1921: 150) は，次のように述べている：

> Language moves down time in a current of its own making. It has a drift.
> （言語は，自らを形成する流れとなって時を流れてゆく．それは偏流をもっている）

　言語は，押しとどめることのできない，時と共に水流のようにゆったりとある一定の方向に動いてゆく．この動いてゆく方向は，言語を使うグループの人々に特有のものであって，それがゆえに方言が形成され，さらには新たな言語が形成される．同じ言語でも，アメリカ英語とイギリス英語は，それぞれ独特の偏流をもっている．それが，student という語を例にとれば，一方では /j/ の喪失であり，一方は同化による /tʃ/ 音への変化である．
　このように，サピアの言う「偏流」の根底には，おそらく「労力節減」の原理が働いているのであろう．現代英語の形態論・統語論にかかわる変化をみて，それを「労力節減」の原理から見直してみよう．

2.2. 現代英語の形態的・統語的変化の例

　よく知られているように，古英語から中英語への変化は，複雑な屈折変化の喪失であった．屈折変化の最大の原因は古英語（OE）とフランス語（ノルマン・フレンチ：NF）の言語接触である．この言語接触によって，屈折変化は最小限にまで失われた．残ったのは，動詞の三人称単数現在の -s, -es, 過去形の -ed, 過去分詞形の -ed, -en, 名詞の複数の -s, -es といったところである．その結果，古英語以後は確かに初学者には学習しやすい言語になった．しかし，一方で，時制，相，時制と相の組み合わせなどによって，複雑な意味を表す必要ができてきた．また，明確な語順にしておかないと，誰が誰を殺したのか，殺されたのか，ということがわからなくなるというような，別な面での話し手，聞き手双方に労力を課す結果となった．効果的な意思伝達のためには，どこかで労力を節減すれば，別なところで労力を補わねばならない．
　Mair & Leech (2006: 320) は，Ch. Barber (1964) *Linguistic Change in Present-day English* をもとに，現代標準英語に起こりつつある文法的な変化をリストしている（詳細は第 1 章 3.2 節を参照されたい）．そのリストは，

画一化，単純化という労力節減の方向と，新しい表現の展開の両方の面があることを示している．

例えば前置詞が接続詞用法をもつようになるのは，ある意味では極めて自然であり，また，接続詞が前置詞用法をもつようになるというのも，それほど珍しいことではない（八木・井上 (2004)，また本書第 12 章を参照）．助動詞化などの定型表現化の現象も種々観察することができる（Inoue (2006, 2007)，八木 (2006a) 参照）．

画一化することによって，特別な変化形を覚えて使う必要がなくなる，will にしようか shall にしようか迷うことがないように will に画一化する，意味が分かれば冠詞は省略するというのは，特に言語の変化の方向としては，理解しやすい．

ただ，そのようなリストのうち，単数の they (e.g. Everybody came in *their* car.) は，いわゆる sexism との関係から人為的に導入・強調された結果という面があるので，自然な変化とは異なるものと考えておかねばならない．

3. 言語学の中の「経済」のとらえ方

言語学ばかりではなく，人間の研究，あるいは人間の本質に関わる分野を対象とする学問では，人の本質として，同じことをやり遂げねばならないならば，できるだけ楽をして達成したいと考えるという前提をもっていると考えることは自然であろう．

近年，少なくともいろいろな言語研究の潮流の中で，「言語における経済性」ということを前面に出した考え方は見かけない．ある意味では余りにも当然なので，まるで空気のような存在となり，時に応じて，論文や著書，研究発表の後の質疑の中などで，「言葉の経済から」とか「言語経済性のゆえに」などと言われることがある．しかし，今の時代に改めて振り返ってみると，言語における経済性について，具体的に何が言われてきたのか，また，この考え方が言語現象の説明にどのような効果的な説明を与えることができるのか，ということを考えておくことは無駄ではないだろう．少なくとも，各種の言語学辞典の項目にもあがるほどもない，とりとめのない考え方，あるいは原則なのか，ということを改めて検証しておきたいと思う．

市河三喜（編著）(1940)『研究社英語學辭典』（英語名は，*Kenkyusha's Dic-*

tionary of English Philology) は，Economy of effort (in speech)（勞力節減）の項目があって，次のような記述がある．

　我々が言語を使用する目的は思想・感情を他人に傳達・表現するにある．この目的を果たすためにそれぞれの言語社會で決められた一定の習慣的な記號を用ひる．しかし目的が果たされる限り，我々は成るべく生理的・心理的の努力を少なくしようとする．即ち同程度の効果を擧げるために最小の努力をする．これは我々人間が生来もってゐる怠惰の本能の現れであると同時に，簡潔を尊ぶ人類共通の心理作用の働きでもある．しかし餘りに簡に走り節減すると不分明が生じ誤解が生じて，言語使用の目的を十分に果たすことが出来なくなり，傳達が十分に行われなくなる．それ故努力節減には自ら程度があることになる．かくて言語活動は一方では分明にしようとする努力の相反する２つの力に引かれて，常にその両局間に均衡状態をたもつてゐると言ってよい．（中略）
　勞力節減は言語變化の上にも大きな役割を演じてゐる．殊に音韻變化に於いてそうである．例えば OE の種々の屈折語尾が ME で水準化され ModE で脱落して PE では短い語となつてゐるなどは，いずれも勞力節減に起因する．音韻變化の原因に關する諸説の中，Schleicher, Whitney 等が強調したのはこの勞力節減であった．（中略）かく economy of effort は言語上の多くの事象を説明する有力なる原理である．

　重要な原理であるとしながらも，ここには引用文献がなく，シュライシャー（Schleicher），ホイットニー（Whitney）という名前への言及があるばかりである．改訂版の大塚・中島（監修）(1982) は，economy of effort の項目で，上記の基本的な記述を引き継いだあとで，「勞力の節約は言語のすべての面にみることができる」とし，音韻，語彙，形態，統語，意味のすべての面について，概略的に現象に触れている．また，Martinet (1955) と Zipf (1949) の研究についてもそれぞれの概略を述べている．同時に，Chomsky (1971) *Problems of Knowledge and Freedom* (Panthoen) は，生成文法の立場から，Zipf (1949) の法則「語の長さと出現頻度の順位をかけあわせたものは定数となる」をさして，「言語学にとって，実質的な意味はない」と述べていることを紹介している．このようなチョムスキーの感想が

後の「経済性」という考え方が余り取り上げられなくなったことと関係があるかもしれない．

　石橋（編集主幹）（1973）にも Economy of effort (in speech)《労力節減》の項目があり，こ「労力節減」は，本章で後に述べる，言語使用（linguistic performance）の面でも省略や音脱落のような現象として，また，言語変化の面にもあらわれるということを述べている．

　このように，「労力節減」について，辞典での記述や論文・著書の中での断片的な言及はあるが，それを具体的な現象の説明に利用しようとした研究は寡聞にして知らない．以下，言語（特に英語）の経済性の議論を始める前に，「言語学で経済性はどのようにとらえられてきたか」という問題から始めることにする．

4. 言語変化の原因としての「最小労力」の原則

4.1. 比較言語学以前

　Vicentini（2003）によれば，言語変化を人間の本性である「最小労力の原則」に求めることは，すでに 16 世紀末以降の言語研究者にもみられるという．16 世紀はルネサンスの時代であり，科学的な思考の発達の中で，変化してゆく言語を観察すると，その言語変化がなぜ起こるのかという根本的な問いが生じるのは自然であろう．言語がなぜ変化するのか，その答えの 1 つとして考えだされたものである．

　渡辺（1975: 202f.）によると，18 世紀の綴り字・音声の研究者ジョン・ジョーンズ（John Jones）は，その著書 *Practical Phonography*（1700 年頃）において，もともとは綴り字は発音を表すものであった．それなのに発音と綴りが乖離してきたのは，発音が変化するのに綴りが固定しているからである．それでは，なぜ発音が変化するのだろうか．それは，人には「発音のしやすさとスピード」（Ease and Speed）に対する欲求があるからである，という．渡辺（1975: 203）は，この考え方は，「近代言語学で「経済的原理」（economical principle）と呼ばれている見方と同じである」という．

　18 世紀に英語の発音を改め，古典的な発音復活をめざしたというトマス・シェリダン（Thomas Sheridan, 1719-1788）は，アン（Anne）女王没後に残る上流階級の人たちのよい発音の基準は，「類推」と「言語経済」であると

いう（渡辺 (1975: 260））．

　この引用のように，比較言語学以前から，言語，特に発音が「なぜ変化するのか」という問いに対する答えとして，「最小労力の原則」が広く言説として流布していたもののようである．

4.2. 比較言語学から今日に至るまで

　比較言語学の時代になっても，前節に引用したような「経済の原則」(principle of economy) の考え方はそのまま引き継がれ，言語変化の基本的な理由と考えられてきたと思われる．中尾 (1985: 10f.) は，19世紀になって，音変化がなぜ起こるのかを説明することが重要な関心事になってきた，と述べ，ヘルマン・パウル (Herman Paul, 1846-1921) が比較言語学の見地から変化の要因を，「気候，風土の違い，調音の容易さを追及する人間の怠惰，国民性，世界観の違い，など」に求めた，としている．

　その比較言語学の流れをひきついだドワイト・ホイットニー (Dwight Whitney)，ヘンリー・スウィート (Henry Sweet)，オットー・イェスペルセン (Otto Jespersen) などもその「経済の原則」が言語変化の原因になることを率直に認めている．それぞれの考えの概略を解説しておく．

　Whitney (1867: 28-29) は，英語の変化を考察する章で，変化の原因のうちで「言葉の不正確な使い方 (inaccuracies of speech) に由来するもの」があると述べ，「正確な話し方を心がけようとしない圧倒的大多数の影響で，ついにはその誤りが言語の規範となることがある」とする．そのようなことが起こる原因は2つの人の性癖が関係している．第一に，物事を発音器官にとってたやすいようにし，表現という作業をする時に時間と労力を節減する．第二に，言語の類推を拡大して不規則で例外的な形態を排除する．

　Whitney (1867: 28-29) は，このような傾向がもたらした例として，knight, clam, psalm, would, doubt, plough, thought, sword, chestnut の黙字 (silent letter) をあげ，また，多音節語の名詞は，第一音節にストレスを置く傾向があるが，大量のフランス語が英語に流入した時もその傾向を守ろうとしたことをあげている．このストレスを第一音節に置く傾向は今でも続いており，"ally" という語は権威者たちは第二音節にストレスをおくが，英米ともに一般大衆は第一音節に置く傾向が強まっている，と述べている．このように，ホイットニーは，発音の不正確さ・怠惰によって，本来連続する

子音の 1 つを省略したり，発音を画一化するという傾向が生じることを指摘している．

4.3. 20 世紀の言語学者

近代的な科学としての言語学を確立した Sweet (1888) は次のように述べている：純粋に体系的な音変化全体を調べると，2 つの経済の原則に気づく：(a) 余分な音を落とす；(b) ある音から別な音への安易な移行，その結果，-dn- が -nn- になるような同一化や同化が起こる．[2]

また Sweet (1891: 240) にも，音変化の要因について，次のような記述がある：組織的な音変化は不注意が主な原因である．その不注意によって話し手は音声を形成する場合に正確な位置に当てない．あるいは，結合上の変化には怠惰も原因になる．音の喪失や音脱落は部分的には怠惰が原因であり，また部分的には音の不明確さがある．それは，because を意味する聞きなれた (koz) の場合のように，しばしば弱母音や音節までもが落とされることに見られる．部分的には，経済，あるいは余計な区別を捨てようとする傾向が原因になっている場合もある．[3]

Jespersen (1922: 261ff.) は，言語変化の原因を民族心理（national psychology）や発話速度などに求めるのではなくて，economy of effort に求めることを主張する．このような考え方を「容易理論」(the ease theory) と呼ぶ．Jespersen (1922) には，このような「容易理論」には，言語学者の反対

---

[2] この部分の原文は以下のとおり：

First of all we must make up our minds with regard to the disputed question whether the changes of language go in the direction of greater ease, in other words, whether they manifest a tendency towards economy of effort. (p. 261)

[3] この部分の原文は以下のとおり：

Organic sound-changes are mainly the result of carelessness, by which the speaker fails to hit the exact position for forming a sound, or laziness, as in combinative changes.

The loss of sounds or sound-dropping is the result partly of laziness, partly of sound's indistinctness, as in the frequent dropping of weak vowels, or even syllables, as in the familiar (koz) = *because*; partly of economy, or the tendency to get rid of superfluous distinctions.

が多く，人の怠惰が言語変化を起こすというような主張は受け入れがたかったようである．それでも，イェスペルセンは次のように述べている：私が「容易理論」を支持することに対して，私が言うところの「労力節減」「最小抵抗の方針の採用」を，怠惰，不精，怠け，逃避，安易，堕落，鈍さ，活力のなさなどといろいろな美しい同義語に言い換えて，そのような人間の力に私が余りにも頼りすぎだと言う人達がいても恐れることはない．そのような人たちが何を言おうとも，あらゆる人間にそのような「傾向」が間違いなくあるのであり，音変化の説明にそのことを考慮に入れることによって，「類推」によって多くの形式の単純化を説明したのとまさに同じ原理を適用していることにほかならないのである．音声学と形態論という2つの違った領域で同じ心理的力が働いていることがわかる．

　イェスペルセンは，音声変化の原因としての「労力節減」，形態変化の原因としての「類推」を，同じ心理的力（psychological force）の表れであるとしている．このような力が統語領域にも働いていると考えることは，当然の帰結であろう．

　Bolinger (1977: vii) のテーマは，「形態が異なるのに意味の相違がないというような形態はない」(there is no difference in form without some difference in meaning) であると述べている．このテーゼも，「経済」というような言葉は使っていないが，2つまたはそれ以上の形態が全く意味が同じであることは不経済である．したがって，なんらかの意味の違いをもつようになるか，どちらかの形態が当該の言語から消滅するか，どちらかの運命をたどるであろう．これは，主として統語論を頭においた考えであるが，ここにも経済性の考えかたを読み取ることができる．

　Leech (1983) は，語用論的な観点から，テクスト構成上の「経済の原則」について述べている．Leech (1983) は，ハリデー（M. A. K. Halliday）の考えをもとに，言語の機能を「意味伝達機能」(ideational function)，「対人機能」(interpersonal function)，「テキスト機能」(textual function) に分ける．このうち，「意味伝達機能」と「対人機能」は，文法の領域であり，「テキスト機能」は語用論の領域である，とする．

　「テキスト機能」は，次の4つの原則 (principles) によって成り立つ：①「処理可能の原則」(The processibility principle) ——聞き手が理解できなければならない，②「明晰性の原則」(The clarity principle) ——意味を明確に

し，あいまい性を避けなければならない，③「経済性の原則」(The economy principle) ――伝達意図をそこなわない範囲でテキストはできるだけ短くしなければならない．可能な場合は，代名詞化 (pronominalization)，代用形による代用 (substitution)，省略 (ellipsis) の方法によって短縮しなければならない (reduce wherever is possible)，④「表現の豊かさの原則」(The expressivity principle) ――表現を豊かにするために代用形を避けたり，繰り返しをしなければならない．

「経済の原則」はその他の原則と相反するところが多いが，これらがバランスをとりながら，適切な表現法が選択されることになる．

5. プラハ学派のアンドレ・マルティネ (André Martinet)

プラハ学派 (the Prague School of Linguistics) のマルティネは，economy of effort を基本的にこの比較言語学やスウィート，イェスペルセンの文法観の延長上にある．だが，マルティネは，基本的には「最小労力の原則」の原理の基礎的な考え方を明らかにした Zipf (1949) に触発されたと述べている (Zipf (1949) の研究については，上に引用した)．[4]

マルティネは，Martinet (1955, 1960, 1962) において，「最小労力」の原理を，音変化の説明原理から，言語変化のあらゆる分野にまで拡大していった．

Matinet (1960: 167) は次のように述べている：言語の進化は人の意思伝達の必要性と人の頭と身体の活動を最小限度にしておきたいという傾向の間の永遠のせめぎあいである．[5] Matinet (1960: 168-169) の内容を身近な例

---

[4] マルティネは，1955年の *Economie Des Changements Phonétiques; Traité de Phonologie Diachronique* (Bern: Francke) において，通時的音韻研究の立場から，音変化を「経済」の側面から分析した．未読であり，直接には触れることはできない．Martinet (1960, 1962) を参考に，この節の記述をする．

[5] この部分の原文は以下のとおり：
　　Linguistic evolution may be regarded as governed by the permanent conflict between man's communicative needs and his tendency to reduce to a minimum his mental and physical activity.

で解説すると次のようになる：経済には統合的（syntagmatic）なものと語形変化的（paradigmatic）なものがある．例えば，copy という語と machine を組み合わせて copying machine ができた．これは別名 Xerox とも呼ばれていた．syntagmatic には構成語数や音素数が少ない Xerox が経済的である．しかし一方，copying machine はそれをみれば何をするものかが理解できる点で，新しい表現を覚えるよりは楽で経済的である．Xerox は新しいことばとして覚えなければならない点で，語形変化的（paradigmatic）には不経済である．どちらが選ばれるかは，その使用頻度によって決まる．一般的には，頻繁に使うためには短い方が生き残る．結局は copier という新しくてそれほど記憶に負担のかからない新しい表現が定着したように思われる．

　一方言語には冗漫さも欠かすことのできない特質である（Martinet（1960: 170-171））．幼児が言葉を習得するにはこの冗漫さが必要である．まわりの人たちは次のような発話をする：

> Mummy, I'm hungry; give me some bread and butter.
> I'm hungry; when are we going to eat?
> She's hungry; give her some meat.

このような発話はすべて冗漫である．「空腹」であることをそれぞれが二とおりの方法で表現している．幼児はこのような冗漫な言語表現の中から hungry の意味を習得する．

　Martinet（1962: 154ff.）は，その第5章を「言語の変化」に費やし，言語変化は「伝達の必要性」と「人間の惰性」が主要因であり，変化してゆく言語のどの段階においても，言語構造というものは，この2つの主要因の間の不安定な釣合いにすぎない，という．ここでいう「惰性」とは「最小努力」の言い換えであるが，同時に，伝達の必要性から「余剰性」も必要不可欠な要因であることを強調する．二重否定，三重否定の存在意義もそこにある．また，例えば，yesterday と言えば過去のことであることは明らかであるが，yesterday を使う文中には過去時制が必須である．これは「余剰性」の一種であるが，このような文法規則が消滅しないのは，理解の上で過去のことである確認がしやすいからである（p. 155）という．

　このように，マルティネは，音変化の根本原理を「経済性」に求めること

から始めたが，それを言語のあらゆる側面にも適用し，さらには，言語習得にも，「冗漫性」と合わせて「経済性」の原理をあてはめて考えようとしていることがよく理解できる．長い言語学の歴史の中で半ば暗黙の了解として存在し，言語変化の説明に使われてきた「最小労力」の原理を，Zipf (1949) が，さまざまなデータによって立証した．マルティネはその立証をもとに，全面的に音変化の原理に応用し，さらにはそれを言語変化のあらゆる面に応用して理論化したのである．

6. 「言語経済」の原理の再認識

今まで考察してきたところでわかったことをまとめておく．

まず，「言語経済」あるいは「労力節減」の原理は，言語のあらゆる側面で働いていると考えられる．スウィートは音声における「経済の原則」，イェスペルセンは音声における経済について述べながらも，それが統語論の「類推」と共通性があり，類推は「労力節減」の原則によるものであるとしている．ボリンジャーは基本的には形態（形態素，語，文など）とそれらの意味との関係を論じており，リーチは語用論における「経済性」を述べている．このように，「言語経済」の原理は，言語のあらゆる面に働いていると考えることができる．考えてみれば，もし「最小労力の原則」が人間の基本的な性質であるならば，それが言語のあらゆる面で機能していても何の不思議もない．

言語が認知体系の一部として認識され，認知的な観点からの言語研究が進んでいる．もっと人間として本質的な「同じ結果を得ることができるならば，最小の努力ですませようとする」性質が種々の言語変化に関係していると考えることは，認知体系などよりもっと本質的な人間の本性に根ざした説明と考えてよいと思われる．

次に，歴史的には，音変化の理由説明として考えられていたということからわかるように，通時的に「言語経済」の原理が働いて，それが現在の固定化した音声特徴をもつに至ったということを述べるものである．ホイットニーがあげる knight, clam, psalm, would, doubt, plough, thought, sword, chestnut が黙字（silent letter）をもつようになった理由を「労力節減」という場合，まさにそのことを言っている．will, can などの法助動詞は，もと

は本動詞であったものが,歴史的変化の中で助動詞に固定化したという文法化の背景にも,表現形式を固定化することによって労力節減を図るという労力節減の原理が働いた結果と考えることができる.

一方で,日常的に具体的な表現を選ぶ場合,どの表現を選ぶかという点から考えて,その表現選択において,「言語経済」の原理が働いている,という面もある.上にみたリーチがその立場から述べていることは明らかであろう.名詞を繰り返さず代名詞を選択するというのは,その典型的な例である.安井・中村(1984: 6ff.)は,「経済性(economy)」の節で,グライス(Grice)の協調の原理(cooperative principle)から「情報量の公理」を引いて,「(対話のその時の目的に即して)必要なだけ言え」と「必要以上を言うな」というのが,代用表現の基本にあるとしている.このとらえ方の是非はともかく,あらゆる種類の代用表現はもちろん,省略,脱落,非具現をふくめて,「経済性」をもとに考えるという点に注目しておこう.安井・中村(1984)で述べられていることは,固定表現の成立過程ではなく,文法現象全般の説明として,「経済性」を考えていることは明らかである.

現代の音声学・音韻論の分野では,調音の経済(economy of articulation)といった用語によって,スピードの速い発話が生じる同化現象を説明するアバークロンビー(Abercrombie)(Abercrombie (1967) *Elements of General Phonetics*, Edinburgh University Press, Edinburgh)のような音声学者もある(Foulkes (2006) による).

「言語経済」は言語のあらゆる側面に機能していると考えられること,また,それは固定化した表現法の成立過程の説明としても,日常的な言語使用に生じる代用,省略,脱落といった現象の説明としても考えることができる原則であることがわかった.

7. 結語

本章では,「言語経済」あるいは「最小労力の原則」と言われる概念について,言語学の歴史の中でどのように利用されてきたかをみてきた.特に近年は,このような概念を正面に出して言語現象の説明をした例は少ないと思われるが,Vicentini (2003) の論文は,イタリアの言語学会で「言語経済の原則」に関するシンポジウムに出されたもので,イタリアではこの概念に対す

る関心が深い人たちもいるものと考えている．

　上に「言語経済」は言語のあらゆる側面に働いていることを見たが，「言語経済」の原理がいたるところで働いていると言うだけでは，結局は何の説明もしたことにならないのではないか，という疑問も出てくるであろう．私たちは，後章で具体的な問題を考える中で，この疑問に答えていく．

第 5 章

英語の変化と辞書記述

1. はじめに

　八木（2006b）は，今現在使われている各種の英和辞典に見られる誤った記述や，極めて古い（多くはシェイクスピア・欽定訳聖書の初期近代英語の時代や，トーマス・ハーディ（Thomas Hardy）などの後期近代英語などの）表現・語義・用例などが，そのまま特に《古》や《廃》などの記号を与えることもなく残され，あたかも今の時代でもごく普通に使われるかのような記述になっている状況を，数多くの例をあげて具体的に明らかにした．本章は，上記の八木（2006b）の延長としての研究成果をまとめたものである．このような問題はいわば無限にあるのだが，1 つ 1 つ検証することによって，別な研究者がその問題意識と調査方法を学び，幅広い研究になっていくことを願っている．

　八木（2006b）で述べたことをここで繰り返すことはできないが，方法論的な部分を簡単にまとめておく．そこで明らかにしたのは次のような事実である．

　第一に，英和辞典の中には共通した数多くの問題が含まれており，その由来を尋ねれば，古い時代の英和辞典，特に 1915 年以降の種々の辞典にその源があることを明らかにした．その背景には，辞書編纂の常として，既存の辞書を参考にして，そのまま無反省に受け継いでしまう傾向があることを具体的に明らかにした．

第二に，英和辞典の諸問題のうち，今は使われない古い英語は，その多くは COD 初版に由来し，また，COD 初版は，"Dictionary of Current English" としながらも，ほぼ OED の記述をそのまま引きついだものであることを明らかにした．

　第三に，1910 年代以降，それまでの外国の辞書をそのまま翻訳するという時代を脱して，日本人のために必要な情報を記述する英和辞典が作られるようになり，編者の独自の英語の観察にもとづく記述がなされた結果，そこに少なからぬ誤謬が含まれていることも明らかにした．

　第四に，これらの古い英語や編者の誤謬を含んだこれらの辞書記述が，現在の英語学習文法にすくなからず影響を与えている事実も明らかにした．

　私たちのこのような 1 つ 1 つの問題の指摘と，現用（current）であるかどうかの検証は意味があるかもしれないが，その問題の記述の起源をたどる作業は無駄なように受け取る向きもある．しかし私たちとしては，このような問題点の指摘とその実証的な検証ばかりでなく，問題点の起源をたどる作業も含めて，英和辞典の問題点に関するこのような研究を日本における英語辞書学の分野の 1 つとして確立してゆきたいと思う．

　このような作業をするためには，まずは現在の英和辞典の諸問題を自ら発見する目を養う必要がある．その問題意識の正確さを確認するために，パイロットスタディー風の小規模なインフォーマント調査によって，それが確かに問題であることを確認しなければならない．この場合，必ず，現在市販されている種々の英和辞典などに共通した問題であることを丹念に調べて確認することが肝要である．私たちが考えている研究というのは，特定の辞書だけの誤植や誤記，認識の誤りなどは問題にしていないからである．

　次に続く作業は，2 つの方向をとる．1 つは，その語義・用法が現代英語として使かわれるかどうかの検証である．さまざまな現代英語の辞書や文法書，語法書などによって問題になる用法を検証する．この検証には，現代の英文法書ばかりでなく，19 世紀末以来のスウィート，イェスペルセン，ポウツマ（Poutsma），クロイジンハ（Kruisinga）などの文法書などの検証も欠かすことができない．コーパスなどによって検証することも必要である．最終的には，どうしてもインフォーマント調査が必要な場合が多い．現代英語のコーパスは必ずしも現代英語だけを含んでいるだけでなく，文章中に引用された聖書や，古い文学作品の retold ものが入っている場合がある．そ

第 5 章　英語の変化と辞書記述　　　　　　　　　　　　101

のような retold ものは原作の英語に引きずられて，古い英語を使っている場合が少なくない．そのような問題克服のためにも，インフォーマント調査が必要になる．しかし，インフォーマント調査は，必ずしも統一した結果が出ることはない．人によって言語経験が異なるために感じ方が違う可能性があることと，言語変化の中間段階の場合には，特定の表現を認める人と認めない人が現れることが避けられないからである．

　2 つ目の検証は，問題の語義・用法の由来をさぐることである．この検証は，ある意味では趣味のような側面があるが，探求する楽しさもある．種々の問題の由来の数多くは，齋藤秀三郎の『熟語本位英和中辞典』(本章では『熟語本位』と言及する)，『研究社英和大辞典』初版，『三省堂クラウン英語熟語辞典』，『岩波英和中辞典』などにたどりつくことが多い．ここから更に，COD から OED，ウェブスター (Webster) の諸辞書，ドワイト・ホイットニー (Dwight Whitney) の *The New Century Dictionary* などに遡ることも少なくない．そのほかにも，OALD の初版にあたる ISED や後続の ALD，OALD^5 版あたりまで残っていた古い表現にもその根源を見ることができる．

　2 つ目の検証には，明治以降の内外のあらゆる辞書を揃えていることが必要である．その点では，私たちの探求にも限りがあり，結局は調べのつかないものも出てきている．このようなものは，いつかの時代に英和辞典が独自の考え方を記録したのかもしれない．1 つ目の探求のほうがもっとも重要であり，2 つ目のような検証は時間をかけて進めてゆく．

　八木 (2006b) では扱うことができなかった具体的な問題をいくつかとりあげてみよう．2 〜 4 節は古いもの，5 〜 8 節は新しいものである．

2.　動詞 gain の構文

　英和辞典の中には，gain の他動詞の項に (1) のような書き換えを記述したものがある．

(1) a.　He *gains* many friends through his honesty.
　　b.　His honesty *gains* him many friends.
　　c.　His honesty *gains* friends for him.

gain という動詞の使い方は，英和辞典の記述でも誤りがある典型的な語

で，筆者もいろいろと論じた (八木 (1996: 122ff.))．それはさておき，(1) の 3 例は実際に使われる可能性があるだろうか．まず，ささやかな 5 人のインフォーマント (イギリス人 3 人, アメリカ人 1 人, カナダ人 1 人) 調査の結果をみておく．5 人とも一致して，(1b) が使われる可能性が一番高く，(1c) が使われる可能性が一番低いという．(1a) はとても堅苦しい書き言葉では可能性がないわけではない，といった反応である．ただし，これら 3 つとも使われる可能性を判断しただけであって，自分が実際に使うことはないと言っていることも付け加えておかねばならない．

英米の学習英英辞書があげる gain の「…を手に入れる」の意味では，どれを見ても人を目的語にとった用法はなく，極めて限られた抽象名詞をとる用法があげられている．MED^2 の用例を (2) にあげておく．

(2) a. Bolivia *gained independence* from Spain in 1825.
(ボリビアは 1825 年にスペインから独立した)
b. He *gained entry* to the building by showing a fake pass.
(彼は偽造パスを見せてそのビルに入り込んだ)
c. Her theory only recently *gained acceptance*.
(彼女の理論はごく最近になって受け入れられた)
d. She hopes to *gain experience* by working abroad for a year.
(彼女は 1 年間海外で仕事をして経験をつみたいと願っている)

最近の英英辞典では，どれをとっても (2) とほぼ同じような用例が使われている．

OED (sv. GAIN v^2 **6a**) をみると，"To bring over to one's own interest or views, to persuade (often in bad sense, to bribe); also to *gain over*."(自分自身の関心・見解を押し付ける，説得する (しばしば悪い意味で，買収する)；また gain over の形で) の語義があり，(3) のような例がある．

(3) a. He did not try to *gain* him over by smooth representations.
(1834)
(彼は弁舌さわやかに彼を見方に引き入れようとはしなかった)
b. It is much easier to lose friends than to *gain* opponents. (1878)
(敵を作るより味方を失うほうがよほどたやすい)

OED のこの記述を受けてか,『熟語本位』には,「(信用,人望,友人などを) 得る」があるが,用例で人を目的語にとっているのは "gain over a man 人を語らふ(引入れる,抱き込む)" がある.また,RHD^2 にも *OED* と同じ語義があり,gain supporters の例がある.

$Web.^3$ (sv. GAIN v. **1e**) には *OED* とはやや違った次のような語義がある:to make or acquire (as a friend) ⟨*gain an acquaintance*⟩ ((友達などを)作る,得る⟨知人を得る⟩).これを受けてか,$MWCD^{11}$ に "to establish a specific relationship with ⟨∼ *a friend*⟩" (…と特別の関係を作り上げる⟨友人を作る⟩) の語義と用例がある.

(1) の例がどこから来たのか断言はできないが,*OED*,『熟語本位』,$Web.^3$,RHD^2,$MWCD^{11}$ などにその出典の可能性があると考えることができる.他の辞書の記述などを考え合わせると,(1) のあげる語義はいずれも今は古くなっていると考えてよい.

(1) の3つの文では,(1b) が gain のもっとも普通にありえる構文であり,gain A B の形は可能であるが,gain B for A の形は理解できるが実際に使われる可能性はないように思われる.

結論としては,(1) の3つのいずれも人を目的語にとっているが,今の英語ではその可能性は極めて低い.強いて選ぶとすれば (1b) の形ということになる.

3. have a game with him は「彼をだます」の意味になるか？

英和辞典の多くは,game の項に「計画,計略,意図,うまい手」の語義があり,それに対応して,「have a game with him 彼をだます」のような例がある.しかし,以下に述べるように実際には今は使わない,古い表現のようである.

イギリス人,アメリカ人,カナダ人計5人のインフォーマントは誰ひとりとしてこの使い方を知っている人はなかった.定型表現として play games with ... があるが,これは「からかう」の意味で,「だます」ではない.

この定型表現はどこからきたのか,手元のあらゆる辞書類を探してみた結果,ヘンリー・セシル・ウィルド (Henry Cecil Wyld), *The Universal Dictionary of the English Language* (筆者の手元にあるのは,エリック・パトリッ

ジ (Eric Partridge) の補遺が加えられた 1961 年の第 14 刷．以下 *UED*) に，類似の記述があることがわかった．その *UED* の GAME (I), n. 第 6 義を以下に引用する： Jest, joke, fun; opposed to *earnest*: *to speak in game*, Phrs. *To make game of*, ridicule, laugh at; *to have a game with*, to hoodwink, befool. (戯れ，ジョーク，おかしさ；earnest の反対： *to speak in game* 冗談を言う，句 To make game of 嘲る，笑いものにする； *to have a game with* だます，馬鹿にする)

UED は，実は，ホーンビーの *ISED*, *ALD*, *OALD* の一連の辞書の記述にいろいろな影響を与えている．have a game with はその 1 つの例である．*ISED* には次の記述がある．

> GAME n. **5** a jest or a joke; something done in fun; a dodge or a trick. *None of your little games* (i.e. don't try to play trick on me)! *You're having a game with me* (i.e. trying to deceive me, make me look silly, etc.) (戯れまたはジョーク；楽しみで行われたこと；ごまかし，計略．その手には乗らんぞ．お前の計略に乗るものか)

ALD, *OALD*[3] は同じ定義と用例があるが，*OALD*[4] からは省かれた．おそらく *ISED*, *ALD*, *OALD*[3] のいずれかの記述を受け継いで，『三省堂クラウン英語熟語辞典』(1965) の "have a game with ... を馬鹿にする；だます；に馬鹿を見させる：You are having a game with me. あなたは私をだまそうとしている" の記述ができたのであろう．

これがいろいろな経緯を経て，今の英和辞典に残っているものと思われる．現代英語を扱った辞書としてはこのような定型表現は削除するか，《今は古》などのラベルを付したほうが良い．

八木 (2006b: 第 5 章) では，英和辞典には今は使われない古い定型表現が数多く残されていることを指摘した．過去の英和辞典にあげられている定型表現が今も普通に使われるかどうかの検証は，面倒な手続きではあるが，辞書編纂者が果すべき義務である．

4. be incidental on/upon ... というコロケーション

incidental は普通は to を伴って，「...に付随して」の意味になることは，

どの辞書にも書いてある．しかし，英和辞典の中には，英米の学習辞典にはない be incidental on/upon ... で「...に付帯的な，二次的な」(『研究社新英和大辞典』第六版，2002) の意味をあげるものがある．

『ランダムハウス英和大辞典』(第二版，1994) にはこの語義はないが，定型表現として「incidental on [or upon] ... に付随する」をあげ，(4) の用例をあげている．

(4) the discomfort *incidental upon* an overindulgence of alcohol
    深酒の後の不快さ．

『新編英和活用大辞典』(市川繁治郎 (編集代表)，1995) や，*BBI*[1, 2, 3] などの辞書にもない．また，*Web.*[3] を含めて，*AHD*[4], *WNWCD*[4], *MWCD*[11] には，「付随的な」の語義はあるが，incidental on [upon] のコロケーションはない．

BNC, WB のいずれにも incidental on [upon] の用例はない．筆者が手にいれることができた incidental on [upon] の例の中からいくつかあげておくが，いずれも「... に付随した，... につきものの」の意味である．

(5) The foregoing rules and facts, on the other hand, appear to me clearly to indicate that the sterility, both of first crosses and of hybrids, is simply *incidental or dependent on* unknown differences in their reproductive systems; the differences being of so peculiar and limited a nature, that, in reciprocal crosses between the same two species, the male sexual element of the one will often freely act on the female sexual element of the other, but not in a reversed direction. It will be advisable to explain a little more fully, by an example, what I mean by sterility being *incidental on* other differences, and not a specially endowed quality.
    (Charles Darwin, *The Origin of Species*, Chapter IX)
    (他方で，先に述べた法則や事実は，明らかに次のことを示していると思われる：第一次交配種と異種交配のいずれにも生じる不妊は，単にそれらの再生産システムにおける未解明の相違に伴うか依存するかに過ぎない；その相違は非常に特異で限定されたものであるために，同じ二種間の相互交

配においては，一方のオスの性的要素が他方のメスの性的要素に自由に働きかけることが多いが，その逆にはならない．不妊が別な相違に付随するものであり，特に賦与された性質のものではないということの意味を，例をあげてもう少し十分に説明することが望ましいであろう）

次のニューヨーク・タイムズの例も同様で，「... につきものの」の意味である．

(6) GAME shows are a television perennial, hanging in there no matter how tastes change, and at the moment dominating the programming on weekday mornings. Between 9 A.M. and 12:30 P.M. there are now 12 game shows, most of them based on the principle that it is better to have the good things of life than to be without them. Money, in fact, is almost *incidental on* most game shows; it is a trash compactor, say, or microwave oven that counts.
(*New York Times,* May 17, 1983. "TV: GAME SHOWS AND THE GOOD THINGS IN LIFE," by John Corry)
（ゲーム番組はテレビにつきものである．好みの変化にかかわらずあいかわらずテレビに登場する．現在のところ平日の午前中の番組を独占中である．午前9時から午後12:30までの間に，今のところゲーム番組が12あり，そのほとんどは人生に役に立つものを持っていたほうが持っていないよりはいいという原則に基づいている．実は，お金がほとんどのゲーム番組につきもので，例えばゴミ圧縮機とか電子レンジに人気がある）

英国議会のホームページ (http://www.parliament.uk/) の英国議会文書には，consequential and incidental という表現が頻出する．以下は，2002年11月6日の上院の文書．

(7) I stress that the power is wholly consequential and incidental. It is about tidying up. It would not allow the Government to make provision which was not purely consequential or *incidental on* something already in the Bill. Yesterday, Mr Oliver Letwin stated: ....

(その権力は論理的必然であり,付随的なものであることを強調しておく.それは整理整頓に関わる問題である.それは政府に,法案にすでに存在しているものからの論理的必然でもなく付随的でもない条項を作ることを許すものではない)

Google によって各種のデータを見ると,incidental upon はかなり古い文献に見いだすことができる.いくつか例をあげておく.

(8) When the Legislature of 1883 elected Gov. Cullom to the United States Senate, Lieut. Gov. Hamilton succeeded him, under the Constitution, taking the oath of office Feb. 6, 1883. He bravely met all the annoyances and embarrassments *incidental upon* taking up another's administration.
["John Marshall Hamilton, 1883-1885" in Governors of Illinois] (Source: *Portrate and Biographical Album of DeKalb County*, Illinois Published by Chapman Brothers, Chicago, 1885)
(1883 年に州議会がカロム知事を合衆国上院議員に選出したとき,憲法に基づきハミルトン副知事が知事の職を継ぎ,1883 年 2 月 6 日に就任の宣誓をした.彼は他人の政府を引き継ぐことに伴うあらゆる悩みと困惑に立ち向かった [1885 年の文書による記事])

(9) Added to this are the cares *incidental upon* transporting, receiving, and distributing fresh installments of children, as often as circumstances require.
("A Day With Dr. Brooks" by Mary E. Dodge. December, 1870 issue of *Scribner's Magazine*)
(さらにこの仕事に,必要なだけ頻繁に子供たちの新たな補給を輸送し,受け入れ,配分する仕事に伴う世話が加わった)[1870 年発行の『スクリブナー』誌からの引用]

では,いくつかの英和辞典にある incidental on [upon] はどこから来たのだろうか.OED^2 (sv. INCIDENTAL **2**) には次のような定義と (9) としてあげた用例がある: ***incidental to***: liable to happen to; to which a thing is liable or exposed. ***incidental upon***: following upon as an incident. (incidental to

の形で. ... に対して起こりそうで: ある事柄が付随しがちで, 現れそうで. incidental upon の形で. 出来事が付随して起こりがちで)

(10) Others ... may contend that ... with the rightly constituted or moral man, correct conduct to others is merely *incidental upon* the fulfilment of his own nature.　　　　　　　　　　　(1851)
(人格高潔な人とか道徳的な人にとっては, 他人に対する正しい行いは, 単にその人の人格の完成に付随する行為にすぎないと主張する人たちもいる)

しかしこの記述は COD 初版には引き継がれず, そのためか『熟語本位』にもない語義である. 『研究社新英和大』(1927) にもない. 『三省堂英和大』(1928) には OED から引き継いだと思われる次の記述がある.

(11) 二 付随の, 附帯の (upon)

おそらくこの記述に影響を受けたのであろうが, 『研究社新英和大』(第二版, 1936) には OED を参考にしたと思われる (9) の記述が加わった.

(12) **1** 2) 主要でない, 枝葉的な (=unessential) [remarks], 偶然伴ふ, 偶発の (=casual) [(up)on]

『研究社新英和大』(第六版, 2002) では,

(13) 1b [...に] 付帯 [二次] 的な (*on*)

となって残っている. このような記述が今の英和辞典にまで引き継がれたものであろう.

5.　comes at a cost

5.1.　名詞 cost を使った定型表現

まずは, 次の例を見てみよう.

(14) The food-court mentality—Johnny eats a burrito, Dad has a burger, and Mom picks pasta—*comes at a cost*. Little humans often resist new tastes; they need some nudging away from the salt and

fat and toward the fruits and fiber. A study in the Archives of Family Medicine found that more family meals tends to mean less soda and fried food and far more fruits and vegetables.

(Nancy Gibbs, "The Magic of the Family Meal," *Time*, Jun 4, 2006)

この *Time* 誌の記事は，家庭で家族が一緒に同じものを食べる食生活の重要性を述べたもので，この食生活から，健康で，健全な子供が育つという．冒頭の部分は，日本で言えば，スーパーマーケットの地下にあるような「フード・コート」での食事のように，それぞれが勝手気ままに好きなものを食べるような食生活は，comes at a cost である．「何かの代償を払うはめになる」といった意味である．意味を理解する上では何の問題もないが，実は，この come at a cost は，筆者が調べた限り，どの辞書にもない定型表現である．

各種の辞書を参考にまとめると，名詞の cost を使った定型表現には次のようなものがある．

(15) a. at all costs / at any cost
 b. at cost
 c. to a person's cost
 d. at a cost of ...

いずれも辞書をみればその意味と用法がわかる．ただ，(15a) の at all costs と at any cost は同義的と考えられ，意味的区別はされないことが多いが，実際はどうか調べておく必要がある．同義扱いの傾向は，英米の辞書はもちろん，日本の英和辞典でも同じである．ところが，$OALD^8$ と COB^5 は at all costs と at any cost を明確に区別している．COB^5 の定義をあげる：

(16) If you say something must be avoided **at all costs**, you are emphasizing that it must not be allowed to happen under any circumstances. *They told Jacque Delors a disastrous world trade war must be avoided at all costs.*

If you say something must be done **at any cost**, you are emphasizing that it must be done, even if this requires a lot of effort or money. *This book is of such importance that it must be published at any cost.*

すなわち，at all costs は，「あらゆる犠牲を払って回避しなければならない」というコロケーションで，at any cost は「どんな犠牲を払ってでもやり遂げねばならない」というコロケーションで使われるということである．このような意味の区別を明示していない英英辞典では，用例からは必ずしもそのような性質は明らかではない．$CALD^3$ の用例を引用する．

(17) a. Security during the president's visit must be maintained *at all costs*.
(大統領訪問中の治安はあらゆる犠牲を払って維持しなければならない)
b. He wanted her *at any cost*, even if it meant giving up everything he had.
(彼はどんな犠牲を払っても彼女が欲しかった．たとえすべての持ち物を失っても)

COB^5 のような語義の区別は，コーパスのデータを観察した結果であろうが，ネイティブスピーカーの反応はどうだろうか．6 人のインフォーマント（アメリカ人 2 名，カナダ人 1 名，イギリス人 3 名）を対象に，(17) にあげた $CALD^3$ の用例をもとに作った (18)，(19) のそれぞれの文中で，(a)，(b) のどちらを選ぶか判断を求めた．

(18) a. She was determined to win at any cost.
b. She was determined to win at all costs.
(19) a. At any cost, we must avoid letting the press hear about it.
b. At all costs, we must avoid letting the press hear about this.

結果は，(18) は全員一致で (a) を選択したが，(19) については (a) がひとり，(b) が 5 人であった．この結果は COB^5 の記述とほぼ合致していることが分かった．必ずしも $CALD^3$ の例とは一致しないが，何らかの区別をして使う傾向があることは明らかである．

さて，COB^5 でさえも，ここでとりあげようとする comes at a cost は定型表現としてあげられていない．これが本当に定型表現として繰り返し使わ

れているかを知るためには，コーパスを使った検索や実際の新聞や雑誌を使った検証をすることが必要である．

5.2. comes at a cost の意味

　コーパスを使って comes at a cost を検索すると，新聞や雑誌の見出しでよく使われていることがわかる．しかし，この定型表現は上記の *Time* 誌の記事のように，比喩的な「代償を払うことになる」という意味で使われるばかりではない．*NewScientist* というアメリカのメンフィス地域の雑誌に"Quake protection *comes at a cost*"（イタリックは筆者．以下同じ）の見出しの記事がある（24 May 2003 付けで，Jeff Hecht の署名記事．Magazine issue 2396 の番号がある）．記事の趣旨を要約すると，「連邦法の耐震の新しい基準に従うと，メンフィス地域でも耐震強度を高めることになるが，ほとんど地震のないミシシッピー川流域では，建築コストが上がるだけで意味がなく，地震対策よりは竜巻対策にコストをかけるほうが賢明だ」ということである．

　Quake protection *comes at a cost* は，「耐震設計構造の建築にはある一定のコストがかかる」という意味ではないだろう．建造物を建てればコストがかかるのは当たり前だから，単に「あるコストがかかる」というのでは意味がない．「コストがかかり過ぎる」という解釈をするのが妥当であろう．

　"Travel Insurance Resources" という website の記事に，"Cheap travel insurance comes at a cost" という見出しの記事がある（Monday, 15 May 2006）．この記事の中に，(20) にあげた箇所がある．

(20) Travel insurance is now available for less than £10 for a two-week holiday, but such cheap cover can *come at a high price*.

comes at a cost が comes at a high price で言い換えられている．もう1つ例をあげておこう．News Release という website の 27 October 2005 付けの記事に次のようなものがある．

(21) SATISFACTION COMES AT A COST FOR HOME CREDIT CUSTOMERS
　　Home Credit customers are generally happy with the loans they receive but this satisfaction *comes at a high price*, according to

the latest document published by the Competition Commission (CC) as part of its inquiry into competition in the home credit market.

この記事でも，見出しでは comes at a cost としながら，本文中では comes at a high price となっており，その点では (20) と変わりはない．cost は本来「代償」であって，それが「高い」か「低い」かについては中立のはずである．それが (20), (21) を見る限り，cost は「高い代償」の意味で使われていることになる．しかし，comes at a cost は必ずしも「高い代償」とは限らない．ほかにもいくつか例をあげて，comes at a cost がどのような使い方がされるか見ておこう．

(22) This situation needs resolution, but to compare it with the rape of Kuwait hardly strengthens your argument against Saddam. Worse, the comparison gives the back of your hand to a country whose firm support of the principles you voice *comes at a cost* of real economic suffering and terrible danger. (BNC)

この例は of 句を従えて，「代償」の内容が明示されている．この文章は，*The Economist* 紙に対する読者の投稿で，サダム・フセインのクウェート侵攻をトルコ軍のキプロス北部占領などと混同してはいけないという．そのような比較は，侵攻を受けているクウェートを裏切ることになり，経済的困難と恐ろしい危険を招くという代償をもたらす，という内容である．

(23) The young lawyer is bowled off his feet by the offer of a brand new Mercedes, a great house and having his student loans wiped out. But all this *comes at a cost*, one which McDeere only realises as his new employers' real work becomes increasingly clear. (BNC)

これはトム・クルーズ (Tom Cruise) 主演の映画 (*The Firm*) の内容解説で，トム・クルーズ扮する若い弁護士マクディール (McDeere) が，ある法律事務所に大変な高遇を提案されて誘われる．その法律事務所の実態が序々に分かるにつれ，その高遇はただではないことがわかってくる．

(24) For some time now, the common wisdom has been that high oil prices are an unmitigated benefit for Alaska. But every oil minister that has ever served OPEC knows that every benefit *comes at a cost*. In this case the cost is the stimulus that crude oil at $75-plus per barrel lends to alternative energy sources. That threat to Alaska's fiscal well-being is now more real than many have noticed.

("Oil price upsurge comes at a cost," *Anchorage Daily News*, August 19, 2006)

ここしばらくは，原油価格の高騰はアラスカにとって利益になることばかりだと思われてきた．だが，OPEC の石油相を務めた人は誰もがその利益には必ず代償が伴うことを知っている．今回 1 バレルが 75 ドル以上になっているが，その代償は，代替エネルギー資源の開発を加速させることである．このアラスカ経済に対する脅威は予想以上に現実味が出てきた，という内容である．

(22), (23), (24) では，cost はいずれも好ましくない「高い代償」の含みがあることがわかる．だが，必ずしも好ましくない「高い代償」ばかりではない．

(25) Sure, truth realization feels really good, but no one gets there whose driving motivation is simply to feel good. Feeling really good is a byproduct of the awakened state; it is not the state itself. The state itself is reality, and it's won at the hands of unreality. Simply put, ultimate truth *comes at a cost*, and the cost is everything in you and about you that is unreal. The end result is freedom, happiness, peace, and no longer viewing life through the veils of illusion.

("Truth Comes at a Cost," by Adyashanti, *Charity Focus*, Apr. 11, 2005)

真実を悟ることは良い気持ちになることでもあるが，良い気持ちになりたいという動機だけでは悟りを啓くことはできない．良い気持ちになることは悟りの境地の副産物であって，悟りの境地そのものではない．悟りの境地そ

のものは現実であり，それは非現実の手によって獲得される．簡単に言えば，究極の真実は代償を伴う．代償は，あなたとあなたに関する非現実的なものすべてである．最終結果は，智恵，幸福，平穏であり，もはや幻想のベールを通して人生を見ないことである．

　真実の悟りは，「非現実の自分」を捨てることから生まれる．cost は，この「非現実の自分」を捨て去ることであり，そのことから幸福や平穏が手に入る．つまり，cost は，悟りを啓く（真理を悟る）ために捨て去るものであり，それは悟りを妨げていたものである．すなわち，払う代償は，この場合，必ずしも「好ましくない高い代償」という一般化には当てはまらないと考えてよい．

　このような用例からは，comes at a cost は，必ずしも「高い代償」「好ましくない代償」に限らず，cost の中立的な意味を反映して，「comes の主語になるものは「ある代償，代価」の結果として生じる」の意味として一般化できる．

5.3. comes at a cost の成り立ち

　それでは，この comes at a cost という定型表現はどのようにして成り立っているのかについて考えてみよう．cost の定型表現の1つに，at a cost of ... がある．これは (26) のような使われ方をする．

(26) a. A new computer system has been installed *at a cost of* £80000. 　　　　　　　　　　　　　　　　　　　　　　　　　　　(*OALD*[8])
　　　（新しいコンピュータのシステムは8万ポンドで取り付けた）
　　 b. The plant closed down *at a cost of* over 1,000 jobs. 　(*MED*[2])
　　　（このプラントの閉鎖で1000以上の仕事が犠牲になった）

(26a) は「8万ポンドのお金をかけて」，(26b) は「1000人の仕事を犠牲にして」の意味である．cost の主な意味である「代金」と「代償」の両方の意味で使われる．of 以下は，その金額あるいは代償の内容を述べるものである．この of 以下を省略すると，代金がいくらであるか，代償の内容がどのようなものであるかが明示されないことになる．したがって，comes at a cost の成句も「ある代償で」という，高い・低い，良くない・良い，という評価を本質的にもたないと考えて当然のように思われる．

それでは，come はどのような意味なのだろうか．用例はいずれも，「主語の出来事がある一定の代償を伴って起こる」の意味であるから，come は，$CALD^3$ の定義の "happen" にもっとも近いと考えられる．用例は次のようなものである．

(27) a. Spring has *come* early.
　　　　（春が早くきた）
　　 b. The announcement *came* at bad time.
　　　　（その公示のタイミングが悪かった）
　　 c. Her resignation *came* quite as a shock.
　　　　（彼女の退職はかなりのショックだった）

他の辞書も同様の例をあげるが，この come は，生じる出来事が主語になり，それがどのような時期・様態で生じるかを表す副詞的語句を伴う．

締めくくりに，comes at a high price はなぜ定型表現扱いにしないかという点について答えておかねばならない．comes at a cost は本来，at a cost of ... のように of 句によって「代償」の内容を示すことを避け，代償の内容は文脈で明示されることもあるし，結局は明示されない場合もある．このように用法の一般性が高まることによって，用法が拡大している．それに対して，comes at a high price は，「価格が上がる」という文字どおりの意味をもつ以外には普遍性・一般性をもつことができない．このように，用法の普遍化が定型表現であるかどうかの重要な分かれ目なのである．

6.　省略によって生じた定型表現 back when

副詞の back には，「昔に」の意味で two years back のような「現在との違いを強調する」（『ユースプログレッシブ英和辞典』）ために使われる用法がある．また，(28) のような用法も普通に見られる．

(28) a. The house was built *back* in 1235.　　　　　　　　($LDCE^4$)
　　　　（その家はさかのぼること 1235 年に建てられた）
　　 b. The story starts *back* in 1950, when I was five.　　(COB^5)
　　　　（話は私が 5 歳だった，さかのぼること 1950 年に始まります）

back はなくても意図は通じることはできるが,「現在から遡って」の意味を強調する．また,「昔のある時に遡って」の意味で，back when ... のように，過去のある時を表す when 節の時に遡って，という意味を表す場合がある．BNC と "LKL" から1つずつ例をあげる．

(29) Our mothers are cousins, and there was something that happened way *back when* they were children—my mother saved David's mother's life, or something. They don't talk about it now.
(BNC)
（私たちの母親はいとこどうしで，2人が子供だったはるか昔にある出来事がありました．私の母がデイビッドの母親の命を救ったか何かがあったのです．今は2人はそのことは話しません）

(30) FORD: That's nice of you to say.
KING: You take them to a game every ...
FORD: You know I do, my son Collin(ph),[1] who is twelve years old, we started this *back when* he was about 4 years old, I guess. And I think that one of the—maybe one of the things of growing up without a father around is that you appreciate more the things you do with your children.　("LKL," Jun. 2000)
（F: そう言ってもらってありがたいです．
K: お子さんたちを試合に連れて行きますか，いつも．
F: そりゃもちろん．息子のコリンは12歳ですが，ずっと以前，多分4歳ころから始まりました．そして，私は思うのですが，多分父親が身近にいないで成長するということは，子供と一緒にやることのありがたみがもっとわかることなのです）

(29) は way back when 節となっているが，この way は「はるか昔」であることをいう強調語である．類例をあげておく．

---

[1] (ph) は文字起こしする人がよく聞き取れなかったところを推測で文字化した部分を示す記号である．

(31) JIM BAKKER, ABUSED TRANQUILIZERS: Yes. Yes. Actually, my situation started *way back when* I was in my 20s, helping Pat Robertson pioneer a Christian television network, and I was a workaholic. And I would work three and four days with hardly any sleep, and finally my nervous system collapsed, and ...

("LKL," Jul. 2001)

(J. B. 鎮静剤乱用者：そうそう，私の状況ははるか昔 20 歳代から始まりました．パット・ロバートソンがクリスチャン・テレビ・ネットワークを創設する手伝いをしていました．そして私は仕事中毒でした．それで，3，4 日間ほとんど一睡もせずに働くのが常でした．そして，ついに神経組織がいかれてしまって...)

（way）back when 節の表現方法は筆者が見る限り辞書にはあげられていないが，ごく普通に使われ，"LKL" Corpus では枚挙にいとまがない．この（way）back when 節は，from のような前置詞の目的語になる場合がある．

(32) They're my old leathers from *way back when* I was skinny.

(BNC)

（それは私がとても細かったずっと昔の古い革服です）

問題はこれからで，この（way）back when 節の節が省略され，（way）back when が独立した形が見られる．いくつか例をあげておく．

(33) The ribbon midrange/tweeter unit is certainly no more common a sight now than it was *way back when*, which seems a pity, and not readily explicable by he (sic. the) way it sounds, though high intrinsic manufacturing costs certainly play their part.   (BNC)

この文章は，音響機器の説明であるが，リボンを使った中・高音部のユニットは，往時と変わらず見慣れない様子をしていて，随分と金がかかってるのだろうが，どういう仕組みで音が出るのかはよくわからないといった内容である．問題 way back when は「往時に」という訳をつけたが，前後関係でもいつの頃をさしているのかはわからない．いつかわからない昔から，という意味にしか解釈できない．

(34) KING: You friendly with Debbie.
STEVENS: Yes. I like Debbie. Well, I'm a fan anyway, you know, from w*ay back when*. And we recently spent some time together up in Jackson Hole and then we all were in Hawaii together. ("LKL," Oct. 1999)

インタビュアーのキング (King) がスティーブンス (Stevens) に,「デビーとは友達か」と聞いたのに対して, スティーブンスは「そう. デビーのことは好きだよ. とにかく昔から彼のファンなんだ」というだけで, いつからファンだったのかは前後関係から指定されていない.

(35) "M'reen," she breathed, "I get sooo much from it, I can't tell you. I can feel people's souls. It's incredible." It was incredible. It was incredible that I'd ended up in her kitchen, too, because she was the perfect person for me to cry on—and she, knowing me *from way back when*, was a phenomenal comfort to me, explaining so much I didn't know about the Jewish way of death, about the absence of hell, about the soul. (BNC)

マギー (Maggie) は, ちょっとしたきっかけで, 台所仕事と同時に死体の清拭をすることになった.「その仕事をしていると, とても得ることが多く, 人々の魂を感じることができる. 信じられないけど.」本当に信じられない程のことだ. M'reen の台所仕事を手伝うことになったのもそうだった. 肩にすがって泣くのに M'reen は最高の人だった. 彼女は私のことをずっと昔から知っていてくれたし, 私にはこれ以上ないやすらぎだった. 私のユダヤ人の死に方や, 地獄がないこと, 魂のことなど, 私が知らなかったことを教えてくれた.
この文脈の中でもいつから知り合いであるのかは不明である.
このように, (way) back when は, 独立して, 「ある不定の過去」の意味を表し, それが前置詞の目的語になったり, 副詞の機能を果たしたりすることがわかる.
この定型表現は, 特定の過去の時を指す back then の定型表現に対して, 不定の時を表す定型表現として確立してきたと考えている. back then も,

強調で way back then が可能である．(36) は，BNC のデータであるが，テレビの実況中継のトランスクリプトである．

(36) Male speaker: The Rally began a month ago in London. More than 100 cars lined up for the start. Only 86 finished. Even *way back then*, Tuthill knew that he was onto a winner.　　(BNC)

カーレースが1ヶ月前に始まった時は，100台以上の車がスタートラインに並んだ．そのうちゴールインしたのは86台だった．そのスタート時点でさえも，タットヒルは自分が勝利するとわかっていた．(way) back then は，ある特定の明確な時を指す表現であることがわかる．

7. 動詞 think に後続する wh 節

think が wh 節をとることがある．この場合，英米の違いがあるし，古い用法か新しい用法かという点でも十分に検討しておく価値がある．あらかじめおおまかな結論を言うと，wh 節をとる形は古く古英語期からあるが，今では多様な用法が主にイギリス英語の中で広がっているように思われる．

7.1. think が wh 節をとる場合の整理

think が wh 節をとる場合はどんな場合かについての記述を $Web.^3$ と OED^2 で見ておこう．まず $Web.^3$ ($THINK^2$ transitive verb) には次の3箇所に記述がある．

1 a: to form or have (as a thought) in the mind（考える）

この語義に (37) の用例がある．

(37) ashamed to think how easily we capitulate　　(R. W. Emerson)
　　　（われわれがどれほど安易な降伏をしたかを考えると恥ずかしく）

この語義の類例で wh 節をとっていない次の例がある：

(38) a. few people think accurately and think things not words
　　　　　　　　　　　　　　　　　　　　　　(O. W. Holmes)

　　　　　（正確に物を考える人は数少なく，言葉でなく物を考える人も少ない）

　　b. "an evil bird," he thought　　　　　　　(Louis Bromfield)
　　　　（「邪悪な鳥」と彼は考えた）

4 a : to reflect on : PONDER（熟考する）の語義に (39) の例がある．

(39)　think what their children would be　　　(E. T. Thurston)
　　　（自分たちの子供がどうなるかを考える）

この語義の類例で wh 節をとっていない次の例がある：

(40) a.　these deeds must not be thought after these ways　(Shakespeare)
　　　　（これらの行いはこのような捉え方をするべきでない）
　　b.　said he would think the matter over
　　　　（そのことをよく考え直すことにしようと彼は言った）

(40b) は「しばしば over を伴って」の説明の実例としてあげられたものである．

4b : to determine by reflecting（熟考して決める）の語義に (41) の例がある．

(41)　was thinking what to do next
　　　（次に何をしようか考えていた）

この語義の類例で wh 節をとっていない次の例がある．「しばしば out を伴って」の説明の実例としてあげられたものである．

(42)　parents must think out for themselves what this means to their
　　　own young　　　　　　　　　　　　　　(Dorothy Barclay)
　　　（親はこれが子供たちにどういう意味をもつか自分でよく考えねばならない）

次に OED^2 を見てみよう．THINK, $v.^2$ の第 2 義は「廃用」の印†があり，「熟考する」(To meditate on, turn over in the mind, ponder over, consider) の語義で，間接疑問文をとる場合が 2 つあげられている．1 つは，(43) にあげた場合で，「事実または可能性に言及する」(in reference to a fact or possibility).

(43) Worte began to think whether the visitor could have known of her intended absence　　　　　　　　　　　　　　(1881 Trollope)
（ウォートはその訪問者が彼女がわざと家を空けた理由を知っていたかもしれないと考え始めた）

あと1つは，(44) にあげた場合で，「今後行われるべきことに言及し，目的または計画を含意」(in reference to something to be done, with implication of purpose or design) する．

(44) a-thinking what he should do　　　　　　　　(1778, Burney)
（どうするべきか考え中）

a-thinking は古い進行形である．この語義の think は現代英語としては (45) が普通の用法である趣旨の記述がある．

(45) I am thinking what to do next.

この例は Web.³ の (41) としてあげた例と同じものである．
Web.³ では，「考える」というもっとも一般的な意味の場合のほか，「熟考する」「熟考して決める」の3つ，OED² では「熟考する」の意味をあげるが，wh 節をとる用法は廃用とする．あとは，「熟考して決める」の意味をあげている．
次に，アメリカのカレッジ版の英英辞典を見てみよう．WNWCD⁴ には次のような語義と用例がある．

(46) a. [determine, resolve, work out, etc. by reasoning] *think what your next move should be*
（［推論によって，決心をする，決定する，考え出す］次の行動はどうあるべきか考える）
b. [to bring to mind; purpose; intend] *think what the future holds*
（［思い起こす：目的とする：意図する］将来どうなるかを考える）
c. [to recall, recollect] *think what joy was yours*
（［思い起こす，思い出す］あなたの喜びがいかほどだったかを思う）

AHD^4 には次の用例がある．語義定義とともにあげる．

(47) a. [to decide by reasoning, reflection, or pondering] *thinking what to do*
　　　　（[推論，反省，思案して] どうすべきか考える）
　　b. [to call to mind, remember] *I can't think what her name was.*
　　　　（[思い起こす，覚えている] 彼女の名前がなんだったか思い出せない）
　　c. [to visualize; imagine] *think what a scene it will be at the reunion*
　　　　（[心に思い描く：想像する] 再会の時にどのような情景になるか思い浮かべる）

表現は少し違うが，$WNWCD^4$ と AHD^4 はほぼ同じ内容である．それぞれ (a) は「あれこれ考えて決める」，(46b) と (47c) は「考える」，(46c) と (47b) は「思い出す」の意味と解釈できる．

$MWCD^{11}$ は，(48) の語義と用例をあげる．

(48)　[to determine by reflecting] *think what to do next*
　　　（[あれこれ考えて決心する] 次にどうするか考える）

この語義は (46a), (47a) に相当する．

アメリカの学習辞典である MED^2 には wh 節をとる用法については言及がない．同じくアメリカの学習辞典の $LAAD^2$ は，(49) をあげている．

(49)　**I can't think who/where/what ...** used to say that you cannot remember or understand something: *I can't think why she would say that.* （訳は省略）

この定義は (46c) と (47b) と同じ「思い出す」の意味と，(46), (47), (48) にはない，「理解する」の意味があげられ，用例もその語義のものがあげられている．

それでは，イギリスの学習英英辞典では，動詞 think の項にどのような用例があるのだろうか．大きく分けて (50), (51), (52), (53) の4つの場合がある（イタリックは筆者）．

(50) a. I was just *thinking what* a lovely time we had last night.
                                                                    (*LDCE*[5])
       (昨晩どれほど素晴らしい時を過ごしたかをちょうど考えていたところでした)
   b. I dread to *think how* much this call is going to cost. (*LDCE*[5])
       (この訪問がどれほど高くつくか考えただけで空恐ろしい)
   c. I remember *thinking how* lovely she looked.   (*COB*[5])
       (彼女がどれほど愛らしいかと考えていたことを覚えている)
(51) a. He was trying to *think what* to do.   (*OALD*[8])
       (彼は次に何をしたらいいか考えようとしていた)
   b. I was just *thinking what* a long way it is.   (*OALD*[8])
       (私は随分遠いなと思っていたところだった)
   c. Let's *think what* we can do.   (*COB*[5])
   d. We had to *think what* to do next.   (*COB*[5])
(52) a. I couldn't *think where* I'd left my keys.   (*LDCE*[5])
       (鍵をどこに置いたのか思い出せない)
   b. He was trying to *think where* he'd seen her before.   (*LDCE*[5])
       (彼は彼女にどこで出会ったのか思い出そうとしていた)
   c. I can't *think where* I put the keys.   (*OALD*[8])
(53) a. I can't *think what* else we could have done.   (*LDCE*[5])
   b. I can't *think why* she hasn't phoned.   (*CALD*[3])
   c. We couldn't *think where* they'd gone.   (*OALD*[8])

(50) は「考える」，(51) は「あれこれ考えて決める」，(52) は「思い出す」，(53) は (49) と同じく「理解する」の意味である．

このように整理すると，think が wh 節をとるのはほぼ英米で共通し，「考える」「考えて決める」「思い出す」の意味のようである．ただ，(53) の「理解する」の場合は，英米で異なるように思える．筆者が調べた限り，(49) に見たように，この wh 節をとって「理解する」の語義をあげるアメリカ系の辞書は *LAAD*[2] だけである．もともとイギリス英語の辞書 *LDCE* と同系統であることが関係しているのであろう．用例も *LDCE* と *LAAD*[2] が共有しているものも少なくない．

約3億2千万語からなる Bank of English Corpus を使って，動詞，名詞，形容詞の補文構造を調べた Herbst et al. (2004) によれば，think が wh 節をとるのは，「…を考える」と「わかる」の意味の場合である．それぞれの用例を (54)，(55) にあげておく．

(54) a. I've never *thought why* I like something or why I don't like something.
（なぜ私があるものを好みあるものを好まないか考えたことがなかった）
b. I was just *thinking how* awful it must have been.
（それがどれほど恐ろしかったか考えていた）
(55) I can't *think why*.
（理由が思いつかない）

辞書のように細かく語義を分けていないが，(55) は (53) と同じであり，やはりイギリス英語の傾向を反映している．

BBI も初版では wh 節をとる構文はあげていなかったが，改訂版の *BBI*[2] では (56) の例をあげている．(56) の think の語義も (53)，(55) と同じである．

(56) I cannot *think where* it could be

COD は第2版から第9版まで (57) の用例があるが，初版にはなく，また，用例をほとんど省いた第10，11版からもなくなった．

(57) cannot *think how* you do it

これは (53) と同じ用法である．新しい用法のようではあるが，少なくとも20世紀のかなり初期の時期から使われるようになったのであろう．

7.2. can't think wh 節の用法

アメリカ人インフォーマントは (58) は自分では使わないという．

(58) I can't *think why* the submarine hit the boat.

イギリス英語の LOB コーパスでは，問題の用例は少なくない．いくつか引用しておく．

(59) a. He could not *think how* she got there without making a noise. She usually went upstairs heavily, lifting her knees sideways as if her feet were weighted, frowning at the effort.

（彼女が音もたてずにどうやってそこに行ったか思いつけなかった．彼女は普通はいつもドシンドシンと音を立て，まるで足に重りをつけているかのように，ひざを横向きにもちあげて，その力仕事に眉をしかめながら，2階に上がったのだが）

b. Now we get on very well. Pat's mother, 42-year-old Mrs. Lille Barnham, told me: "I can't *think why* people are so down on teenage marriages, and try to wreck them."

（今はとてもうまくやってます．パットの母親の42歳になるリレ・バーナム夫人は私に言いました：「どうして人がティーンエイジの結婚に反対しつぶそうとするのかわからない」）

また，WBの検索によっても，イギリス英語以外では問題の用法は見つけることはできない．これもいくつか出典とともに引用しておく．

(60) a. It's rather a classy and expensive looking extension, and I couldn't *think why* any church in this godless day and age was actually getting bigger.　[ukmags]

（それは立派でいかにもお金をかけた増築部だった．私はこの神のいない今日日（きょうび）にどうして教会が実際に大きくなるのかさっぱりわからなかった）

b. After being in the class I couldn't *think why* I'd thought history and "modern day" issues could not be of interest to me.

[ukspok]

（授業にでるようになってから，自分がどうして歴史や「近代」の問題が私にはきっと面白くないなどと思っていたのかさっぱりわからなかった）

7.3.　can't think wh 節の構文をとる think の特徴

think は，大きく分けて (i)「…だと思う」の意味と，(ii)「…を考える」の意味がある．(i) の意味では主語の受動的な思考（「…のように思われる」と

いう日本語のほうが当たる) を表し, that 節をとるのが基本である. それに対して (ii) は, 積極的にあれこれと考える意思動詞である. したがって, (i) の意味では命令文は不可であり, (ii) の意味では命令文が可能である.

(61) a. *Think that you are an excellent student. (cf. I think that you are an excellent student.)
b. Think before you leap. (諺)

また, wh 節をとる場合の wh 語は, (i) の意味では文頭に出るが, (ii) の場合は文頭に出ることはない.

(62) a. What do you think you are doing?
b. *What can you think it means? (cf. I can't think what it means.)

これは think の「意思動詞」としての用法と,「非意思動詞」としての用法を区別する上で重要な事実である. 小西 (編) (1980: 1622, NB 49) は, can't think の think を「非意思動詞」としてとらえたために, I can't think how you do it. と Where do you think she lives? とが同じ構文扱いになっている. 上記の事実に照らして, 記述の修正が必要である.

8. 結語

本章では, 八木 (2006b) を補足する若干の英和辞典が抱える問題を取り上げて論じた. おそらくこのような問題は, 根本的に英和辞典を見直すことがない限り, 簡単にはなくならないと考えてよい. ここ最近に出た英和辞典の改訂は, いろいろな研究を参考にしたのであろうが, かなりの修正が加えられている. しかし, 本質的には諸説を参考にしたものであって, 辞書編纂者が本格的に取り組んで新たな問題を解決しているとは言いがたい面が少なくない. 英和辞典の古い時代との決別はまだまだこれから, 本格的で組織的な研究なくしては不可能である.

第 II 部

実践編
定型表現再考と定型表現形成傾向

第6章

what で終わる命題部分省略定型表現の多義と多機能

1. はじめに

現代口語英語には，(1) に示すように what で終わる定型表現は頻繁に現れる（訳は省略）．

(1) a. about what, as to what, doing what, for what, from what, of what, or what, say what, see what
   b. about what, as to what, for what, from what, of what, or what, like what, meaning what, say what, see what, so what, then what
   c. do you know what, know what, no matter what, guess what, I can tell you what, let me tell you what, no matter what, tell me what, you know what

上記の what で終わる疑問文は一見すべて同じ統語構造を持つように思えるが，おおまかに (1a) のエコー疑問文，(1b) の文末疑問詞疑問文，(1c) の命題部分省略に分類できる．

本章は，これまでの研究であまり取り扱われることがなかった what で終わる命題部分省略定型表現を概観したのち，とりわけ使用頻度が高い you know what に焦点をあてる．また，その定型表現の多義と多機能を，you know what の特徴的な共起語句，その文中での位置，その音調より明らか

129

にする．用例のうち日付を付けたものはすべて "LKL" コーパスから．

2. what で終わる命題部分省略定型表現の統語構造

疑問文の種類には yes-no 疑問文（*yes-no* question），疑問詞疑問文（*wh*-interrogative），選択疑問文（alternative question），付加疑問文（tag-question），エコー疑問文（echo-question）がある．その他の疑問文として「クイズ疑問文」（quiz-type question）（太田（1977）；今井・中島（1978）），「肯定疑問文」（declarative *wh*-question）（Quirk et al. (1985)），「文末疑問詞疑問文」（Sentence-Final *wh*-word interrogative, SFWI）（八木（2002, 2003））がある．

前述したが，what で終わる命題部分省略定型表現はエコー疑問もしくは文末疑問詞疑問文と混同しやすい．そこで，エコー疑問文と文末疑問詞疑問文との違いを述べることから始めよう．(2), (3) は，エコー疑問文の例である．

(2) a. I'll pay for it.
    b. You'll WHÁT?
      （a. その代金を支払います．b. 何をするんだって？）

(3) a. I saw Tod Dawson today.
    b. You saw WHÓ?　　　　　　　　(Quirk et al. (1985: 835))
      （a. トッド・ドーソン氏を今日見たよ．b. 誰を見たって？）

エコー疑問文は，聞き取れなかったところを wh 疑問詞を使用して聞き返す疑問文である．例えば，(2) の場合，聞き手は pay for it が聞き取れなかったので，その部分に対応する適切な疑問詞 what を使用して聞き返している．(3) の場合は，トッド・ドーソン（Tod Dawson）の部分が聞き取れなかったので，人が誰かを聞くときに使用する疑問詞 who を使用して聞き返している．上記の (1) のうち，このエコー疑問文に当てはまる定型表現は about what, as to what, doing what, for what, from what, meaning what, of what, or what, say what, see what である．わかりやすい例を下記にあげる（イタリックは筆者．以下同じ．）．

(4) KING: You comment Jim, and then Steve.

CARVILLE: Comment *about what*?
KING: What he just said.   (Jun., 1998)
(K: ジム，それからスティーブにコメントしますね？
C: 何についてのコメントですか？
K: 彼が言ったことについてです)

しかし，about what, as to what, doing what, for what, from what, meaning what, of what, or what, say what, see what の定型表現は，エコー疑問文以外としても機能をする．(5), (6) の例を参照されたい．

(5) KING: You go to visit her.
DICKINSON: Yes.
KING: You go to visit her *for what*? She doesn't know you; what do you get out of it?   (Jul., 1999)
(K: 彼女を訪ねに行くんですね？
D: はい．
K: 何のためにですか？彼女はあなたを知らない，何を聞きだすというんですか？)

(6) ATKINS: Well, it is safe for you to do the maintenance level of the diet. But you don't want to give the keytones (sic. ketone の誤り) to an infant if you're feeding them breast milk.
KING: And she would be getting the keytones *from what*?
              (Jan., 2003)
(A: えーと，維持食事は安全です．しかし，乳幼児に母乳を与えているのなら，乳幼児にケトンは与えたくないですね．
K: ケトンはどこから来るのですか？)

(5), (6) で使用されている定型表現は，エコー疑問文ではなく，これまでの内容に新たな内容を引き出し，発話を発展させる機能を持つ．井上 (2009) では，このような定型表現を発話促進定型表現 (conversation guiding phraseological unit, CGPU) と呼んでいる．

本章で取り扱う you know what の例を (7) にあげる．you know what は，エコー疑問文ではない．では文末疑問詞疑問文なのだろうか．

(7) KING: Didn't play that day?
BARYSHNIKOV: *You know what*? We went—because we were so overwhelmed, we went, were hacking .... (May, 2002)
(K: その日は，演奏しなかったんですか？
B: いいですか？ 私たちは行きました．なぜなら私たちはとても苦しんでいました．一心不乱に取り組みました)

文末疑問詞疑問文は，普通の一般疑問文を作る手順の ① 疑問詞を文頭に置く，② 主語と操作詞を転倒する，という操作を省略したものである．
　You know what の統語構造は ①，② の操作を省略したとは考えにくい．$LAAD^2$ が述べているように，guess what は you'll never guess what I am going to say や happened next などが省略された形である．You know what も同様に what actually happened/ what the truth was のようなものの省略と考えることができる．これは，(1) の no matter what などにも当てはまる．そこで本章は，これらの定型表現を what で終わる命題部分省略定型表現 (*what* at the end with proposition-deleted, WEPD) と呼ぶことにする．このことを踏まえて，(1) の定型表現の中で WEPD に相当するものが (8) である．

(8) do you know what, guess what, I can tell you what, let me tell you what, no matter what, you know what

3. you know what を選択した理由

　上記の WEPD の定型表現のうち，以下の議論では you know what を考察する．その理由は，どの WEPD よりも高頻度で使用されるからである．これは，you know what が多義・多機能を持つということでもある．また，これまでの先行研究は you know に焦点が当てられ，you know what は活発に議論されることがなかった．you know の例を (9) にあげる．

(9) KING: .... Does this tell us that the future is not bright, David?
IGNATIUS: Well, *you know*, I think we have to think to ourselves what is victory here? (Mar., 2003)

(K: これは，未来は明るくなるといっているのですか，デービッド？
I: えーと，あのですね，ここでは何が勝利なのかわれわれ自身に問いかける必要があると思います)

(9)の例からわかるように，you know はその構成要素の語彙的意味が希薄である．

一方(10)の you know what は，相手に対する問いかけの意味を持つという点で語彙的意味（意味論的意味）を持っている．

(10) KING: So what did you do with anger and hurt? There had to be some anger.
K. GIFFORD: Oh, *you know what*? The anger I didn't deal with until later. I was so concerned about Frank. (May, 2000)
(K: 怒りと苦痛をどう対処したのですか？ きっと怒りがあったでしょう．
G: あ，いいですか？ その時はどうにもできない怒りでした．フランクのことがとても心配で)

また you know what は，文脈に応じて新たな意味を発展させる語用論的意味をも持ち合わせている．この違いが，you know と you know what の違いである．本章で，you know what の多義と多機能を明らかにする．

4. you know what の先行研究

you know what は，これまで談話辞（discourse marker）もしくは成句として扱われてきた．最初に，談話辞として扱ってきた先行研究を見てゆく．$CALD^3$, $LAAD^2$, $LDCE^5$, $OALD^8$ の英英辞典は，you know what を談話辞と認識し，"used to introduce new information" と "used to emphasize what you are about to say" ($LAAD^2$)（新しい情報を紹介するために用いられる，これから言おうとすることを強調するために用いられる）と定義している．

次に you know what を成句として文の主語や動詞の補語や目的語としての用語を記述したものがある．

(11) Mary: *John, where's the you-know-WHAT?* (Enfield (2003: 105))

(M: ジョン, 例の場所はどこ？)

Enfield (2003) によると, (11) の you know what は 'vacuous word' (中身のない語) である. 発話者のメアリー (Mary) は, 彼女が何を話しているのかジョン (John) が予測しているだろうということをわかっているのでその物を指し示す単語を使用する必要がない. Enfield (2003) は, you know what を "as suggested by the lexical components of you-know-WHAT, the speaker is expressing an assumption that the addressee "knows what" she is talking about" (you know what の語彙要素により示されているとおり, 話者は受け手が何を話しているのかわかっている想定を表している). これは "accusing force" (告発の力) と呼ばれている.

さらに Enfield (2003: 106) は, you know what には "a speaker deliberately avoids saying certain words, either to prevent potentially overhearing third parties from understanding, and/or to create a collusive air between interlocutors" (話者は意図的にある単語を言うのを避ける. 第三者に潜在的に立ち聞きされ理解されることを避ける, そして／もしくは対話者同士で策略的な雰囲気を作るためである) があり, これらは avoidance と conspiracy (回避と共同謀議) と呼ばれる機能である. 回避は (12), 共同謀議は (13) である.

(12) *Did you bring any you-know-WHAT?* (ibid.)
    (例のあれ, 持ってきた？)

(13) *Look, his you-know-WHAT is not on straight.* (ibid.)
    (見て, 彼の例のものはまっすぐに乗っていない)

Enfield (2003) は, 下記の you know what の使用条件を提示している.

(14)　*you-know-WHAT*
    —Something
    —I don't want to say the word for this thing now.
    —I don't say it now because I know I don't have to.
    —By saying *you-know-WHAT* I think you'll know what I'm thinking of.　(Enfield (2003: 107))
    (*you-know-WHAT*

何か物であること
今そのものをさす言葉を言いたくない
その言葉を言う必要がないので言わない
you know what と言うことで，話者が何を考えているのか聞き手はわかる）

　you know what は物に関して使用される定型表現であるが，人に関して使用される定型表現に you know who がある．その例が（15）であり，Enfield（2003）は you know who を（16）のようにまとめている．

(15) a.　*Here comes you-know-WHO.*　（例のあの人が来たよ．）
　　 b.　*I saw John at the club again with you-know-WHO.*　　　(ibid.)
　　　　（ジョンが例のあの人と一緒にいるところをまたクラブで見たよ）

(16)　*you-know-WHO*
　　　—Someone
　　　—I don't want to say this person's name now.
　　　—I don't say it now because I know I don't have to.
　　　—By saying *you-know-WHO* I think you'll know who I'm thinking of.　　　　　　　　　　　　　　　　　　　　　　(ibid.)
　　　（*you-know-WHO*
　　　誰か人であること
　　　その人の名前を言いたくない
　　　その人の名前を言う必要がないので言わない
　　　you know who と言うことで，話者が誰を指しているのか聞き手はわかる）

5.　you know what の多義と多機能

　本節は，"LKL" Corpus を使用して得られた you know what の機能を分析する．その結果，you know what には，(a) 皮切り，(b) 話題転換，(c) 強調，(d) 間詰め（hesitation filler），(e) 話題転換と強調の混合，(f) 情報補足，(g) 代用の7つの機能が認められた．最初の6つの機能は，談話辞として機能し，残り1つは動詞の項として機能する．また，どの機能も特

徴的な統語特徴と音声的特徴が観察された．

5.1. 皮切りの you know what

(17) は，"Larry King Live"のホストであるラリー・キング (Larry King)（以後キング）がゲストのマリー・オズモンド (Marie Osmond)（エンターティナー）に，なぜ自伝を書くのをやめたのか質問している場面である．

(17) KING: Why was it difficult for you to ....
M. OSMOND: Certain things in my life I just don't feel the necessity the (sic. to の誤り) talk about. I have children that it affects and things like that.
KING: In other words, it's not my business.
M. OSMOND: *You know what?* It's my business, and my feeling for my life—and this is just for me—that, yes, you know, I've lived through some tough times ....　　　(Aug., 1999)
(K: あなたにとってそれをするのはなぜ難しかったのですか．
O: 話す必要性があると感じていない私の人生のある出来事です．それが影響を与える子供などが私にはいるんです．
K: つまり，私には関係ないと？
M: あのですね，私の問題なのです．そして家族に対する私の感情，これは私にとってですが，そうです，ご存じのように私には苦しい時がありました...)

皮切りの特徴は，文頭に用いられ音調は平板調である．特徴的な共起語句は観察されない．もう1つ例を見てみよう．

(18) KING: You had and licked breast cancer, did you not?
WILLIAMS: *You know what?* I was misdiagnosed. I'll tell you this has been like almost the story of my life ....　(Aug., 1998)
(K: 乳がんにかかって完治したんですよね？
W: あのですね，誤診だったんですよ．これは私の人生を物語るようなものだということを言っておきます...)

(18) は，ゲストのモンテル・ウィリアムズ（Montel Williams）（トーク番組の司会者）に彼が経験した病気についてたずねている場面である．ウィリアムズは，キングの質問に答えることをせずに you know what を使用して発話を始めている．(17) と同様に，皮切りの you know what は文頭に用いられ，特徴的な共起語句はなく，平板調である．

5.2. 話題転換の you know what

次に，話題転換の you know what の特徴を述べる．まず実例を見てみよう．(19) は，ポール・マッカートニー（Paul McCartney）の当時の夫人ヘザー・ミルズ・マッカートニー（Heather Mills McCartney）がゲストである．ヘザー・ミルズは，元恋人が関係を暴露し，彼女を困らせたという話題をそらせるために you know what を使用し，彼女の慈善活動への話題転換を試みている．話題転換の you know what の特徴は，文中に用いられ，音調は下降調，特徴的な共起語句はない．

(19) KING: And what did that do to you, emotionally?
MILLS MCCARTNEY: .... And it didn't work like that. I got thousands—if it hadn't been for the public support that I had, I don't know how upset I would have got about it, but I then just took control, and I went, *You know what*, if it means that I've got to suffer to carry on doing good, then that's what my role is in life, ...   (Oct., 2002)
(K: 感情的にそれはあなたに何をもたらしたのですか？
M: …それ程うまく機能しませんでした．何千もの――一般の人の支持を得ていなかったら，そのことでどれほど取り乱したかわかりません．でも私は自分を抑えて続けました．ところで，もしそれが慈善活動をし続けるために経験しなければならないことだという意味ならば，それが私の人生の役割なのです…)

5.3. 強調の you know what

強調の you know what の特徴は，文中に用いられ，音調は上昇調，時折 and you know what, but you know what のパタンが観察される．

(20) のゲストは，マリー・オズモンド (Marie Osmond) とドニー・オズモンド (Donny Osmond) (両者ともエンターティナーでトーク番組の司会者) である．(20) では，ドニー・オズモンドが彼らが担当していたトーク番組は最初は順調ではなかったと語っている場面である．

(20) KING: Then you learned to be yourselves. You let the hatred come through.
D. OSMOND: About six months into it, Larry, I turned to Marie, and said, *you know what,* I am not really having a good time. She said, I am not either. We're not enjoying this.

(Aug., 1999)

(K: それから自分自身になることを学んだのですね．憎しみを抑えなかったんですね．
O: そういう状態が約6か月続いた頃，ラリー，私はマリーのほうへ向いてこう言いました．想像できますか．私は全然楽しくないと．彼女もまた楽しくないと言いました．私たちはこの番組を楽しんでいなんだわ)

(20) の you know what は，ドニー・オズモンドの発言の前に間をおいて "I am not really having a good time" を強調する働きをしている．

(21) の例も強調の you know what の特徴があてはまる．ゲストのマザー・ラブ (Mother Love) は，結婚前の彼女の生活の話と彼女の夫が彼女に結婚をせまった話をしている．

(21) MOTHER LOVE: Wait a minute—but do you know what I—well, I couldn't find you—but you know what I did? You know what I did? I stopped doing that.
GRANT: Sure.
MOTHER LOVE: I said, *you know what?* I'm not going to do this for you.
KING: Let me.

(Aug., 1998)

(M: ちょっと待って．えーと，私はあなたを見つけることができませんでしたが，私がどうしたかわかりますか？ 私がどうしたかわかります

　　　　か？私はそれをやめたんですよ．
　　G: そうだよね．
　　M: 私はこう言ったんです．いいですか．あなたのためにそれをするつもりはないと．
　　K: ちょっと…）

(22) の you know what は "I'm not going to do this for you" を強調している．

5.4. 間詰めの you know what

(22) のゲストは (20) と同じくマリー・オズモンドとドニー・オズモンドで，ここではお金のために仕事をしたということを話している．

(22)　KING: Have you ever been asked to do something that you had to say no because of your faith?
　　　M. OSMOND: Sure. I've been offered a lot of money to do things.
　　　KING: Like what?
　　　D. OSMOND: Tell us. I'd like to know that.
　　　M. OSMOND: It's just — *you know what*, what's the point? You know, I think a little mystery is a beautiful thing.　(Aug., 1999)
　　　(K: 信仰のためにこれまでノーと言わなければいけなかったことをするよう頼まれたことがありますか？
　　　M: もちろん．お金をたくさん出すと言われました．
　　　K: 例えばどんなことですか？
　　　D: 言ってよ．ぜひ知りたいな．
　　　M: それは…えーと，何の意味があるの？　少しばかりの秘め事は美しいものだと思いますが）

(22) の you know what は，間を詰めるために使用されている．この you know what は，平板調で you know what の前にポーズがある．文中で用いられ，特徴的な共起語句は観察されない．

5.5. 話題転換と強調が混合した you know what

(23) のゲストは，歌手のマライア・キャリー (Mariah Carey) である．この場面で，彼女は自殺のうわさが流れたので自身の健康状況について説明している．

(23) KING: Not a nervous breakdown?
CAREY: No, not a nervous breakdown.
KING: Didn't need psychiatric aid?
CAREY: *You know what*? I did go to therapy, you know. I believe in therapy; I don't think that that's anything to be ...
(Dec., 2002)

(K: 神経衰弱ではないんですね．
C: 違います．神経衰弱ではありません．
K: 精神科治療は必要なかったのですね．
C: いいですか．私はセラピーに行きました．セラピーを信じています．私は思いませんね，セラピーが何か…)

彼女は，you know what を使用することにより健康体であるということを強調し，話題転換をしている．you know what が話題転換と強調の混合として機能する場合，上昇下降調の音調を持つ．今井 (1986) によると上昇下降調の主要な音調は上昇調である．上昇調は強調の音調特徴であり強調に重点が置かれる．次に述べようとすることをあらかじめ上昇調で強め，"I díd go to therapy" という強調の発言が続く．

(24) の例も，話題転換と強調の混合として機能する you know what である．ここでは，再婚が子供に与える精神的影響を話している (that は remarriage を指す)．(23) と同様に，you know what は相手が口をはさんできたのをさえぎり，自分が発言中であることを伝えると同時に自分がこれから述べようとすることを強調している．音調は下降上昇調である．下降上昇調の場合，主要な機能は下降調に置かれる．下降調は話題転換の特徴的な音調である．このことから，(24) の you know what は話題転換に重点が置かれていることがわかる．

(24) GRAY: So the child becomes split, and that doesn't work. And

第6章 whatで終わる命題部分省略定型表現の多義と多機能　　141

```
                that's harmful to the child.
        KING:   Lansing ...
        GRANT:  You know what?
        KING:   Yes, I'm sorry.
        GRANT:  I agree.  And the research shows quite definitively
                now—there has been some good longitudinal research—that
                it's better that parents stay together, provided there's not abuse
                of children or—or—or one of the children or the wife.
                                                            (Aug., 1998)
```

(G: だから子供が引き裂かれます．だから再婚はうまくいきません．それ
　　は子供にとってためになりません．
　K: ランシング...
　G: ちょっといいですか．
　K: はい，失礼，どうぞ．
　G: その考えに賛成です．その研究は決定的なことを示しています．長期
　　的な変化を扱った研究があります．子供たちの，あるいは子供のうち
　　の1人，または妻に対する虐待がないのであれば，両親は一緒にいた
　　ほうがいいんです)

　話題転換と強調が混合したyou know whatは，発話の冒頭に用いられ，absolutely, but, I agreeなどの特徴的な共起語句がある．音調は上昇下降調もしくは下降上昇調のどちらかで，上昇下降調の場合は強調の機能が主，下降上昇調の場合は話題転換の機能が主である．

5.6.　情報補足の you know what

　談話辞として機能するyou know whatの最後の用法は，情報補足の機能である．(25)の例を見てみよう．ゲストは，キャロル・チャニング (Carol Channing) (エンターテイナー) で，劇場公開されなかった映画について話している場面である．このyou know whatは，映画についての補足説明をしている．音調は下降調である．この例からもわかるように，時折and you know whatのパタンとして使用され，文中で用いられる．

(25)　KING: Never heard of this movie. Trouble is no one else did.

CHANNING: Oh yes they did. They dig it up now. I could die. Wherever I play anywhere, they dig up in the little old movie house across the street from the auditorium. They say —we called it "Death of a Sales Lady" while we were making it. It was just—it was the worst. *And you know what?* Ginger Rogers was in it and her mother. (Nov., 2002)

(K: この映画については聞いたことがありませんね．困ったことに他の誰も聞いたことがないのです．

C: いえ，そんなことはない，聞いたことがある人もいますよ．彼らは今その映画を掘り起こしています．私は死ぬほどうれしい．どこで演技をしていても，彼らは大劇場の向かい側にある小さく古い映画館で掘り起こしてくれるんです．彼らはこう言うんです．私たちはそれを作っている間それを「セールスレディの死」と呼びました．それは，最悪でした．それから，いいですか，ジンジャー・ロジャースも，彼女の母親もその映画に出てたんです）

もう一例見てみよう．ゲストのマリー・オズモンドはこれからさらに何人子供がほしいか話している．情報補足の you know what は，文中に用いられ，and もしくは also が特徴的な共起語句として観察される．音調は下降調である．

(26) KING: But you would have another too (sic. two の誤り)?

D. OSMOND: I would. I love large families. Like Marie said, we come from a large family.

M. OSMOND: I think you have to always be aware of what you're giving your children, that they're getting, you know, enough of you, and I think that you put that into consideration. Also, *you know what,* there's no competition out there.

(Aug., 1999)

(K: だけど，あと 2 人養子をとるのでしょう？

D: おそらく．大家族が好きなんです．マリーが言ったように，私たちは大家族出身なんです．

M: 子供に何を与えているかを常に気にかけなければいけないと思うわ．

第6章　whatで終わる命題部分省略定型表現の多義と多機能　　　143

彼らは，十分すぎるほどのあなたを受け取っているってことをね．そしてそれを頭に入れておかなきゃいけないと思うわ．それから，ここが大事なところだけど，そこには競争があってはいけない）

5.7.　代用の you know what

代用の you know what は談話辞として機能しているわけではなく，名詞句として機能している．(27) の例を見てみよう．

(27)　KING:　You're going to continue doing "Trial Heat?"
　　　GRACE:　Oh, yes. I would die if I left "Trial Heat."
　　　KING:　So you're going to continue doing "Trial Heat," "Trial By Fire," a daytime show, too? Will you continue to appear on *you know what*?
　　　GRACE:　If you ask me.　　　　　　　　　　　　(Jan., 2003)
　　　（K: Trial Heat を続けていくつもりですか？
　　　 G: もちろん．Trial Heat を辞めるくらいなら死ぬわ．
　　　 K: つまり，Trial Heat と日中の番組 Trial By Fire も続けていくつもりですか？　例のあの番組にも引き続き出てくれますか？
　　　 G: あなたが望むのであれば）

(27) のゲスト，ナンシー・グレイス (Nancy Grace) は，元検察官でキングが休暇の間 "Larry King Live" の司会者代理として務めている．ここでは，今後の予定を聞くと同時に，また "Larry King Live" にも出演してくれるかどうかを you know what で問うているのだが，その番組名を出さず you know what と言っている．この you know what は名詞句 "Larry King Live" を代用している．代用の you know what は，平板調で，名詞句として機能し，特徴的な共起語句は観察されない．

別の例を見てみよう．(28) は，クリントン元大統領の不倫問題について議論している．この you know what は，意図的に不倫をぼかしている．

(28)　KING:　We're back with our panel discussing *you know what*. Dee Dee Myers is the former White House press secretary, contributing editor of "Vanity Fair"; Barbara Olson, the former prosecutor; Bay Buchanan, the co-host of CNBC's "Equal Time"; and Larry Pozner who [sic] president of the National Association of Criminal Defense Lawyers—Larry is in Denver. The caller is in Hallandale, Florida—hello.　　(Jul., 1998)

(K: パネリストと例のあの問題について議論しましょう．アメリカ大統領官邸前報道官であり雑誌ヴァニティ・フェアの客員編集者であるディ・ディ・マイヤーズさん，元検察官のバーバラ・オルソンさん，CNBCの Equal Time の共同ホストのベイ・ブキャナンさん，そして，全米犯罪弁護団協会のラリー・ポズナーさん，ラリーさんはデンバーにいます．それではフロリダ州ハランデールの視聴者からの電話です．もしもし)

次は，映画のトランスクリプトからの例である．この you know what は，(28) と同じくあまり好ましくない出来事（この場合は婦女暴行事件）をぼかした言い方である．

(29)　Frank:　What do you know?
　　　　Taxi-driver:　About what?
　　　　Frank:　About *you know what*.
　　　　　　(An extract from an American movie "Scent of a Woman" (1992))
　　　　(F: 何を知っているんだい？
　　　　 T: 何についてかって？
　　　　 F: 例のあれについてだよ)

代用の you know what は名詞句の振る舞いをし，日本語にすると「例のあれ」という訳語になるかと思う．

6.　"LKL" Corpus に観察された現代口語英語の you know what の多義と多機能

前節の分析結果より，you know what には 7 つの機能が認められ，それをまとめたものが Table 1 である．

第6章 what で終わる命題部分省略定型表現の多義と多機能　　145

Table 1　you know what の機能と特徴

	特徴的な共起語句	文中での位置	音調	日本語訳
皮切り		冒頭	平板調	あのですね
話題転換		中頃	下降調	ところで
強調	and, but	中頃	上昇調	いいですか
間詰め		中頃	平板調	えーと
話題転換と強調の混合	absolutely, but, I agree	冒頭	上昇下降調 下降上昇調	ところでいいですか
情報補足	and, also	中頃	下降調	それから
代用		動詞の項，前置詞の目的語	平板調	例のあれ

　Table 1 より，機能に応じた特徴的な共起語句，文中での位置，音調が観察され，定型表現の場合，意味は統語形式だけでなく音調とも密接なつながりがあることがわかった．また you know what は，どの機能でも会話を発展させる機能を持つことより，CGPU にあてはまる．
　次に，上記の7つの機能がどのように発展してきたか考える．you know what の命題部分省略という統語構造を考えると，話者にとって省略部分が伝えたい部分である．言い換えると，省略した部分があるということは聞き手に一種のサスペンスを与え，これから言おうとすることに期待を持たせる．つまり，you know what の核となる機能は，強調である．(8) にあげた you know what 以外の命題部分省略定型表現 guess what と I can tell you what も，主に強調として使用される．このことは後の8節で触れる．以上で述べたことから，what で終わる命題部分省略定型表現の主要な機能は強調と言える．(30) は，代用の you know what を除く後方照応として働く you know what の6つの機能的派生である．

(30)　強調 → 話題転換と強調の混合 → 皮切り，話題転換 → 情報補足
　　　→ 間詰め

　(30) は，周辺的な機能への発達は核となる強調の機能の度合いによることを示している．さらに，周辺的な機能の you know what は，その語彙的

な意味が意味の漂白化により薄れており，強調の度合いも薄れている．

　次に，実際に (30) がどのように派生したか考えてみよう．先ほども述べたが，you know what は聞き手に一種のサスペンス，これから言うことを期待させることから，強調が核となる機能である．強調の you know what は文中に用いられるが，徐々に文頭にも用いられるようになったと考える．この位置の移動により，you know what の核となる機能である強調と，新たな機能である話題転換をもった機能を持つようになったと考える．強調と話題転換の混合の you know what はサスペンスを持つが，サスペンスを持たない機能，つまり話題転換の機能が独立して使用されるようになる．文頭に用いられる you know what は話題転換だけでなく，何か発話を始める皮切りとしても使用されるようになる．そして，文頭に用いられた皮切りのyou know what は文中でも用いられるようになり，その場合これまでの発話内容への情報補足としての機能を発展させる．その証拠として，情報補足の you know what は，and もしくは also などの特徴的な共起語句が観察される．最後に，you know の影響もあってか，間詰めの you know what が発展したと考える．間詰めの you know what は，Leech and Svartvik (2002: 11) で言われているとおり口語英語の特徴の1つである．ただ，you know what が間詰めとして機能している場合でも you know what の核となる強調の機能は失われていない．

　上記で述べた you know what の機能は，後方照応として働く．Quirk et al. (1985: 1463) によると，口語英語では "*what* can have cataphoric reference when it is the direct object of *know* in a question, or *guess* in a directive, or *tell* in a statement" (what は，疑問文で know, 命令文で guess, もしくは平叙文で tell の直接目的語の場合，後方照応的指示を持つことがある)．(31) の例を参照されたい．

(31) a. (Do you) Know WHÁT? ⎫
　　 b. Guess WHÀT. 　　　　⎬ He won't pay up.
　　 c. (I'll) Tell you WHÁT: I've forgotten the keys!　　　(ibid.)

　　 (a. 知ってる？　　　 ⎫
　　　b. 想像してみてよ ⎬ 彼，支払わなかったんだよ
　　 c. いいですか．鍵を忘れたんです)

第 6 章　what で終わる命題部分省略定型表現の多義と多機能　　　147

　代用として機能する you know what は，その構成要素の語彙的意味を保持している．Enfield (2003) が述べているように，代用の you know what は "I don't say it now because I know I don't have to"（言う必要がないから今は言わない）そして "by saying *you-know-WHAT* I think you'll know what I'm thinking of"（you know what ということで，あなたは私が考えていることをわかると思う）を意味している．(27), (28) と (29) の例は，Enfield (2003) の記述が正しいことを証明している．またそれらの例が，代用の you know what はこれまで言ったことをぼかし，名詞句，とりわけ代名詞として機能していることがわかる．言い換えると，代用の you know what は前方照応的に機能していることがわかる．you know what が代用として機能する場合，前方照応的に代名詞としての範疇を獲得している．

　you know what は，談話辞としての中心的な振る舞いと周辺的なものとして動詞の項としての振る舞いを持つ．この中心的な振る舞いと周辺的な振る舞いの区別がつきにくいのは，長い間何度も繰り返し使用されることにより中心的なものと周辺的なものの区別がつきにくくなる「磨滅」（八木 (1999)）による．八木 (1999) は，この現象を「概念の範疇化」[1]と言っている．

7. 既存の大規模コーパス (BNC, WB) との比較

　本節は，本研究で得られた you know what の 7 つの機能が既存の大規模コーパス (BNC, WB) でも観察されるかどうか検証した結果の報告である．結果から先に述べると，BNC, WB では強調，皮切り，代用の you know what が観察された．(32) は強調，(33) は皮切り，(34) は代用の例である．

(32)　"It's been a year today, you know, a year today with Sally."
　　　 "You've been going out with your ...."
　　　 "I can't believe it!"
　　　 "Explain it to me?"

---

[1] 語の連鎖 [A][B][C] ... [...] が概念としてのまとまり [A B C ...] と解釈され，それが 1 つのまとまった統語単位として解釈されること．詳細は八木 (1999: 105ff.) を参照．

"She's been going out with her boyfriend for a year today and they get on so well!"

"Well done!"

"*And you know what*? I reckon they're made for each other ...."

(BNC)

(「サリーと付き合い始めて今日で一年なんだよ」「付き合い始めて一年…」「信じられないよ」「説明してくれる？」「彼氏と付き合って今日で一年になり，彼らはとても気が合うんだよね」「それはよかった」「いいですか，彼らは理想のカップルだと私は思うんです…」)

(33) ... she works full time as a house keeper for a white family. She earns $140 a month. She lives with her husband and five children plus her brother in this one tiny room. And she dreams about building a home some day.

　　Alice: *You know what*? If I can, I—I—I'm not really sure. If I can, I want to build a nice house. In my dream, I'd like to build a house with the bricks and the tiles on top. (WB)

(彼女はある白人家庭の家政婦として常勤で働いている。一か月に140ドル稼いでいる。彼女は，この小さい部屋に彼女の夫と5人の子供，さらに彼女の母親と暮らしている。そして彼女はいつか家を建てることを夢見ている。

A：あのですね，もし私が，確かではないけれど，もしできるのならば，いい家を建てたいです。夢の中では，私はれんが作りの家で，屋根にはかわらがある家を建てたいんです)

(34) LYDIA LUNCH: So I guess this is what's called the open-mike format here at Cafe Babar. I'm so pleased to be your appointed hostee-hostess with the *you know what*.

　　LIN: Lydia Lunch, her candy apple red lipstick, brilliant in the smoky darkness, reads off the sign-up sheet where some 18 people have written their names. (WB)

(LL：ここババーカフェではこれがいわゆる自由参加のステージだと思うんですけど．例のあれと一緒にあなたの司会をできることを大変うれしく思います．

L: リィディア・ランチさんは，リンゴのような赤い口紅が薄暗い暗闇の中で目立っていて，約 18 人が名前を書いた登録用紙をすらすらと読みます）

　上記の例は，Table 1 で得られた特徴的な共起語句と文中での位置の特徴に当てはまる．BNC, WB は音声付コーパスではないので，音調は確認できない．では，なぜ本章で得られた you know what の機能と BNC, WB で得られた結果はこれほどまでに異なるのであろうか．

　1 つ目は，BNC, WB と "LKL" Corpus の質の違いである．BNC, WB の口語英語は即興ではなく，ほとんどが用意された原稿を読むものか講義である．2 点目は，口語英語に含まれている語数の違いである．BNC, WB は約 1000 万語，一方本章で用いた "LKL" Corpus は，約 3 千万語である．この 2 点の違いが，機能の差異にも影響したのだと考える．また，"LKL" Corpus は口語英語を研究する際には有益な言語電子データベースであるということもわかる．

8. その他の what で終わる命題部分省略定型表現の機能

　(8) にあげたとおり，you know what 以外 what で終わる命題部分省略定型表現は do you know what, guess what, I can tell you what, let me tell you what, no matter what などである．それぞれのフレーズの例を (35)–(40) にあげる．

(35)　KING: As we come back, we see the Spice Girls with Prince Charles, and as he approaches you, Geri, you suddenly pinch him in an unusual place.　What prompted that?
　　　HALLIWELL: *Do you know what*?　I was actually—last week I was sitting on my couch.　I was sitting talking to my sister, and I really can't believe I did that.　　　　　　(Oct., 1998)
　　　(K: CM が終わって番組に戻ると，チャールズ皇太子と一緒にスパイスガールズがいます．そして彼があなたに近づいたとき，ジェリ，あなたは突然彼の意外な場所をつねったんですよね．何がきっかけでそんな衝動に駆り立てられたんですか？

G: いいですか？ 先週はソファーに座っていて，姉と話していました．そして私は自分がしたことが本当に信じられないんです）

(36) KING: Now, this other postcard says, "Hi. *Guess what*? I married Robert Blake on November 19. I'm real happy and I've finally accomplished everything I always wanted. Why don't you marry Will'-you were going with a guy named Will?
(May, 2002)

(K: こちらの葉書にはこう書かれていいます．「こんにちは，ちょっと聞いてください．私は11月19日にロバート・ブレイクと結婚しました．本当に幸せで，私が常にしたかったことすべてをついにやり遂げました．あなたはウィルと結婚したらどうですか？ ウィルという名前の男性と付き合っていたんでしょ？」）

(37) KEMP: You better be careful, Ann. You're talking about your own party now.

RICHARDS: I—hey, I'm not complaining. *Let me tell you what.* I sat here tonight, and I seriously thought about my father who served in World War II .... (Aug., 2000)

(K: 気をつけたほうがいいよ，アン．今，自分の政党について話しているんだから．

R: 不平を言ってはいませんよ．ひとこと言わせてください．今晩ここに座って，第二次世界大戦に従軍した父親のことを真剣に考えました）

(38) KING: Are you always as Art Link Letter (sic. 正しくは Art Linkletter. Arthur Gordon Linkletter が本名) used to tell me, he was always interested in a deal?

CLARK: Oh, gee, yes.

KING: *No matter what*?

CLARK: Sure. But ... (May, 1997)

(K: アート・リンク・レターがよく私に「彼（クラーク）はいつも取引に興味がある」と言っていたのですが，そのとおりですか？

C: ああ，はい．

K: たとえどんなものでも？

C: もちろん，ただし…)

第6章　whatで終わる命題部分省略定型表現の多義と多機能　　　151

(39)　CARVILLE: I think that they are going to start this thing, and I think that this wasn't (ph) anything (ph) to start. And I don't know if people have figured out the consequence to this. But *I can tell you what*—if people thinks, well, we're just—out of deference to the House, we're just going to call four witnesses …. (Jan., 1999)

(C: 彼らはこのことを始めると思うんです．私は，これは始めるべきものではないと思います．また，人々がこれがどういう結果を招くかわかって言うかどうか知りません．しかし，これだけは言うことができます．もし人々が，下院に対して敬意を払うために4人の証人を呼ぶと考えるならば….)

(40)　KING: Another one is coming right after the break. The book is "I'll Be Right Back: Memories of TV's Greatest Talk Show." *Know what?* I'll be right back. (Dec., 1999)

(K: もう一冊はCM明けに述べます．本のタイトルは "I'll Be Right Back: Memories of TV's Greatest Talk Show" です．いいですか．すぐに戻ってきます)

　上記の例を観察すると，どの定型表現も次に述べようとすることの前置きであり強調として機能している．Table 1の強調の機能と類似した統語的，音声的特徴（文中に使用される，and, but が共起し，上昇調）を持っている．ただyou know what と異なり，なぜ多義・多機能な定型表現でないのかという理由は，それぞれの定型表現の頻度と関係している．上記の定型表現は，多義・多機能を生み出すほど頻繁に繰り返し使用されるものではない．このことから，what で終わる命題部分省略定型表現は主に強調として機能するといえる．

　what で終わる以外の命題部分省略定型表現として you know who, you know why の例を (41) と (42) にあげる．[2]

---

[2] 使用したコーパスでは you know which?, you know where? の定型表現は観察されなかった．これらの定型表現が観察されない理由は本書では取り扱わない．

(41) BISSET: We weren't allowed. And he was always in a tennis outfit during the—in the rehearsals, and, you know, totally relaxed and everything, and no one—and then one day we started shooting and he turned up looking exactly like Onassis. And I said, well, if he's playing Onassis, then I'm playing *you know who*. (Jun., 2001)
(B: 私たちは認められなかった．彼はリハーサル中，いつもテニスウェアを着ていて，そして完全にすっかりリラックスしていた．それから，ある日撮影を開始し，彼はオナシスそっくりに見える姿で現れた．私は，「えー，彼がオナシスを演じているのであれば，私は例のあの人を演じる」と言った)

(42) KING: Wait a minute, I don't trust him. *You know why?* Maybe he could fly into my head, go for your eyes. (Jul., 1997)
(K: [トラの赤ん坊を抱いている] 待ってください．彼は信用できないな（飛びかかってくるかも）．なぜかわかりますか？ おそらくそのトラは私の頭に飛びついてくるよ，目をめがけて)

you know who と you know why は，you know what と比較して，多義・多機能を発展させるほど繰り返し使用される定型表現ではない．(41) の you know who はオナシス（Onassis）を指し，名詞句として機能している．Enfield (2003) の you know who の使用条件 "I don't want to say this person's name now"（この人の名前を言いたくない），"I don't say it now because I know I don't have to"（名前を言う必要がないから言わない），"by saying what *you-know-WHO* I think you'll know who I'm thinking of"（you know who と言うことにより，私が誰のことを思っているのかあなたはわかると思う）に当てはまる．you know who は，you know who と指名された人がすでに示されているので，前方照応の代名詞的に機能している．

(42) の you know why は，強調として機能している．you know why が多義・多機能を発展させない理由は，why が理由を問うために使用され，what と異なり意味の漂白化を起こしていないためと考える．

9. you knew what, he knows what, she knew what などの統語的類似表現が観察されない理由

　you know what と統語的に類似した表現 you knew what, we know what と I knew what などの命題部分が省略された表現は，"LKL" Corpus, BNC, WB では観察されない．命題部分が省略されていない you knew what の例を (43) にあげる．

　　(43)　KING:　Never affecting performance?
　　　　　CLAPTON:　Not really, no. There was a time for instance, when I, we're talking about the John Mayo period, when I became such a scholar of what I was doing I wouldn't allow anything like that to get into the way.
　　　　　KING:　*You knew what you wanted to take when you wanted to take and it didn't affect 8:00 at night.*　　　　(Feb., 1998)
　　　(K:（ドラッグや飲酒は）演奏に影響を全く与えなかった？
　　　　C:　全くそんなことはなかった．例えば，ジョン・メイヨー・グループの時期について話す時間があって，私が自分がしていたことを説明するような賢い人間になったとき，ドラッグや飲酒が自分の仕事のじゃまをするようなことは認めないでしょう．
　　　　K:　あなたはやりたいほうだいのことをやりながら，夜 8 時になると何の影響もなかったんですね）

　you knew what, we know what, I knew what などの表現が定型表現になりえない理由は，① 繰り返し使用されていない，② 話し相手として you しかない，③ 発話時が現在しかない，という 3 つの条件をクリアしていないためと考える．3 つの条件をもっと明確に述べると，発話の中で形成される定型表現は，実際の発話の中で頻出する必要がある，そのためには実際の発話の中で you と me が関わった中でしか形成されない，また実際の発話の中で頻出して定型表現となるのは，その場での発話でなければならない，つまり現在時制でなければならない，ということである．

10. 結語

　本章は，what で終わる命題部分省略定型表現をエコー疑問文，SFWI，CCPU に分類した．その中でも CGPU に属する you know what に焦点をあて，実証的にその多義・多機能を明らかにした．you know what は，強調の機能を中心にして7つの機能を発展させていることがわかった．どの機能も特徴的な統語的・音声的特徴が観察され，本書が依って立つ理論である「意味と統語形式には密接なつながりがある」という意味的統語論をさらに発展させ，定型表現の場合「意味は統語形式だけでなく音声とも密接なつながりがある」ということを実証的に明らかにした．

第 7 章

here, there を伴った定型表現の多機能と多義

1. はじめに

コーパスを検索すると，here, there を伴った定型表現は (1) に示されているものがある．

(1) here we go, here we go again, there you go, here goes, here it is, there you are, here you are, here you go

(1) の中でも，頻繁に繰り返される定型表現は here we go と here we go again である．本章は，here we go と here we go again が多機能を持つ定型表現かどうか検証し，それらの類似点と相違点を述べる．また (1) にリストされている here we go, here we go again 以外の定型表現が多義であるかどうかも検証し，here, there を伴った定型表現が互いにどのような関係なのかも述べる．

2. here we go, here we go again の構造

Quirk et al. (1985: 521) は，"the expressions *Here* ... BE and *There* ... BE with a personal pronoun as subject, and the verb in the simple present or (with *there*) past, are commonly used to draw attention to the presence of somebody or something"（主語に人称代名詞，動詞が現在形もしくは過去形を

155

もつ Here ... BE と There ... BE の表現は，人もしくは物の存在に注意をひきつけるためによく使用される）と述べている．(2) の例を見てみよう．

(2) *Here* it is, just where I left it.
There she is, by the phone box.
There they were, cold and miserable.　　　　　　　　　　(ibid.)
（ここだよ，それを置いた場所は．
彼女だ，公衆電話ボックスのところだよ．
ほらあの人たちだった，寒くてみじめで）

here we go, here we go again は (2) の here it is, there she is などと類似の統語構造を持っているので，here we go と here we go again は物もしくは人の存在に注意を向けさせるために使用される定型表現と考えていいだろう．

Huddleston and Pullum (2002) は，現在時制が「出来事 (occurrence)」を表す場合を3つあげていて，1つは，beg, promise, advise, object のような動詞の「遂行的用法」(performative use) の場合 (e.g. I beg you not to tell anyone. 誰にも言わないでくださいね)，実況中継や実演の場合 (e.g. I add two cups of flour and fold in gently. 小麦粉を2カップ加えてゆっくりと混ぜ込みます)，それと，here, there のような場所の副詞を前置した，くだけた実況解説 (e.g. There it goes. それみたことか) がある，としている．ここで扱う定型表現は第3番目のケースである．

here we go, here we go again は出来事を描写し，人・物の存在に注意を喚起するために使用される．

3. 音調とその機能

here we go, here we go again の定型表現のイントネーションについて，Quirk et al. (1985: 1607) は次のように述べている: "The position of the nucleus and the type of tone are decisive for the interpretation of the following expressions with *there* and *here*" (核音調の位置と音調のタイプは，次の there, here を伴った表現の解釈にとって決定的となる)．

(3) | THÈRE you are | or | HÈRE you are | ['So I've found you!']
（ほら見つけたぞ）
| THÈRE you are | or | HÈRE you are | ['This is for you']
（これをどうぞ）
| There you ÀRE | ['That supports or proves what I've said']
（ほら，私の言ったとおりだろう）
| Here we ÀRE | ['We've arrived at the expected place']
（さあ着いたぞ） (ibid.)

　(3) の例は，Here ... BE と There ... BE のストレスパタンで，表す機能により核音調が置かれる位置が異なる．| THÈRE you are |, | HÈRE you are |, | THÈRE you are |, | HÈRE you are | は，人もしくは物の存在に注意をひきつける場合で，そのようなときは there, here に核音調が置かれる．それに対して，| There you ÀRE |, | Here we ÀRE | はある命題の行為が完結した場合に使用される場合で，核音調は be 動詞に置かれる．

　本章で扱う here we go, here we go again では be 動詞ではなく go が使用されているが，前節で説明した here we go, here we go again の統語構造を考慮に入れると，there you are, here you are と同じように here we go, here we go again は注意を喚起する働きをもつと考えてよい．このことから，here に核音調があることが説明できる．you know what の多義・多機能を検証した際と同様に，here we go, here we go again の場合も上昇調，下降調，平板調の3つの音調パタンから考察する．

4. here we go, here we go again の先行研究

　英米の英英辞典や英和辞典では，here we go は主に「さあ，やるぞ」のように「奮起」の意味を持ち，here goes も同義的に用いられる，とされる．(4) を参照（イタリックは筆者．以下同じ）．

　(4) a. Let's do that again. Ready? *Here we go.* (LAAD[2])
　　　　（もう一度しましょう．準備はいい？ それ！）
　　　b. I've never ridden a motorbike before, so *here goes*! (LDCE[5])
　　　　（これまでオートバイは乗ったことがないんだ．それいくぞ！）

一方 here we go again は，不愉快なこと，よくないことが起こる際に使用され，「嫌悪」の意味を表す，とされる．MED^2 より (5) に例をあげる．

(5) Oh, *here we go again.* Why do I always get blamed when anything goes wrong? (MED^2)
(あ，またか．何かよくないことが起きたときにどうして私がいつも責められるの？)

ところが，$LAAD^2$ は，here we go, here we go again を同義的に用いると記述している．

5. here we go, here we go again の実態

here we go, here we go again の実態を語用論的・音調的特徴から調べた結果，here we go には 6 つの機能，here we go again には 2 つの機能があることがわかった．$LAAD^2$ の記述のとおり，「奮起」と「嫌悪」の意味を表す場合には here we go, here we go again は同義的に用いられることがわかった．また，注意喚起，同意，行為完了，提示の here we go は，これまでの先行研究に見られなかった機能である．

5.1. 注意喚起の here we go

注意喚起の here we go から見ていく．本章も日付をつけた用例は LKL コーパスから．

(6) KING: Tarzan!
HANNA: Exactly. *Here we go.* Now listen. (BIRDS CHIRPING)
KING: We've crossed into the jungle! Down to the perils of the valley! (Nov., 1997)
(K: ターザン！
H: そのとおり．いいですか．さあ，よく聞いて．(鳥のさえずり)
K: ジャングルに分け入りました！危険な渓谷に下りて行きます！)

(7) RING ANNOUNCERS: ...... Hulk Hogan will have none of it!

Oh, *here we go*. Look at this, no effect on those nine-inch chops from Flair, and he's backpedaling. (Jun., 1999)
(R: ハルク・ホーガンには一発もあたらないでしょう．あ，ほら．見てください．フレアからの9インチのチョップは何も役に立ちません，そして後ろにさがっています)

上記の例の here we go は聞き手の注意を向けさせる機能を持つ．その場合，here we go は文中に位置し，look, listen などの注意を向けさせる語が観察される．音調は，上昇調である．here we go again にはこの機能は観察されなかった．

5.2. 奮起の here we go, here we go again

here we go, here we go again が奮起として機能する場合を見ていこう．

(8) UNIDENTIFIED MALE: We're going to do a trick.
    LA LANNE: OK, *here we go*. That foot, other foot, and away go. That's it. Stay there, boy. (Jul., 2000)
    (U: 手品をします．
     L: いいかい．さあ，いくぞ．こっちの足，もう一方の足，離れて．そうそう．そのまま動かずに)

(8) の here we go は，何かをする際に活動を促すために使用されている．奮起の here we go は，文頭に用いられ，特徴的な共起語句として OK, are you ready?, all right が観察される．音調は上昇下降調もしくは下降調である．

(9) の here we go again も奮起として機能したものである．キングがコマーシャルあけに here we go again を使用して，これから議論するトピックを述べている場面である．

(9) KING: *Here we go again,* guns, shooting, deaths, Forth Worth. What do you say?
    GORE: Well, hurricanes are something that happen to us, but this tragedy in Forth Worth like too many before it are tragedies that is a tragedy that people do to people. (Sep., 1999)

(K: ［コマーシャルの後］さあ戻ってきましたよ．銃，射撃，死，フォートワース，あなたの考えは？

G: えーと，ハリケーンは私たちにふりかかってくることですが，フォートワースでのこの悲劇は，以前にも数多くありましたが，人々が他の人にもたらす悲劇です）

here we go と同様に，here we go again も文頭に置かれ，音調も上昇下降調もしくは下降調である．この統語的特徴は，$LAAD^2$ の記述と一致する．

5.3. 嫌悪の here we go, here we go again

これまでは here we go again が嫌悪（「ほら，また」）として機能すると考えられてきたが，(10) に示すように，here we go も嫌悪として機能する．

(10) は，キングが女優のニコール・キッドマン (Nicole Kidman) に再婚の意思があるかどうか聞いている場面である．キングの質問にキッドマンは「また，その質問ですか．」というように嫌悪を表している．

(10) KING: Do you want to get married?
　　　KIDMAN: Oh, *here we go.*
　　　KING: No, I'm just asking like an innocent person who was born in the '30s.　　　　　　　　　　　(Dec., 2002)
　　　(K: 再婚したいですか？
　　　K: あ，またその話ですか．
　　　K: いや，30年代に生まれた無邪気な人のようにただ質問しているだけです）

(11) の例もわかりやすい．(11) は，女優の Marilyn Monroe's birthday anniversary 特集として，過去のマリリン・モンロー (Monroe) と俳優ジョセフ・コットン (Joseph Cotton) のやり取りを放映している場面である．モンローは，コットンの質問に苛立ちを here we go again を使用して表している．日本語にすると「またそのことなの？」に相当する．

(11) MONROE: I'm not going to stand all the way to Chicago. I want reservations.
　　　COTTEN: There are no reservations. We just go early and get

aboard early.　You're getting all dressed up to go out and buy tickets.　Why?　Where you going?
MONROE:　*Here we go again.*　All right.　I'm not going to bus station.　Does that make you feel any better?
COTTEN:　You smell like a dime store.　I know what that means.　　　　　　　　　　　　　　　　　　　　(Jun., 2001)

(M: シカゴまでずっと立っているつもりはないわ．予約してほしいの．
 C: 予約はないんだよ．ただ早めに行って，早めに乗るんだよ．出かけてチケットを買うためにおしゃれをするんだよ．どうしたんだ？ どこに行くの？
 M: またそのことなの？ わかったわ．バスターミナルには行かないわ．これで少しはご満足？
 C: 君は安物の店のようなにおいがするね．言いたいことはわかってるよ）

　上記の (10), (11) の例から，here we go も嫌悪として機能することがわかる．嫌悪として機能する here we go, here we go again は，文頭に位置し，oh, no といった不快を表す語を伴う．音調は下降調である．

5.4.　同意の here we go

　本節で扱う同意の here we go は，これまでの先行研究では述べられていなかった機能である．(12) ではキングがレスラーのゴールドバーグ (Goldberg) に彼のレスリングへの功績をたずねている場面である．

(12)　KING:　Goldberg, have you brought a lot of Jewish fans to this sport?
　　　GOLDBERG:　Yes, Larry, that's another positive note about my short rise to some kind of—*here we go.*
　　　KING:　Fame.　　　　　　　　　　　　　　　　　(Aug., 1999)
(K: ゴールドバーグさん，多くのユダヤ人ファンをこのスポーツに引き込みましたか？
 G: はい，ラリー．それがもう 1 つの積極的な注目点なんです．短期間のうちに，ある種の…昇りつめた…そうそう，それです．
 K: 名誉）

トランスクリプトを見ると，キングの発話 fame は，here we go の後に言われているように思えるが，音声を確認すると here we go はキングが fame と述べた数秒のちに言われている．また，here we go の前には少しポーズがあり，平板調である．

この同意の here we go は文中に用いられ，発話者が何か言いにくいことを対話者が代わりに言った際に使用される．日本語では「そうそう，そうなんです」にあたる．同意の here we go は特徴的な共起語句は存在せず，here we go again にはこのような使われ方はなかった．

5.5. 行為完了の here we go

(13) の例は，何か行為が完了した際に使用される here we go である．

(13) TONI COLLETTE, ACTRESS: Honey, you've got a spot. Head up. OK. *Here we go.* Something you were looking for, baby?
OSMENT: Pop-Tarts.
COLLETTE: Over here. (Aug., 1998)
(T: 吹き出物があるよ．頭をあげて．大丈夫．これでよし．何か探しているの？
O: ポップ・ターツだよ．
T: こっちにあるよ)

(13) は，映画『シックス・センス』(The Sixth Sense) の1シーンである．母親役の女優トニー・コレット (Toni Collette) が息子役のオスメント (Osment) の汚れを取ったあと，「これで大丈夫．完璧」という行為が完了したことを here we go を用いて言っている．この用法は，here we go again には観察されなかった．特徴的な共起語句として OK があり，音調は上昇調，何らかの行為が終わった後の文中に用いられる．

5.6. 提示の here we go

(14) の here we go は，物を提示する際に使用される例である．

(14) LUNDEN: I've got over here the Vanna White doll. *Here we*

第7章 here, there を伴った定型表現の多機能と多義　　　163

  go.　See?　(LAUGHTER)
 LUNDEN:　I'm sorry. Sorry.　　　　　　　　　　　(Feb., 2003)
 (L: バナ・ホワイト・ドールがここにあります．ほらね．見える？（笑い）
  L: ごめんなさい．ごめんなさい)

　提示の場合，here we go は単独で用いられることが多く，特徴的な共起語句はない．音調は下降調である．前節の行為完了の here we go と同じく，here we go again にはこの機能は観察されなかった．

6. 現代口語英語に観察された here we go, here we go again の多機能・多義

　前節より，here we go には6つの機能，here we go again には2つの機能があることを実証的に明らかにした．それぞれの機能の特徴をまとめたものが Table 1 である．

Table 1　here we go, here we go again の機能と特徴

	特徴的な共起語句	文中での位置	音調	パタン	日本語訳
注意喚起	look, listen	冒頭	上昇調	here we go	いいですか
奮起	OK, all right, are you ready?	冒頭	上昇下降調 下降調	here we go, here we go again	さあ，やるぞ
嫌悪	oh, no	冒頭	下降調	here we go, here we go again	あーあ，またか
同意		中頃	平板調	here we go	そうそう
行為完了	OK	中頃	上昇調	here we go	よし完璧
提示		単独	下降調	here we go	これです

7. 既存の大規模コーパス (BNC, WB) との機能の比較

Table 1 で得られた here we go, here we go again の多機能が, BNC, WB でも観察されるかどうか調べた. その結果, BNC, WB では here we go の場合, 奮起と提示の機能のみ観察された. (15) が奮起の例で (16) が提示の例である.

(15) Now do I do it over the music across the north I do it over the music Okay right *here we go.* Across North Yorkshire and around the world this is Radio York from the BBC.　　(BNC)
(さあ, 音楽に乗せて北部中にそれをやるよ. 音楽に乗せてそれをやるよ. いいかい, ほーらいくよ. 北ヨークシャーと世界中に. こちらは BBC からラジオ・ヨークです)

(16) "Can you get a blue one for me."
"Right." unintelligible
"my bag."
"*Here we go.* MX put them in your bag."　　(WB)
(「ブルーのを取ってくれる？」「了解」(意味不明)「私のバッグですよ」「どうぞ. MX がそれをあなたのバッグに入れました」)

here we go again の場合は, 嫌悪の表現として機能する例のみ観察された. その例を (17) にあげる.

(17) Stamberg: ... Mr. Cronyn's first movie was Alfred Hitchcock's 1943 film, 'Shadow Of A Doubt.' Again, a casting problem. At first, he was told he was too young.
Cronyn: And I thought, 'Oh, boy, *here we go again.*' And I went in and Hitch was sitting—he wasn't Hitch then, he was 'Mr. Hitchcock, sir'—but he was sitting at the desk with his arms folded and his thumbs stuck straight up.　　(WB)
(S: ... クロウニンさんの最初の映画は, アルフレッド・ヒッチコックの 1943 年の映画『疑惑の陰』です. また, 配役の問題です. 最初, 彼は若すぎると言われました.

C:「おやまあ，またか」と思ったんです．中に入って，ヒッチが座っていました．彼はその時，ヒッチではなくて，ヒッチコックさんだったんですが，腕組みをして親指を立てて机に向かっていました）

また，BNC, WB で得られた here we go, here we go again は，Table 1 であげた統語的特徴を持つ．BNC, WB では，"LKL" Corpus で観察された here we go, here we go again と異なり，多義・多機能を観察できない．これは前章の you know what のところでも述べたが BNC, WB と "LKL" Corpus の質・量の違いに起因する．これは，コーパスの規模にかかわらず研究の目的に合ったコーパスを使用する必要があることを示している．

8. その他の here, there を伴った定型表現

（1）にあげたように，here we go, here we go again に類似した定型表現が存在する．本節はそれらの定型表現の機能を調べ，here we go, here we go again との関係性を明らかにする．

8.1. here goes

英英辞典，英和辞典の記述によると here goes は奮起として機能する．わかりやすい例を (18) にあげる．(19) の here goes は，Table 1 の奮起の統語特徴にあてはまる．

(18) UNIDENTIFIED ACTOR:　You know why pulled you over?
CARREY:　Depend on how long you were following me.
UNIDENTIFIED ACTOR:　Why don't we just take it from the top.
CARREY:　*Here goes*: I sped, I followed too closely, I ran a stop sign, I almost hit a Chevy, I sped some more, I failed to yield at a crosswalk, I changed lanes in the intersection, I changed lanes without signaling while running a red light and speeding.
　　　　　　　　　　　　　　　　　　　　　　　　(Dec., 2001)
（U: どうして車の停止を命じたかわかるね．
C: どれだけ長く私の後を付けていたかによるね．
U: じゃあ，最初から話してみてくれ．

C: よしきた．スピード違反だろ，車間距離違反だろ，信号無視だろ，シボレーとぶつかりそうになっただろ，もっとスピード違反しただろ，横断歩道で道を譲らなかっただろ，交差点で車線変更しただろ，信号無視してスピード違反しながら指示器を出さずに車線変更しただろ）

8.2. there you go

これまでの先行研究によると，there you go は嫌悪と奮起の2つの機能を持っているとされる (MED^2)．"LKL" Corpus で観察された there you go は，(19) の奮起，(20) の嫌悪，(21) の提示というように3つの機能を持つ．嫌悪の場合，(20) に示しているとおり here we go again と同じように there you go again も嫌悪として使用される．

(19) PHILBIN: Got it, for $1,000. Two-thousand dollars—how far can a car going 60 miles an hour travel in one minute. Would it be one mile, six miles, 10 miles or 60 miles?
KING: Sixty miles an hour in one minute?
PHILBIN: Yes.
KING: One mile.
PHILBIN: *There you go.* Four-thousand dollars, Larry King. ...
(Jan., 2000)
(P: 正解です．1000ドル獲得です．では次は2000ドルです．時速60キロで走る車は1分でどれだけ進みますか？1マイル，6マイル，10マイル，もしくは60マイルのどれですか？
K: 時速60キロが1分でどれだけ進むかって？
P: はい．
K: 1マイル．
P: そうです！次は4000ドルです．ラリー・キング…）

(20) （ゴアとブッシュの大統領選の状況について語っているところ）
ROSE: .... New York has a wide margin. The battleground, as always, seems to be in the middle west. But the debates could make a difference. They had made a difference for Jerry Ford. Do you remember that?

第 7 章　here, there を伴った定型表現の多機能と多義　　　　　167

　　　KING:　　Sure did.
　　　ROSE:　　They made a difference for Ronald Reagan, when he
　　　　　　　said, "*There you go again*."　　　　　　　　　(Sep., 2000)
　　　(R: ニューヨークでは大差がついているよ．いつもそうですが，闘いの場
　　　　所は中西部のようです．しかし，討論会で状況も変わってくる可能性
　　　　があります．それらはジェリー・フォードにとっても影響がありまし
　　　　たね．覚えていますか？
　　　K: たしかにそうでした．
　　　R: 討論会はロナルド・レーガンにとっても大きな影響力がありました．
　　　　その時彼は「あー，またか．」と言いました)
(21)　　(スタジオにジャコウネコ (binturong) を持ち込んでいる)
　　　KING:　　Beautiful animal—this is a beautiful animal.
　　　HANNA:　*There you go*.
　　　KING:　　Wow.　　　　　　　　　　　　　　　　　(Dec., 1998)
　　　(K: きれいな動物，これはきれいな動物ですね．
　　　H: ではどうぞ．(抱っこしてくださいと差し出すところ)
　　　K: わー)

8.3.　here it is

　(22) に示すように，here it is は提示として機能する．しかし，(23)，(24) の here it is は，注意喚起の here we go, here we go again と同様に，注意喚起として機能する．

(22)　STEWART:　　We've done a magazine called "Martha Stewart Mar-
　　　　　　　　　tha." *Here it is*, in Japanese.　Can I show that?
　　　KING:　　　　Yeah, sure.　　　　　　　　　　　　　　(Feb., 2002)
　　　(S: 「マーサ・スチュワート・マーサ」という雑誌を作りました．こちらで
　　　　す．日本語です．お見せしましょうか？
　　　K: そう，本当ですね)
(23)　REGIS PHILBIN, HOST:　　*Here it is* now for $1,000.
　　　K. GIFFORD:　　Serious money, Reg.　　　　　　　(May, 2000)
　　　(P: いいですか．1000 ドルです．

K: 大金ですね、レグ)

(24) KING: Senator Alan Simpson now joins us from Cody, Wyoming. When you were—the days when you were running, what was this night like for you?
ALAN SIMPSON (R), FORMER WYOMING SENATOR: Well, Ann and I were talking about that today. You wake up in the morning and you think, this eternal marathon is over, and *here it is*, and they're going to the polls.　　　　(Nov., 2002)
(K: ワイオミング州コーディよりアラン・シンプソン上院議員に加わってもらいます。選挙運動をやっていた頃、その日の夜はあなたにとってどんなものでしたか？
S: えーと、アンと私はその日について話していました。朝起きて、こう考えます。果てしのないマラソンが終わり、さあ、人々は投票に行くのだな)

8.4. there you are

there you are の核音調が there に置かれる場合、それは何か物を示す、人の位置を確認するという働きをする。また、there you are は、注意喚起としても機能する。注意喚起として機能する場合、Table 1 で提示した注意喚起の特徴的な共起語句 look, listen を伴う。(25) を参照されたい。

(25) KING: Were you meteorologically trained?
SAJAK: I couldn't tell you to this day. I don't know what a cold front is, except I colored it blue on the map.
KING: Did you ask Merv then—*there you are*, look at that.
　　　　　　　　　　　　　　　　　　　　　(Jul., 2000)
(K: 気象学の訓練を受けたのですか？
S: 今日まで言えなかったんだけどね。寒冷前線とは何なのかいまでも知らないんです。地図上に青色をつけること以外は。
K: そのときマーブに頼みましたか？［当時の映像で画面に出て］ほらほら見てください)

8.5. here you are

here you are は，本来物を提示する際に使用されるが，注意喚起としても機能する．(26) の例にあるとおり，この場合 here you are は文頭に用いられ，Table 1 の特徴を持っている．

(26) KING: At this point, wasn't that difficult for you, Katherine. *Here you are*, you've got this post as secretary of state, you wanted this other guy to win, his brother has just called, there's going to be a recount. (Jan., 2001)

(K: 現状では，キャサリン［フロリダ州務長官］，これは難しかったでしょうね．いいですか．あなたは州務長官としての職にあり，別の男性に大統領選挙に勝ってもらいたかったんですよね．その男の弟がたった今電話してきて，再集計があると伝えてきたなんて）

8.6. here, there を伴う定型表現の機能

Table 2 は，here, there を伴った定型表現の機能の一覧である．

Table 2 here, there を伴った定型表現の機能

here, there を伴った定型表現 \ 機能	注意喚起	奮起	嫌悪	提示
here you are	○			○
there you are	○			○
here it is	○	○		○
here we go, here we go again	○	○	○	○
there you go (again)		○	○	○
here goes		○		

Table 2 で示したように，here, there ... be は，注意を喚起する機能を持つ．しかし，there, here ... go [goes] は，主に奮起の機能しかない．これは，go と be の違いによると考えられる．here, there ... be の場合，be が示す「存在」の機能が生きて主に存在するものの喚起と提示の機能で使われ

る．一方 there, here ... go [goes] の場合，go の「移動」の機能が生きているので，奮起の機能で使用される．there you go, here it is, here we go again が here, there ... be の構造が持つ機能と here ... go [goes] の構造が持ち合わせているのは，八木 (1999: 108) で述べられているように，here, there ... be の本来的な機能である注意を喚起する機能が here we go, there you go などに見られた機能を反映した統語特徴と混ざり合う融合（merging）によると考えられる．

9. here, there を伴った定型表現の機能的拡張

ここでは，Table 1, 2 をもとに here we go, here we go again の機能的拡張をみていく．その機能的拡張を示したものが (27) である．

(27) 喚起 (*here we go*)
↓
奮起 (*here we go, here we go again*)
↓ ← 概念の範疇化
嫌悪 (*here we go, here we go again*)
↓ ← 他の here, there を伴った定型表現との統語機能の融合
同意・行為完了・提示 (*here we go*)

(1) にあげた here, there を伴った定型表現は，本来注意を喚起する機能が本質的な機能と考えられる．here we go, here we go again の本質的な機能も注意喚起である．

here we go の場合も同様に，それぞれの語が持つ語彙的な機能が生き，奮起の機能が生じたと考える．奮起の here we go は，here we go again の形でも用いられていた．again の同じことの繰り返しの意味から嫌悪の機能を表す際に here we go, here we go again が同様に使用されるのは，本来は別々の統語機能を果たす類義語が，同じような機能を表すようになり，それぞれの区別がつきにくくなった統語機能の融合が生じたと考える．その他の同意，行為完了，提示の here we go は，here, there を伴った定型表現との統語機能の融合が起きたと考えられ，これにより here we go again が同意，行為完了，提示として機能しないことの説明にもつながる．

また，核となる機能から周辺的な機能に移行すると，here we go, here we go again が本来持つ語彙的な機能が薄れている．これらは必ずしも明確に分かれているものではない．これは八木 (1999: 35) が述べているように，言語は継続的な使用により，本質部分と周辺的な部分が区別しにくくなること，「磨滅」することが原因であると考える．

10. 類似表現がコーパスで観察されない理由

本節は，統語的に類似した表現 here you go, there he is, here she is, here we went, there you went again 等がコーパスで観察されない理由を述べる．

"LKL" Corpus で here it was の例がたった 1 例のみ観察された．それが (28) の例である．ファインスタイン (Feinstein) 上院議員は，2001 年 9 月 11 日の悲劇について話している．here it was の it は，世界貿易センタービルに突っ込んだ飛行機を言及している．この here it was は，'and this incident happened'（それからその出来事が起きたんです）と言い換え可能である．これは，その出来事に注意喚起させ，here ... be の本来の機能が保持されている．

(28) KING: Did you know the world was changed forever?
FEINSTEIN: I happened to have been in Hong Kong and was trying to get home, trying to get a land line, trying to make contact and you couldn't. And this great sense of despair, you know, and *here it was*, these buildings, when they went down, it was terrible. (Dec., 2001)
(K: 世界が永遠に変わったのを知っていますか？
F: たまたま香港にいて，帰国しようとしていて，地上通信を試み，連絡を取ろうとしたけど，できませんでした．この絶望感で，そうでした，ビルが崩れた時は恐ろしかったです)

(29) の例は，スタジオにワニが来ている．here ... go [goes] の ... の部分の主語が異なるものである．

(29) KING: Watch out is a good word for me.
S. IRWIN: Yeah, he's OK. We're in no danger. See how he makes his profile bigger by puffing himself up? That's all about defense. "Look how big I am, Larry! Don't be mucking with me, or I could bite you or tail hip you." That's what he's trying to say. He has those legs. Big, powerful legs.
KING: And he's successful.
S. IRWIN: Oh, *here he goes*. He's hissing now. (Jun, 2001)
(K: 気をつけろというのは私にとっていい言葉です.
 I: そうです. ワニは大丈夫です. 別に危険じゃない. ワニが膨れ上がって体を大きくするかわかるでしょ? それが守りの姿勢というものです,「見て, 僕はこんなに大きいんだよ, ラリー. 僕にばかなことをしないでね, そうでないと噛みついたりしっぽでひっぱたくよ」これが彼が言おうとしていることです. 彼は脚を持っています, 力強い脚です.
 K: ほんとそのとおりだ.
 I: あ, ほらほら. シッーという音を立てています)

here he goes は, 話者が音を立てているワニに注目を向けるために使用されている. この機能は, here ... go [goes] のパタンが持つ本来の機能である.

(30) の there he is は, "Look at him" と言い換えが可能であり, これは注意喚起として機能している. これも there ... is の機能が持つ本来の機能が生きている.

(30) KING: Thank you, Barry. Don't forget, Barry Manilow tomorrow night on CBS. We had him tonight. *There he is.* (MUSIC, BARRY MANILOW PERFORMS "SOMEWHERE DOWN THE ROAD")
MANILOW: Let me do this next one. This one comes from the "Mayflower," "She Should Have Been Mine." (May, 2002)
(K: ありがとう, バリー. バリー・マニロウは明日の夜 CBS に出ることを忘れないでください. 彼は今晩も我々といました. いいですか, バ

・リー・マニロウの登場です．
　M: 今度はこれも演奏させてください．「メイフラワー」の「彼女は僕のものに違いない」です）

　過去時制と代名詞の主語を持つ here, there を伴った定型表現は，コーパスでわずか数例を見つけることはできるが，多義・多機能を発展させるほど頻繁に使用されているわけではない．
　この理由は，前章の you know what と同じく① 繰り返し使用されていない，② 話し相手として you しかない，行為を行うのは自分自身（we）しかない，③ 発話時が現在しかない，という 3 つの条件をクリアしていないためと考える．3 つの条件をもっと明確に述べると，発話の中で形成される定型表現は，実際の発話の中で頻出する必要がある，そのためには実際の発話の中で you, we と me が関わった中でしか形成されない，また実際の発話の中で頻出して定型表現となるのは，その場での発話でなければならない，つまり現在時制でなければならない，ということである．

11. 結語

　本章は，here we go は 6 つの機能，here we go again は 2 つの機能を持つことを述べ，それぞれの機能は統語的・音調的特徴と密接なつながりがあることを述べた．また，here, there を伴った定型表現はお互いの機能に影響を与え，融合現象を起こしていることがわかった．

第 8 章

let's say とその他の類似定型表現

1. はじめに

let を伴った定型表現は，コーパスを検索すると (1) のようなものがある．

(1) let's see, let's say, let us say, let's assume, let's suppose

"LKL" Corpus より実例を下記にあげる（イタリックは筆者．以下同じ）．

(2) KING: ［収監されたまま 18 ヵ月裁判も始まらず弁護士と連絡も取れない Martin の事情を聞いた後］Now, Sheriff, can you get involved with this at all? Can you say—I mean, *let's say* 18 months seems like a ridiculous time to be waiting to go to trial.
HEGE: That's correct. (Feb., 2000)
（K: さあ，保安官，この件に関与できますか？ つまり，例えば，18 ヵ月というのは裁判にかけられるのを待つのに非常識な時間だというようなことは言えますか？
H: そのとおりです）

(3) KING: How does it work? Senator Wellstone, how does it work? *Let us say* they present their, the Republicans present their case, the Democrats present their case. (Jan., 1999)
（K: それはどのように機能するのですか？ ウェルストーン上院議員，それ

175

はどのように機能するのですか？ 例えば，共和党員が彼らの主張をし，民主党員は彼らの主張をする）

(4) KING: ［クウェートが報復の標的になるのではないかという懸念に対して］*Let's see* if we can make contact with Ryan Chilcote. He's with the 101st Airborne Division as well, embedded as well. Ryan I hope we can clear the way to you. What can you tell us? (Mar., 2003)

(K: ライアン・シルコートと連絡をとってみましょう．彼は 101 空挺部隊と一緒にいます，従軍記者として．ライアン，うまくつながればいいのですが．情報はありますか？）

(2) の let's say, (3) の let us say, (4) の let's see は同じ振る舞いをするわけではない．本章は，このような let を伴った定型表現の機能を明確にする．その中でも繰り返し使用されている let's say に焦点をあて，その機能を統語的・音調的特徴より明らかにする．本章が取り扱う let を伴った定型表現は，let's say hello, let's see a movie のような動詞が項をとるような表現は対象にしない．

2. let's say の統語構造

Huddleston and Pullum (2002) は，命令文を「通常の命令文」(ordinary imperative) と「let 命令文」(*let*-imperative) にわけている．「let 命令文」は，一般的な let の意味である allow とは異なる使われ方をしている let である．(5) が「通常の命令文」で，(6) が「let 命令文」の例である（訳は省略）．

(5) a. *Open the window.*
 b. *Please let us borrow your car.*

(Huddleston and Pullum (2002: 924))

(6) a. *Let's open the window.*
 b. *Let's borrow Kim's car.* (ibid.)

「通常の命令文」で使用されている (5b) の let は許可を意味する．(6) の

let は意味の漂白化を起こし，その結果このような命令文は "1st person inclusive *let*-imperative"（1 人称を包含する let 命令文）と呼ばれ，we の目的格は通常 's に省略される．これは通常，話者，聴者を含む us である．したがって，(6a) の Let's open the window は，私とあなたで窓を開けましょうということで，(6b) は私とあなたでキムの車を借りましょう，という意味である．一方 (5b) の us は排他的（exclusive）（聞き手 you を含まない）で，私と第 3 者の人を指す．このような「let 命令文」の疑問文は，「開かれた let 命令文」(open *let*-imperative) と呼ばれている．

Quirk et al. (1985) は，「包括的」(inclusive),「排他的」(exclusive) の概念を使って let の表現を説明している（訳は省略）．

(7) a. We complimented ourselves too soon, John.
　　b. The children and I can look after ourselves.
　　c. *Let's* enjoy ourselves, shall *we*?　　(Quirk et al. (1985: 340-341))

(7a) の we は，「包括的な we」(inclusive we) で，話者と聞き手両方が含まれている．(7b) の we は，「排他的な we」(exclusive we) であり，聞き手は含まれていない．us が Let's に短縮されるときは「包括的な we」の時だけであるので，(7c) は話者と聞き手の両方が含まれている．

小西 (1964) は，let's の成り立ちを説明している．もともと let は許可の意味で，フォーマルなスタイルとして let us, let them などが使用されていた．しかし，徐々に let us とあらたまった形からくだけた表現形式として let's という省略形が用いられるようになった．また，let's が 1 つのまとまりであると考えるため，一種の助動詞と考える人も多い．ところが，そのように考えると，本来 's であったはずの意味合い（一種の仲間意識）が薄れてくることになる．仲間意識が薄れると考える理由は，この 's には強勢が置かれることはないからである．そこで，仲間意識を打ち出す必要から，口語では Let's us go. という Let's go と Let us go. の混交形ができる．この Let's *us* go. の表現は Let's *you and me* (or *I*) wash the dishes.（あなたと私で一緒に皿洗いをしましょう）という表現と同じである．このように let's が定型化してきている．

このように，let's say は本来 let us say のパタンとして使用されていたが，口語英語で let's say となり，'s は話者と聞き手を含む．ここでは，let

の許可の意味が薄れている．したがって，let's say は Huddleston and Pullum (2002) の分類の「1 人称を包含する let 命令文」(1st person inclusive *let*-imperative) ということになる．

3. let's say の先行研究

let's say は一般的に，"to suggest or give something as an example or a possibility" (*OALD*[8]) (あることを例または可能性として提示する) と定義される．*LAAD*[2] より例をあげる．

(8) a. If you found some money on the street—*let's say* $100—what would you do?
   (通りで，例えば 100 ドル見つけたら，どうしますか？)
   b. Okay. *Let's say* it's a year from now. Do you think you'll still feel the same way?
   (わかりました．例えば，今から 1 年としましょう．それでもなお同じように感じると思いますか？)

(8a) の let's say は say でも言い換え可能である．(8b) の場合，let's say は let's say that，let's suppose (that)，もしくは just say (that) と代替可能である．

イギリスの学習辞典は *OALD*[8] の定義のように「例えば」の意味で使われるとする．英和辞典も同様に記述している．しかし，八木 (1999) は，let's say に多義性を認め，例をあげるとき以外に，「節を従えて喩えを言うとき」(9a) と，前言の訂正 (9b) の場合をあげている．

(9) a. Now *let's say* you have a bass fishing fanatic in the house.
   (さて，バス釣りに夢中の人が家にいるとしましょう)
   b. But as long as he's working with RFB, there's always that possibility, always that fantasy: Murrow and Mitty. No, *let's say* Murrow alone.
   (しかし彼が RFB で働いている限り常にその可能性がある．常にあのマローとミッティの空想がある．いや，マローだけと言うべきか)

(八木 (1999: 288-289))

4. let's say の多義性

let's say の多義性を，特徴的な共起関係，文中での位置，特徴的な音調の基準により分類した let's say の多機能を以下に示す．分類の用語は八木 (1999) のものを使用した．

4.1. 例をあげる let's say

(10) は，視聴者が，ゲストの霊能師ジョン・エドワード (John Edward) に霊は服を着ているのか尋ねている場面．them は dead people を指す．エドワードは，霊がどのような姿を見せるかを let's say 以下，いとこエディー (Eddie) の姿になるという例をあげている．

(10) KING: OK. John, do you see them in clothes?
EDWARD: Again, I'm only speaking for myself, but it takes a lot of energy, I believe, for them to show themselves like that. And if they do show themselves, it's more in my mind that I see them and it'll be more of a depiction of what they look like. And a lot of times, I personally will get information in parallels. For example, if I need to talk about someone who would look a certain way, they might show me, *let's say* my cousin Eddie, and I'll describe my cousin Eddie and it's really describing this person's son, and it's about validating and qualifying the energy.   (Aug., 1999)

(K: わかりました．で，ジョン，霊が服を着ているのが見えるのですか？
E: ここでも同じことですが，私は自分の場合のことを話しているのですが，随分とエネルギーがいるのだと思います，そんなふうに姿を見せるにはね．そして，姿を現す場合は，私が目で見るというよりは私の心の中の出来事なのです，そしてどのように見えるかの描写になるのです．多くの場合，個人的には同時並行的に情報を得ることになるのです．例えば，ある姿をした誰かについて話す必要があるとき，霊は私に，例えば私のいとこのエディーを見せるかもしれないのです．その時，私はエディーを描写していながら実はその人の息子を描写して

いるのです．そうすることがそのエネルギーを本物にし正当性を与えることになるのです）

この let's say は平板調をとる．以下にあげる例は，数詞の前に現れる let's say である．

(11) KING: How do they rip you off? What do they do? Creative accounting works how?
CARTER: Well, the show costs X amount of dollars to produce. And the network gives them, *let's say,* $1 million an episode to produce. Then they take a third of that and they use that for operating expenses for the lot .... (Mar., 2002)
(K: どのようにして彼らはあなたからだまし取ったのですか？ 彼らは何をするのですか？ どのように巧妙に会計の仕事をしているのですか？
C: えーと，番組を制作するのに X ドルかかります．そして，キー局は彼らに1話制作のためにお金を，例えば100万ドル渡します．それから，彼らはそれらの3分の1をとり，スタジオの運営費にそのお金を使います）

(11) の数詞の前に現れる let's say も平板調である．

以下の例は，キングが，歌手のマライア・キャリー（Mariah Carey）に過去に交際した男性について尋ねている場面．マライア・キャリーが，「交際している男性と，例えば，アルゼンチン，メキシコ，もしくは南米アメリカのどこか旅行に行けば ...」という場所の選択肢を let's say で示している．この let's say は上昇調である．上昇調が使用される場面は，選択疑問文のように or を伴う．

(12) CAREY: .... So I wish nothing but the best for him. He's very talented. But it's like, yet again, two famous people. If we were to go to, *let's say,* Argentina or Mexico or anywhere in Latin America, he would get mobbed more than me. Or, you know, it would be equal. And it was fine, you know?
KING: Speaking of mobbed, how about Eminem? (Dec., 2002)

(C: …なので，私は彼に最高の幸せを願うだけです．彼はとても才能があります．しかし，繰り返しになりますが，有名な2人です．もし私たちが，例えばアルゼンチン，メキシコ，中南米のどこかに行けば，彼は私よりも人々にもみくちゃにされるでしょう．もしくは，同じかもしれません．それでよかったんですよ，わかりますか．

K: もみくちゃにされるといえば，エミネムについては？)

4.2.　節を従えて喩えを言う let's say

　節を従えて喩えを言う let's say は，多様な使われ方がある．文頭に来る場合は，八木 (1999) が指摘しているとおり，節を従えるが，that は省略される傾向にある．

　(13) では，キングが，アメリカのワシントン近郊でおこった無差別射撃殺人について，イギリス人ゲストのドミニク・デューン (Dominick Dunne) の意見を聞いている．この let's say は，その無差別射撃殺人犯たちが，"LKL" を見ているかという喩えを言っている．

(13)　KING: Robert Ressler, do you agree with that?
　　　RESSLER: I do agree with that. A person that has had kind of a disastrous life and, as Jack would indicate, has been a failure through most of his life, this is something that means something to him.
　　　KING: Yes, but when you therefore say something like that, don't you spur him on? *Let's say* he's watching or two of them are watching.　　　　　　　　　　　　(Oct., 2002)

(K: ロバート・レスラーさん，賛成しますか？
　R: もちろん賛成します．ジャックが指摘するように，このようなひどい生活を経験してきた人は，人生のほとんどで失敗してきたんです．これは彼にとって意味のあることなんです．
　K: そうですが，あなたがそのように言うとき，彼をけしかけることになりませんか？例えば，彼が，あるいは彼ら2人がこの番組を見ているとしたら)

　文頭に現れる let's say の音声特徴は，下降調である．共起語は，so,

now, well, OK, for example などがある．

次に文中に現れる let's say の例を見てみよう．ここでも無差別射撃殺人犯がテレビを見ているかという喩えを言っている．

(14) WALSH: .... So he is feeding his ego. There's no remorse, there is no regret, there's no conscience, there is no guilt. He is shooting 13-year-old child ....
KING: There's no motive? There is just ....
WALSH: Power. Power. Ego. Narcissism.
KING: All right. Does he, though—*let's say* he's watching—take offense when you call him what you call him, and does this make him angrier? (Oct., 2002)
(W: 彼は，自己満足なんです．自責の念，後悔，善悪の判断力，罪の意識はありません．彼は13歳の子供を撃っているんです．
K: 動機はないのですか？ ただ...
W: 力，力，エゴ，ナルシズムですよ．
K: わかりました．仮に彼が見ているとしましょう．あなたが彼を呼ぶ呼び方で彼を呼んだら，彼は怒るでしょうか？ また，これは彼をもっと怒らせることになるでしょうか？)

(14)の例の音声特徴は，平板調である．平板調の let's say は，その前後に間 (pause) がある．文中に現れる let's say の多くは，下降調である．以下に示す例も文中に現れる例だが，共起語に特徴が見られる．(15) は，民主党が副大統領に指名されたばかりの上院議員ジョセフ・リーバーマン (Joseph Lieberman) にアル・ゴア (Al Gore) が大統領選に出遅れていることについて話している場面である．

(15) KING: Why is he so far behind?
J. LIEBERMAN: Why is Al Gore behind? Well, the latest CNN/ "USA" poll shows it a dead heat, so.
KING: One day of Lieberman and it's a dead heat. But assuming he's behind, *let's say,* the general tenor is that he's behind, most polls say that he's behind. Why haven't you sold it?

第 8 章　let's say とその他の類似定型表現　　　　　　　　　　183

 J. LIEBERMAN:　Well, we'll see. Look, the campaign in many ways is just beginning now.　　　　　　　　　　(Aug., 2000)
（K: なぜ彼はそんなにも遅れをとっているのでしょうか？
　L: アル・ゴアがなぜ遅れているかって？　えーと，最新の CNN と USA の世論は，激戦だと発表しています．
　K: リーバーマンが副大統領候補に指名され，1 日でデッドヒートになったんですよ．しかし，仮に彼が出遅れていると仮定すると，一般的な傾向は，彼は出遅れているとなっていますし，ほとんどの世論調査は彼が出遅れていると言っています．あなたはなぜそれを宣伝に使わなかったのですか？
　L: えーと，様子を見ましょう．いいですか，多くの面で選挙戦はちょうど始まったばかりなんですよ）

 (15) の let's say の音声的特徴も平板調である．文中に現れる let's say は，文頭に assume, given, if, suppose などの仮定を表す語を伴う．平板調をとる let's say の特徴は，① let's say の前後に間（pause）がある，② let's say の文頭に仮定を表す語がくることである．文末に現れる let's say も仮定を表す語を伴うことがある．その音声的特徴は上昇下降調である．(16) を参照されたい．

 (16)　KING:　.... Are you glad you did it?
　　　JACKSON:　Yes, I am very happy. I don't regret it at all.
　　　KING:　And no idea of removing it, *let's say*?
　　　JACKSON:　No, not at this point.　　　　　　　(Mar., 1998)
　　　（K: [Jackson が体にピアスを入れたことについて] それをやってうれしいですか？
　　　　J: はい，とても幸せです．まったく後悔していません．
　　　　K: それを取り除くなんていう考えはないですね？
　　　　J: 現在のところ，ありません）

4.3. 前言訂正の let's say

ここで前言訂正の let's say を見てみよう．(17) のゲストは，夢遊病患者スコット・ファイレイター（Scott Falater）で，夢遊病中に妻を殺害し刑に服している．ファイレイターが自分の夢遊病体験を物語っている場面．ファイレイターが morning（朝）と言いかけて，midnight（夜中）と let's say で訂正している．

(17) FALATER: .... Sometimes at 3:00 in the morning or, *let's say* at midnight, I'd come down all dressed and ready to go to school, had all my books, and they had a hard time convincing me it wasn't time to go to school. My daughter's done that too.

(Jul., 1999)

(F: .... 時々，朝の3時に，いや夜中に，私は服装を整えて下に降りていき，学校に行く準備ができているようなことがありました．本を全部持って，家族は，今は学校に行く時間ではないと私を説得するのに悪戦苦闘しました．私の娘も同じことをしました）

前言の訂正は (17) の例より，let's say の前後に morning であれば，midnight などの意味的に類似した語句が現れる．また，or を伴う．音声的特徴は下降調である．

4.4. 間詰めの let's say

ここでは，間詰めの let's say を見ていく．間詰めは，これまでの let's say とは異なる使われ方をしている．(18) はジョンベネラムジー殺人事件をめぐってパネルディスカッションの中のキングの発言である．有名な FBI のプロファイラー，ジョン・ダグラス（John Douglas）は「殺人者はラムジーの家族の中にはいない」と言ったが，そのダグラスをどう評価するかをラムジー家の弁護士のアラン・ダーシュヴィッツ（Alan Dershowitz）に聞いているところ．

(18) KING: All right. Alan Dershowitz, what does his reputation mean to—*let's say*—just you as a citizen? (Aug., 1999)

(K: わかりました．アラン・ダーシュヴィッツさん．彼の評判はあなたに

とってどのような意味がありますか，えーと，一市民としてのあなたに）

間詰めの let's say の音声的特徴は，前後に間隔があり平板調である．また，文中に現れ，well が伴う．

"LKL" Corpus を使用して let's say の多機能を見てきた．それより，日本語の「例えば」にあたる let's say は，例をあげる，節を従えて喩えを言う，前言の訂正，間詰めと 4 つの意味機能があった．また，それぞれの機能に対応した，典型的な共起関係にある語句，統語・音声形式があった．以上述べてきたことを Table 1 にまとめた．

Table 1　let's say の機能と特徴

機能＼特徴	特徴的な共起語句	文中での位置	音調	日本語訳
例をあげる	like, say, or	中頃	平板調	例えば
節を従え喩えをいう	so, now, for example	冒頭，中頃	下降調	例えば
前言訂正	or	中頃	下降調	いや違って
間詰め	well	中頃	平板調	えーと

後節で，この 4 つの意味機能がどのように発展したかをその他の let's を伴う定型表現の機能を考慮に入れて考えていく．

5. let's say に類似した定型表現の分析

（1）に let's say 以外に let's を伴った定型表現を列挙した．本節は，let's see, let us say, let's assume, let's suppose の定型表現が let's say と同様に多義・多機能を持つのか検証する．

5.1. let us say[1] の機能

"LKL" Corpus で let's say と let us say の頻度を比較すると，let us say の頻度は let's say のそれの 10 分の 1 程度である．(19) に例をあげる．

(19) GREENFIELD: .... Here are the talking points. And then later that day, about four Democrats on the Whitewater committees used them almost word for word. In a "Nightline" piece, I pointed that out. And I got—*let us say* an angry response from the White House that I was breaking the rules of the game. (Apr., 1998)

(G: 話の要点は以下のとおりです．その日のその時刻以降に，ホワイトウォーター委員会の約4名の上院議員は，ほぼ一言一句間違えずにその言葉を用いました．「ナイトライン」のある部分で私はそれを指摘しました．例えば，私がそのゲームのルールを破っているというホワイトハウスからの怒りの反応とでも言うようなものを受け取りました)

(20) KING: .... Are we going to go into Iraq?

WALTERS: Are we going to go into Iraq? Well, *let us say that*—what do I know? What does anybody know? But *let us say* that when Hans Blix, who is the head of the—the head investigator going to Iraq. (Nov., 2002)

(K: イラクについて議論しますか？

W: イラクについて議論するかって？　えーと，例えば，私が何を知っているのでしょうか．誰が何を知っているのでしょうか？　しかし，例えばハンス・ブリクス（スウェーデンの外交官で国連のイラク大量破壊兵器調査委員会委員長）がイラクに行ったとしましょう)

(19) の let us say は例をあげるものとして機能し，(20) の let us say は喩えを言う際に使用されている．また，(19), (20) より，let us say は let's say と類似した統語的・音調的特徴を持つ．

---

[1] CNN から直接購入した Larry King Live のビデオ（約 150 本）を確認すると，let us say と let's say は首尾一貫して発話者の音声を忠実に反映している．

なぜ let us say は let's say よりも使用頻度が低く，多義・多機能を発展させないのだろうか．その理由は，let us say の場合，その構成要素の語彙的意味が失われていないためと考える．$LDCE^5$ によると，let somebody do のパタンは "to allow someone to do something"（人が何かすることをさせる）と定義されている．言い換えると，このパタンは人がある行為をすることに許可を与えるということである．このパタンが持つ意味が生きていることより，let us say は多義・多機能を発展させるほど頻繁に繰り返し使用されないと考える．これは以下の例よりもわかる．

(21) JONES: But, the fact is that these good men, who are all Christian men; born again, godly Christian men, wanted—were willing to *let us say* to them, here is a pat on the back for you.
(Jan., 2001)

（J: 実はこれらの善良な男たち——彼らはみなキリスト教徒です；信仰を新たにした敬虔なキリスト教徒であり，世間の非難を浴びている男たち——は彼らに対して，喜んで「よくやった」と言わせてくれたのです）

(22) の let us say は「これだけは言わせてください」と許可を強く懇願している例である．(22) は，クリントン大統領（当時）の弾劾裁判が混迷している状況について話しているところ．

(22) KING: Congressman McCollum, there are those who are saying now that what the defense succeeded in doing was putting you on the defensive, that the managers are now defending instead of prosecuting; how do you respond to that?
MCCOLLUM: Well, we're not. We're prosecuting. But *let us say* this: we are not in a regular trial, and it really should be, and it's a shame, in a way, we're not. We put our case on last week .... (Jan., 1999)

（K: マッカラム下院議員，弁護人が成功したことはあなたに防御にまわらせ，司法委員会委員長は告発ではなく弁護をしているという人たちがいます．それに対してどのように対応しますか？
M: いや，私たちは弁護をしているのではなく告発しているのです．しか

しこれだけは言わせてください．私たちは通常の裁判を行っているのではありません．通常の裁判であるべきですが，残念なことに，ある意味でそうではありません．先週，事件を公判に付しました....)

5.2. let's see, let us see の機能

一般的に，let's see は動詞の項をとるパタンで観察され，その場合 let's see の構成要素の語彙的意味は失われていない．(23) を見てみよう．

(23) KING: *let's see* a scene from this historic church in New York on this memorable day. Watch. (May, 2002)
(K: この記念すべき日にニューヨークの歴史的な教会のからの一場面を見てみましょう．ご覧ください)

(24) の let's see は例をあげる，(25) の let's see は喩えを言う，(26) は間詰めとして機能している．それぞれ Table 1 で示した各機能の統語特徴をふまえている．

(24) KING: Are you interested in the personal lives of other people?
THE ARTIST: *Let's see*, Michael Jordan? *Let's see*, who ....
KING: Yes, are you interested in—Michael Jordan, you're a big fan of Michael Jordan. (Dec., 1999)
(K: 他人の個人生活に興味がありますか？
A: 例えば，マイケル・ジョーダン？ 例えば...
K: そうですね，マイケル・ジョーダンの生活に興味がありますか？ マイケル・ジョーダンの大ファンですよね)

(25) KING: How is your—someone who hadn't seen it—you might say, what, the Montel Williams show—*let's see* we've watched all of the daytime talk. You've come to England now, you're in England now. Let's say they've seen everything. Now you're coming. What makes you different? (Jul., 1997)
(K: モンテル・ウィリアムズ・ショーを見たことがない人にとって，モンテル・ウィリアムズ・ショーは，一体どういうものなんでしょう．例えば，日中のトーク・ショーをすべて見たとしましょう．あなたは今

イングランドに来ていて，イングランドにいるとしましょう．そしてイングランドの人たちがすべて見たとしましょう．そこにあなたが姿を現します．あなたのどこがそんなに特別なのでしょう）

(26) KING: Do you know all of the girls involved, Tommy?
　　　FLETCHER: No. I had Shelly in class, and I had—I had Jessica a couple years ago. And then—*let's see*—and I guess that's it, really, of the ones that—oh, I had Kayce in class also this year, yes. (Dec., 1997)
　　　（K: トミー，関与したすべての女の子を知っていますか？
　　　　F: いいえ，シェリーはクラスにいました．ジェシカは数年前にいて，そして，えーと，いたのはそれで全部かな，あ，同じ年にケイスがクラスにいました）

これまでの先行研究は，let's see が喩えを言う際に使用されるということは述べていなかった．また，let's see と let us see は同じ働きであると扱われてきた．しかし，let's see と let us see は異なる振る舞いをする．(27) に示しているとおり，let us see は喩えを言う際にのみ使用される．また，2つの定型表現の頻度の差にも差があり，let us see の頻度は4回，let's see は 264 回繰り返されている．

(27) KING: We're back with our terrific panel. *Let us see* if we can get a definition of this, and then how we can relate it to the everyday person. Can we—we'll start with Bob—define style? Can you give someone style? (Jul., 1999)
　　　（K: 素晴らしいパネリストとともに番組再開です．例えば，もし私たちがこの定義を知っていて，それをどのように平凡な人と結びつけることができますか？ボブから始めましょう，スタイルを定義できますか？このスタイルを誰かに与えることができますか？）

let's see と let us see は異なる振る舞いをする理由は，let us see の構成要素の各語の語彙的意味が失われていないことによる．しばしば，let us see は (28) の例のように項をとるパタンで使用される．この構成要素の語彙的意味が生きていることにより，多数使用されることもなく，多義・多機

能を発展するに至らないと考える．

(28) AZIZ: ... if the members of the council or the Americans, in particular, don't want to respect that resolution, then they will be blamed for that. And *let us see* what will happen then.

(Mar., 1998)

(A: もし議会のメンバー，もしくはアメリカ国民が，とりわけその決議を順守したくないのであれば，彼らは責められるでしょう．そうなったとき，成り行きがどうなるか見ましょう)

5.3. let's assume, let's suppose の機能

"LKL" Corpus で観察された let's assume, let's suppose は喩えをいうものとして機能する．その例を (29), (30) にあげる．

(29) DOBSON: Now, *let's assume* that he's guilty, all right. If he was predatory toward Kathleen Willey and Paula Jones and so on .... (May, 1998)

(D: さあ，おっしゃるように仮に彼が有罪だとしましょう．もし彼がキャサリーン・ウィレィとポーラ・ジョーンズなどを食い物にしていたなら....)

(30) BORK: Now, wait a minute. *Let's suppose* the Chief Justice of the United States—not this one, but the Chief Justice of the United States—is serviced in his chambers by a young lady exactly as the president was, and he doesn't lie about it. Do you think that's an impeachable offense? (Sep., 1998)

(B: ちょっと待ってください．大統領と同じように，例えば合衆国最高裁判所長官が，現職のこの人ではありませんよ，その長官が執務室で若い女性に性的サービスをしてもらったとしましょう．そして彼はそれについて嘘をつかないとしましょう．それは弾劾すべき犯罪だと思いますか？)

これまでの節で扱った let us say, let's see, let us see, see は，例をあげる，喩えをいう，という2つの機能を持っていた．しかし，let's assume は

喩えをいう機能しか持っていない．なぜ類似した統語パタンを持つのに，このような機能面での差が生じるのだろうか．

$LDCE^5$ は，assume を "to think that something is true, although you do not have definite proof"（証拠はないけれど，真実であると考える）と定義している．この記述のとおり，assume は definite proof（証拠）がない際に使用される単語なので，明らかな証拠を必要とする「例をあげる」機能と矛盾が生じる．このため，let's assume は「例をあげる」機能を持たないと考える．

興味深いことに，"LKL" Corpus では let us assume の定型表現は一例も観察されなかった．この理由は，assume に起因すると考える．assume は証拠はないけれど真実であると考えるという推測の機能である．一方 let は，許可を求める機能を持つ．推測をするという行為は自由な精神行動であり，誰も止めることができないし，let が持つ許可を必要とすることはない．このような let us assume の構成要素の機能的矛盾により，let us assume が一例も観察されなかったのだと考える．

(30) の例より，let's suppose は喩えをいう機能しか持たず，繰り返し使用される定型表現ではない．この理由は，suppose の意味による．$LDCE^5$ は，suppose を "to think that something is probably true, based on what you know"（既知のことに基づいて何かが真実であると思う，想定する）と定義している．suppose は，多義を持たず，想定をする際具体的な名詞句を従える必要がある．このことから，例をあげる，前言の訂正の機能を持たないと考える．

これまで (1) の let's say 以外の let's を伴った定型表現の機能を述べてきた．それぞれの定型表現の機能一覧をまとめたものが Table 2 である．let's say 以外の let's を伴った定型表現は，Table 1 で提示した let's say の各機能と同じ統語的特徴を持っていた．

Table 2　let's say に類似した定型表現の機能

類似定型表現＼let's say の機能	例をあげる	喩えを言う	間詰め
let us say	◯	◯	×
let's see	◯	◯	◯
let us see	×	◯	×
let's assume	×	◯	×
let's suppose	×	◯	×

6. let's say が持つ機能の派生

　本節は，Table 1 で提示した let's say の 4 つの機能（例をあげる，喩えを言う，前言の訂正，間詰め）がどのように派生したのか述べる．

　繰り返し述べているが，let's say の let は意味の漂白化によりその語彙的意味（許可）が薄れている．また Table 2 に示すように，let's say も含めて let's を伴う定型表現すべてが「喩えを言う」機能を持っていることより，let's say の核となる機能は「喩えを言う」であるといえる．喩えを言う let's say は，that 節を従え，that は省略されたりされなかったりと任意である．この省略されたり，そうでなかったりという状況より，節だけでなく名詞句も従えるようになったと考える．また，say の名詞句を従える「例えば」("used when suggesting or supposing that something might happen or be true")（何かが起こるかもしれない，もしくは真実かもしれないことを示唆，推測する際に使用される，例えば）の機能も関係して，let's say は名詞句を従えるようになり「例をあげる」機能が生まれたと考える．これは，let's say と say の異なる統語構造を持つ 2 つの項目が 1 つの統語構造に融合している．

　文の中頃にあらわれる「例をあげる」let's say は，let's say の後に具体的な名詞句を従えていた．しかし，何度も繰り返し使用されることにより，let's say の前にも具体的な名詞句が観察されるようになった．この名詞句は，let's say の後の名詞句と意味的に似通った名詞句を従えていることより，前言訂正の機能を発展させたと考える．

you know what と同様に，最後に口語英語の特徴の1つとして間詰めの機能を発展させたと考える．(31) は let's say の機能的派生を示している．

(31)　喩えを言う → 例をあげる → 前言の訂正 → 間詰め

7.　間詰めとして働く you know what, let's say の相違

第6章と前節で you know what, let's say は間詰めの機能を持つことをみた．本節は，you know what と let's say が間詰めとして機能する場合，同じように扱うことができるのかということを述べる．

第6章で述べた you know what が間詰めとして機能する際，you know what の近くには so, just, really などの強意語が観察される．このことから，you know what の核となる機能である「強調」の機能は失われているわけではないことがわかる．つまり，you know what の構成要素の語彙的意味は保持されている，ということである．

let's say が間詰めとして機能する場合，will, probably, if, hypothetical, hypothetically のような喩えを表す語が let's say の近くに観察される．これは you know what と同様に，let's say の核となる機能（「喩え」を言う）が保持されている．

以上のことから，you know what, let's say は間詰めという同じ機能を持っているが，同じ振る舞いをするわけではない．また，you know what, let's say の核となる機能は失われておらず，それぞれの構成要素の語彙的意味は薄れていない．

8.　インフォーマント調査

you know what と let's say が間詰めとして機能する場合，両者は同じ振る舞いをするわけではないことを統語的に明らかにした．この結果が支持されるかどうかをインフォーマント（カナダ人2人，アメリカ人4人，イギリス人1人）に (32) の質問をして調べた（訳は省略）．

(32)　Could you read the following contexts and fill either *you know what* or *let's say* in the following blanks?

a. A: You like working with her?
   B: She's delightful.
   A: She's a princess.
   B: She is so—(   ), she is so sweet and so nice, I think viewers just love Connie.
b. A: Have you ever been asked to do something that you had to say no because of your faith?
   B: Sure. I've been offered a lot of money to do things.
   A: Like what? (Tell us. I'd like to know that.)
   B: It's just—(   ), what's the point? You know, I think a little mystery is a beautiful thing.
c. A: And do you have any thoughts on the Democratic vice president?
   B: No.
   A: None at all. No person you're particularly worried about or ....
   B: No, sir.
   A: And the announcement will be made—probably, well, (   )—we can expect to get—what will be the setting of the vice presidential announcement? Will it be in his or her place?
d. A: And furthermore, as the debate continues, I think that more and more Americans are going to want to know who will deliver not-for-profit health care, who will deliver jobs for all because, let's face it — (   ), Larry—let's go right to the debates in 2004 ....
e. A: Are you saying you were not impressed?
   B: Well, I—(   ) I ...
   A: Was it a major apology to you?
   B: What it was was the most unusual and difficult speech any public figure has ever had to give, and I don't—and—by the way, I think to judge this on a scale of, you know,

rhetoric 8, cosmetology 6, ...
f. A: All right. Alan Dershowitz, what does his reputation mean to—(　　)—just you as a citizen?
B: Well, it's—I think it again raises some doubts, but probably it won't be admissible as evidence. Profiling is not science ....

Table 3 　(32) の結果

	you know what	*let's say*	*others*	*sum*
(32a)	3	4	you know (1)	7
(32b)	5	2	you know (1)	7
(32c)	2	5		7
(32d)	3	3	you know (1), 無回答 (1)	7
(32e)	3	4		7
(32f)	2	5	you know (1)	7

Table 3 の網かけしたコラムは "LKL" Corpus の答えを示している．上記の結果より，5つのことが言える．第一に，(32a) を除いて，本章で得られた結果は支持される．第二に，(32a) の場合，so などの強意語が観察されても let's say が好まれて使用されることがわかる．この理由は，インフォーマントは次に言うことを強調せずに単に間を詰めることだけを考えたため let's say を選んだと言える．第三に，(32d) のように，you know what, let's say が間詰めとして機能する際に現れる特徴的な共起語句が観察されない場合，インフォーマントの判断にはゆれが生じる．第四に，(32e) の答えが you know what の場合も，let's say と共起する well があることによりインフォーマントのうち4人は let's say を選択した．最後に，(32b) 以外の例において，let's say が好まれて選択されることがわかる．これは，let's say が間詰めとして機能しやすいということを示している．

9. 結語

　本章は，let's を伴った定型表現のうち let's say の多義・多機能を統語的・音調的特徴より明らかにした．また，let's を伴った let's see, let's assume, let's suppose と let's say との関連性も明らかにした．その他，you know what と let's say が間詰めとして機能する際の相違も明らかにした．本章で得られた結果は，これまでの先行研究では言われておらず，定型表現研究の実証的研究のあり方を提示しただけでなく，その研究の発展に貢献したつもりである．

第 9 章

and + 接続副詞，but + 接続副詞のパタンをとる定型表現の機能

1. はじめに

Quirk et al. (1985: 645) は，and, but に後続する接続副詞に (1) のように besides (リストの追加)，then (again) (要約)，still (譲歩的対照)，yet (still に同じ)，nevertheless (still に同じ) をあげている．

(1) $\left.\begin{array}{l}\text{and}\\\text{but}\end{array}\right\}\left\{\begin{array}{l}besides\\then\ (again)\\still\\yet\\nevertheless\end{array}\right.$

本章は，接続副詞が単独でなく，(1) の and + 接続副詞，but + 接続副詞のパタンをもつ定型表現の実態を明らかにする．

2.「接続副詞」，「and + 接続副詞」，「but + 接続副詞」の 3 者の機能

2.1. yet, and yet, but yet の場合
2.1.1. yet

これまでの先行研究によると，yet は逆接と順接・追加の機能を持つ．2 つの機能の場合とも，yet 以降の新情報部分は，命題内容と連続性・継続性

がある．(2), (3) は逆接として機能し，(4), (5) は順接・追加として機能する yet である（イタリック，下線部，太字部分筆者．以下同じ）．

(2) **Apart from three months as Nigeria's Foreign Minister, in 1983, Chief Anyaoku has worked at the Commonwealth Secretariat since it was set up in 1966**. *Yet* he wasn't everyone's first choice. There was an unprecedented contest for the new Secretary General at the Kuala Lumpur Summit last year, in which Chief Anyaoku beat the ebullient former Australian Prime Minister Malcolm Fraser. (WB)

(1983年にナイジェリアの外務大臣として3か月務めたことはさておき，アンヤオク局長は1966年に英連邦事務局ができて以来ずっとそこで働いてきた．だが，彼は局長として全員一致して選ぶような人ではなかった．昨年，クアラルンプール首脳会談で新しい事務局長選のかつてない争いがあった．そこでアンヤオク局長は，活気にあふれた前オーストラリア首相マルコルム・フレーザー氏を破った）

(3) In particular **the essay on Beerbohm is startlingly good: temperate, appreciative, sympathetic**, *yet* in the end unsparing. (BNC)

（とりわけ，ビアボームに関するエッセイは驚くほどすぐれている．節度があり，感謝の気持ちと同情を持っているが，最後は手厳しいものである）

(2) の場合，二重線部分は，yet の前のボールドの命題部分から想像が難しい逆接の事実を表している．(3) の yet も同様に，太字部分のビアボーム (Beerbohm) に関する論評は驚くほどよかったということからは，二重線部分は想像が難しい逆接の事実を述べている．

(4) The article was by Percy Hoskins, the greatest Commissioners of Police and thieves and villains, who drank champagne at the Caprice, had an apartment in park lane, was an **intimate** of Lord Beaverbrook, *yet* kept the common touch. (BNC)

（その記事はパーシー・ホスキンス（警察にも重要人物にも人脈があるジャーナリスト）のものである．彼は偉大なる警視総監であり，泥棒でも

あり，悪人でもあり，カプリスでシャンパンを飲み，パーク・レーンにアパートがあり，ビーバーブルック卿と親しいが，庶民的である）

(5) Surprise birthday parties come closest, but rarely do you have to stand in front of the party and smile gallantly while each guest tells a **warm** yet <u>funny</u> anecdote of which you are the subject.

(WB)

（サプライズの誕生日パーティーが近づいてきたけれど，各参加者があなたをテーマとした温かい，その上面白い逸話を話す間，集まった人たちの前に立ち優しく微笑む必要はほとんどない）

(4) と (5) の yet は，追加の機能を持ち，主に文中に観察される．追加の場合，yet 以降の部分の新情報は命題内容に関連したものである．

(4) では，パーシー・ホスキンス（Percy Hoskins）はビーバーブルック（Beaverbrook）卿と太字部分の個人的に親しくしている上に，yet 以降でさらに二重線で示した親しみやすい性格であることを追加している．(5) は，誕生日パーティーでゲストが 1 人ずつ温かい（太字部分）だけでなく，二重線の面白い逸話を話すということを yet を使用して追加している．

2.1.2. and yet

and yet は，yet と同じく逆接と追加の 2 つの機能を持つ．(6), (7) の and yet は逆接として機能しており，(8) は追加として機能している．

(6) This person claims to be a great detective *and yet* he has detected nothing, nothing at all. He has asked questions all over the village, but none of the answers have solved this dreadful crime.

(BNC)

（この人物は，偉大な探偵家と主張しているが，それにもかかわらず，何も，まったく何も見つけていない．彼は，その村についてのあらゆることを質問したけれど，どの答えもこの恐ろしい犯罪を解決していない）

(7) E. Neville Isdell: ... Um, and we've come through a number of very interesting and largely successful phases to be at a time of tremendous challenge *and yet* at a time when the global economy has actually never been healthier. （鶴田・柴田（2007: 82ff.））

(E: われわれはとても面白い,いろいろな段階をほぼうまく切り抜けてきて,大きな課題を抱えてはいるが実際には過去にないほどグローバル経済が健全な時代にいる)

(6) の場合,この人物 (this person) は,二重線箇所の偉大な探偵であるということを and で認めるが,yet 以降でその命題内容と逆の内容を述べている.

(7) の例は,ダボス会議での発言例である.コカ・コーラ社の CEO であるネビル・イスデル (E. Neville Isdell) は,とてつもない挑戦の時だけれど,これまで実際に経験したことがないほどの健全な状態であったとの対比である.

次に追加の機能をする and yet を見ていこう.

(8) I am thunderstruck by this verse on a number of counts: first, that I can read it and understand it at all; second, by the sheer lyric of it. The rhyme of 'know" and 'grow" is so obvious <u>and yet so surprising.</u> (WB)
(私は,この詩のいくつかの点で雷に打たれるような衝撃を受けた.第1に,ともかく読んで理解でき,第2に完全な叙情性に衝撃を受ける.know と grow が韻を踏んでいることは全く明白であるが,それでいてとても驚きである)

(8) の and yet 以降の新情報(点線部分)は,文・節・語句等の命題内容を受けて類似の情報を追加している.その新情報は,命題の連続性・継続性があり,文頭・文中に用いられる傾向にある.

(8) の and yet は,know, grow が韻を踏んで使用されていることは明らかにわかるということ(二重線部分)を and で受けて,yet 以降の点線部分でそれに対する驚きを表している.追加として機能する and yet の場合,yet 単独で用いられる場合と異なり,新情報部分に (8) のように,so などの強調する語が使用される傾向にある.and yet が追加として働く場合,yet と異なり,追加の強調として機能していることがわかる.

2.1.3. but yet

but yet は，逆接の強調として機能する．but yet 以降の新情報（点線部分）は，前文・前節・語句の命題内容（二重線部分）より予測が難しいほど思いがけない逆接の事実を提示している．

(9) .... True, I know the grammar and the words, *but yet* I know not how to speak them.　　　　　　　　　　　　(Sinclair (2008: XV))
（確かに，私は文法と単語を知っている．しかしそれにもかかわらず，私はどのように話すのかという方法を知らない）

(10) I mean I've been unemployed almost a year over a year now and I've been to so many job interviews and application sent off application forms *but yet* I'm still unemployed.　　　　　　(WB)
（つまり，私はほぼ 1 年，今はもう 1 年以上ですが，無職のままなんです．そして，たくさんの面接に行き，応募書類も送っています．ですがそれにもかかわらず，私は未だに無職のままなんです）

以上，yet, and yet, but yet の機能を帰納的な方法で明らかにしてきた．各々の機能を示したものが (11) である．yet, and yet, but yet とも，3 表現の前に位置する命題内容を受けて新しい情報を与えるという，情報付与の機能を持っている．その情報付与という大きな機能のもので，それぞれの定型表現が独自の機能を果たしている．

(11) 情報付与

and yet $\begin{cases} 追加の強調 \\ 逆接 \end{cases}$

yet $\begin{cases} 追加 \\ 逆接 \end{cases}$

but yet　逆接の強調

2.2. besides, and besides, but besides の場合

これまでの besides に関する先行研究によれば，besides は情報の追加機能を持つ．一般的に，besides は MED^2 にあるとおり，節を従える (e.g. *I don't want to go shopping. Besides, I haven't got any money.* 買い物に行きたくない

んだよ．その上にお金もないしね）．*LDCE*[5] は，besides と and besides を同じ
ものとして扱っている (e.g. *I need money. And besides, when I agree to do
something, I do it.* お金が必要なんだ．その上，何かすることに同意に達したとき，
それをします)．さらに besides は，in addition to, also とも同義的に用いら
れる．この場合の besides は前置詞としての働きを持つ．しかしながら，ど
の先行研究も and besides と but besides についての記述はない．

2.2.1. besides

(12) は，情報の追加として機能する besides である．(12) の場合，that
節の that が省略されている．

(12) "Of course you must come with us, Henry, dear. I insist. *Besides* Margot will be so pleased."
"I really don't see why any hostess should be pleased to see a total stranger arrive at her dinner party." (BNC)
(「もちろん，あなたは私たちと一緒に来るべきだよ，ヘンリー．お願いだから．その上マーゴットはとても喜ぶと思うよ」「なぜ，パーティーの主催者が，パーティーに全く見知らぬ人が来るのを見て喜ぶのかが全然わからないよ」)

2.2.2. and besides

and besides の例を (13), (14), (15) にあげる．

(13) MADONNA: Well, she sees my naked body almost every day. I don't think she's going to be freaked out about it. I ...
KING: You don't—you don't think it will bother her.
MADONNA: No, not at all. *And besides,* **if** you really read and you know me and you know my sense of humor, it's not meant to be—it was never meant to be this, like: "Oh, this is the hottest book of the most incredible sexual fantasies."
("LKL," Jan., 1999)
(M: えーと，彼女（＝娘）はほぼ毎日私の裸を見ていますよ．彼女は，私の裸を見てパニックになるとは思いませんよ．

K: そのことは彼女を困らすと思っていないんですね．
　　M: 全く思いませんよ．その上さらに，もし本当に私の本を読んで私を知っていて，私のユーモアをも知っていたなら，この本が決して「まあ，この本は信じられないほどの性的なファンタジーの一番ホットな本だ」なんて思わせるような意図など決してなかったのです）

(14) RON HOWARD, DIRECTOR: But I know a lot of you are thinking that I'm just following some liberal Hollywood trend. That's not me. *And besides*, **if** I was anything less than sincere, would I do this? ....　　　　　　　　("LKL," Oct., 2008)
（しかし，私が単にリベラルなハリウッドの伝統を後追いしているだけだとたくさんの人が思っていることがわかっています．私はそんなんじゃありませんよ．おまけに，もし私が誠実でないとしたら，こんなことをするでしょうか）

(15) .... Last year, I took some English. I couldn't teach it. I was nervous, *and besides* not being able to do it as well, you need a different approach to what you take in art.　　(BNC)
（[中等教育で芸術担当の教師が英語を教えた経験を述べている] 昨年英語をすこしやりました．教えることはできませんでした．心配で，上手にできないばかりでなくて，芸術の授業方法とは違った方法が必要でした）

(13)，(14) の例からわかるように，and besides は命題内容をふまえて追加する新しい情報を明確にするために情報を制限する if や only などの語を用いて強調している．

2.2.3. but besides

次に but besides の例を見てみよう．

(16) KING: Dr. Lee, do investigators like the fact that it remains high on the public profile?
　　LEE: Yes, definite that investigator will continue, *but besides* the investigator, police, family, have to add forensic scientists. We do continue working on, ...　　　　　　　　("LKL," Jul, 2002)
（K: リー博士，捜査官はそれが世間の高い関心事であるという事実が気に

入っていますか？

L: はい，間違いなく．捜査官の捜査は続くでしょう．ですが，捜査官，警察，家族のほかに法医学者たちを参加させる必要があります．私たちは調べ続けます）

(17) CALLER: I'm just curious what to do if it ever did.

KING: Good question.

EDEN: You walk away from it. If you're out and other people are using drugs and they're trying to make you use it you, of course, say no. *But besides that*, always have a little money in your pocket so you can call a cab and go home. Don't stay there. Don't stay around it.　　　　　　("LKL," July, 2002)

(C: もし私が誰かに薬物の使用を強制されたらどうしたらいいのかちょっと興味があります．

K: いい質問ですね．

E: そこから離れてください．もしあなたがそういう状況に出くわして，他の人が薬物を使用し，彼らがあなたに薬物を使用させようとしたら，もちろん断ってください．いいですか，さらにポケットにいつも少額のお金を入れておいてください．そうすれば，タクシーを呼んで家に帰ることができます．そこにいてはいけません．その付近にいてもいけません）

　(16)，(17) の例より，but besides は but besides that のパタンで多く観察されるが，but besides の後の新情報は命題部分を踏まえたものである．but besides の but は，逆接ではなく，注目を集めるために機能している．このことを裏付ける特徴として，(17) のように always などの注目を喚起させる語が観察される．したがって，but besides は注意喚起の追加として機能する．

　beside, and besides, but besides の上記の例より，3表現の機能をまとめたものが (18) である．前節の yet, and yet, but yet と同じく，besides, and besides, but besides とも，3表現の前に位置する命題内容を受けて新しい情報を与えるという点より情報付与の機能を持っている．その情報付与という大きな機能のもので，それぞれの表現が独自の機能を果たしている．

(18) 情報付与
and besides　追加の強調
besides　　　追加
but besides　注意喚起の追加

2.3. then, and then, but then の場合

英英辞典は，then は情報を追加する機能を持ち，and then と同義的に用いられる (e.g. *Byron travelled to Italy and then Greece. LDCE*[5] バイロンはイタリアに旅行し，それからギリシアに行った) と説明している．これは，then, and then とも命題部分に順接・追加として機能するということである．*LDCE*[5], *LAAD*[2] は，but then は but then again のパタンとしても現れ，両者とも "used to say that although something is true, something else is also true which makes the first thing seem less important." (最初の出来事は真実だけれど，その重要性を減じるような別の出来事も真実であることを言う際に使用される) であり，逆接の追加として機能するとしている．

2.3.1. then と and then

(19), (20) の then, and then は，英英辞典の記述のとおり，命題内容に新たな情報を追加する順接・追加として機能する．(20) の and then は少し事情が異なる．and then の例のうち，(21) のように and then の前後に注目を向けさせる you know が観察される場合がある．この場合の and then は，これから述べることに注意を向けさせる順接・追加として機能する．言い換えると，注意喚起の順接・追加と言える．

(19)　TRUMP:　.... When I was in department stores for appearances, they were coming to me, asking me the questions. So that gave me the idea for my book. *Then* the "Globe" magazine came to me and said, Ivana, would you do an advice column for us? And I am doing it now for five years, ...

("LKL," Dec., 1999)

(T: 出番のためにデパートにいた時，彼女らが私のところに来て，いろいろと質問をしたんです．いろいろな質問をされて本を書こうという気

になりました．それから雑誌 "Globe" が私のところに来て，こう言ったんです．イヴァナ，アドバイスコラムを担当してくれませんか？ それからその仕事を今も 5 年間しているんです）

(20) KING: We've got lot of things to talk about, so we'll spend this first portion on him *and then* many other things. Trust me, I mean, we're not going to dwell on him. ("LKL," Dec., 1999)

(K: たくさん話すことがありますので，最初の部分は彼について時間を使い，そしてそれから他のことについて時間を使いましょう．信じてください，つまり彼について長く時間を使うつもりはありません）

(21) KING: Does the director—do you know right away if you're looking at something—yes, I want to do this?

SPIELBERG: Yes, I do until the next morning, you know. Sometimes I'll read something and say, yes, that's great, I want to do this. *And then*, you know, you let the sobriety of a 24-hour cycle pass, and you read it again, you say, well, wait a second, there's some flaws here .... ("LKL," Jan., 2008)

(K: 監督は—もし何かを見ていたら，すぐにわかりますか？ そうだ，これがしたいと？

S: はい，わかります．次の朝までね．時には何かを読んでこう言うでしょう．そうだ，これはいい，これがしたい．そしてそれから，いいですか．24 時間サイクルのしらふの時間を過ごして，再びそれを読むとあなたはこう言うでしょう．えーと，少し待てよ．ここに少し穴があるな）

2.3.2. but then

but then の例を (22), (23) にあげる．

(22) VAN SUSTEREN: .... Do you think she enjoyed being, you know, Princess Diana?

BURRELL: .... I think she would be very happy being a mother and living in ordinary surroundings, *but then* she wasn't born into ordinary surroundings; she was born into a very aristocratic society. ("LKL," Nov., 1999)

(VS: 彼女は, 妃であることを楽しんでいたと思いますか？ ダイアナ妃は？

B: 彼女は母親であることと普通の環境で生活することにとても幸せだっただろうと思います，ところが同時に，彼女は普通の環境に生まれたのではないんです．彼女は，とても貴族的な社会に生まれたんです）

(23) IVANA: .... The second question was, did Kathy Lee—Kathy Lee is a friend of mine. And I really never thought of it when I went on the show. *But then* it just hit me. And she wrote me a wonderful letter. And she said: Ivana, you are my friend. I adore you .... ("LKL," Jan., 2008)

(I: 2つ目の質問，キャシー・リーは私の友達なのですが．その番組に出演したとき，そんなことは全く思っていませんでした．しかし，それにもかかわらず，突然わかったんです．そしては彼女は素晴らしい手紙を私に書いてくれました．内容はこうです：イヴァナ，あなたは私の友です．大好きなあなた…)

(22), (23) の例から，but then は命題部分の内容を逆接 (but) で受け, then で情報を追加するといった逆接追加として機能している.

(24) は, then, and then, but then の機能と日本語訳をまとめたものである. これまでの and/but＋接続副詞と同様に, then, and then, but then の後の新情報は, 命題内容を踏まえて新しい情報を与えるという点より情報付与の機能を持っている.

(24)
 and then ｛追加
　　　　　注意喚起の追加
 then　　追加
 but then　逆接の追加

2.4. still, and still, but still の場合

still には主に2つの用法がある. MED^2 によると (a) "used for saying that a situation continues to exist up to now when this seems surprising" （状況がいまだに続いていることに驚きをこめて）と (b) "used for saying that something remains true despite what you have just said or done"（話者が言ったり，行ったりしたことにかかわらず状況が変わらない）である．$LAAD^2$ は，still が (b) の意味で用いられる場合，nonetheless, nevertheless と代替可能であると記述している．and still と but still が定型表現として特別な意味を持つことについての先行研究は，筆者が調べた限りない．

2.4.1. still

(25) の still は「まだ」で，(26) は but と同義的に用いられる「それにもかかわらず」という意味である．

(25)　KING:　Do you get back to Czechoslovakia much?
　　　TRUMP:　I go back home.　You know, my mom, she *still* lives there.　I have some properties there.　　("LKL," Dec., 1999)
　　　(K: チェコスロバキアによく帰りますか？
　　　　T: 帰りますよ．あのですね，母が今でもまだそこに住んでいるんです．そこに私の財産が少しあるんですよ)

(26)　..., and she queried, "How did you know where I was staying?"
　　　"I beg your pardon?"
　　　"You didn't ask, and I didn't tell you, so how did you know which hotel to take me to?"
　　　Just for a moment Michele looked disconcerted, then said easily, "Signor Candiano must have mentioned it when I saw him this afternoon".　Had the agent known?　Luce couldn't recall referring to the Trevi by name ....　*Still*, she must have done ....
　　　　　　　　　　　　　　　　　　　　　　　　　　　　(BNC)
　　　(そこで彼女はたずねて．「私が泊まっていたところがどうしてわかったの？」「何ですって？」「あなたは私のホテルをたずねなかったし，私はあなたに言わなかった．それだのにどうして私がどのホテルに泊まっているかわかったの？」しばらくの間ミシェルは困惑したようだったが，しばらくして事もなげに「今日の午後カンディアノ氏に会った時に私に言ったはずよ」と言った．あの刑事が知っていたのだろうか．ルースはトレビスというホテルの名を口に出した覚えはなかった．でも，きっと言ったのね，

と彼女は考えた)

上記の例より，still は継続と逆接の機能を持つことがわかる．

2.4.2. and still

(27) の例からわかるように，and still は，and でこれまでの内容を受け，still でいまだに feel young であるという情報を提示している．また and still の場合，太字で示した really などの強意語を伴う．つまり and still は，継続の強調として機能する．(28) の場合，and still 以降の新情報（点線部分）は，命題内容より難しい逆接の事実を提示している．

(27) R. CARTER: .... We went to the U.S. tennis open—U.S. Open Tennis Tournament. We ran four miles in the morning in New York. We played tennis ourselves. We climb mountains. We go downhill skiing. So far, we've been **really** blessed with good health *and still* feel young. ("LKL," Sep., 1999)

(C: 全米テニスオープンに行きました．朝ニューヨークで4マイル走り，自分たちでもテニスを楽しみました．山にも登りますよ．スキーの山下りにも行きますよ．今のところ私たちは本当に健康に恵まれ，そしておまけになお若々しい気持ちです)

(28) KING: Are you angry at George?

BEGALA: No no, he's a good person. I mean, in a "to pick up on the priest" metaphor that Jack mentioned: in the Catholic tradition we love the sinner and hate the sin. I can I can love George, and I do, *and still* disagree with a principle decision that he made to tell his story .... ("LKL," Mar., 1999)

(K: ジョージに腹を立てていますか？

B: いえ，彼は良い人です．さっきジャックが話題にした「告白を聞く神父と同じ義務がある」という比喩の意味で，ですが．カトリックの伝統では罪人を愛し罪を憎みます．私はジョージを愛して，愛しています，間違いなく．そのうえでなお，彼が話すことに決めたその原則的決定には同意することはできません) [" " は筆者]

2.4.3. but still

(29) の but still は逆接の強調, (30) のそれは継続と逆接が合わさった機能を持つ.

(29) WOLFSON: .... And there's a lot of commuting between Washington and New York, and **I expect that she'll be spending the vast majority of her time in New York** *but still* returning to Washington from time to time. ("LKL," Nov., 1999)

(W: ワシントンとニューヨークをしょっちゅう行き来している人がたくさんいます. [上院議員になればヒラリー・クリントンも] ほとんどはニューヨークで過ごし, 時にはワシントンに帰ることになるでしょう)

(30) KING: Is the end result always pretty much suicide?
JAMISON: No, no. Often it is, but no.
KING: You mean **there are people who are depressed all of their lives, but never think of killing themselves**, *but still* have major periods of mental depressions?
JAMISON: Yes, very definitely. ("LKL," May, 1999)

(K: 最終結果は大体いつも自殺ですか?
J: いいえ. そういう場合が多いですが, いつもというわけではありません.
K: つまり一生の間中, うつに陥った人たちがいるんだけれど, 決して自殺は考えないんですね. それでもなお精神的に落ち込む期間があるということですか?
J: 全くそのとおりです)

(29) の場合, but still 以降の点線部分は, 太字の命題部分とは反対の事実を述べている. (30) の場合は, 太字の命題部分 (うつで悩んでいる人は自殺は考えない人が多い) とは異なる精神的に落ち込む期間が今だに継続するという (点線箇所) 逆接と継続が合わさった内容が導かれている.

上記の still, and still, but still の機能は (31) のようにまとめられる.

(31) still $\begin{cases} 継続 \\ 逆接 \end{cases}$

$$\text{and still} \begin{cases} 継続の強調 \\ 逆接 \end{cases}$$

$$\text{but still} \begin{cases} 逆接の強調 \\ 継続的逆接 \end{cases}$$

2.5. nevertheless, and nevertheless, but nevertheless の場合

ここでは nevertheless, and nevertheless, but nevertheless の機能を見ていく．辞書は nevertheless を "despite a fact or idea that you have just mentioned" (MED^2, 今言った真実，考えににもかかわらず) と定義し，nonetheless, but と同じように扱っている．ここでは，and nevertheless, but nevertheless の意味を考えてみよう．

2.5.1. nevertheless

(32) に nevertheless のわかりやすい例をあげる．

(32) KING: ... You had a fascinating relationship with Richard Nixon.
GRUNWALD: Yes, I did.
KING: How did that come about?
GRUNWALD: Well, it came about, first of all, because I was editor—managing editor of "Time" when he was elected president. We were—I mean **he was a controversial figure even then**. **We were somewhat suspicious of him**. *Nevertheless,* when he was elected. I remember, running a special act which was called "To Heal A Nation," because we were hopeful about his presidency.　　　　　　　　　　　　　　　　("LKL," June., 1997)

(K: あなたはリチャード・ニクソンと素晴らしい関係にあったのですよね．
G: はい，そうです．
K: どのようにしてその素晴らしい関係ができたのですか？
G: そうですね，こういうふうにできたんです．第一に，ニクソン氏が大統領に選出された時，私は『タイム』誌の編集者——編集長だったのです．私たちは——そう，彼は当時でもとかく問題のある人でした．私たちは彼にどこかうさんくささを感じていました．それでも，彼が選出

された時，私は覚えていますが，「国家を治癒するために」という特別企画をやっていたのです．なぜなら，私たちは彼の大統領としての仕事に期待をかけていましたから）

この nevertheless 以降の点線部分は，太字の「疑惑を持っていたが期待をかけていた」ことから想像が難しい逆接の事実である．

2.5.2. and nevertheless

and nevertheless は，順接的逆接として機能する．and nevertheless の後に続く新情報は，命題部分より想像することが難しいが，内容は and の働きにより順接的につながっている．下記にわかりやすい例をあげる．

(33) This masterpiece of Qutb Shahi architecture was built in 1591, two years after Mohammad Quli Qutb Shah founded the city and thirteen years after a still-surviving bridge, the Purana Pul, first spanned the Musi. "Nothing in this town seems so lovely as the outside of that building," wrote De Thevenot in 1656, "*and nevertheless* it is surrounded with ugly shops made of wood, and covered with straw, where they sell fruit". (WB)

（クトゥブ・シャヒー建築の代表作は，1591年に建築された．ムハンマド・クリ・クトゥブ・シャーが町を建設した2年後のことだった．また，初めてムシ川にかかった今でも残っているプラーナ・プル橋ができてから13年後だった．1656年にデ・テベノは，「この町でその建物の外観ほど美しいものはない．そうなんだけれども，それはフルーツを売っている，藁でおおわれ，木でできたひどい店に囲まれている」と書いた）

(33) の場合，and nevertheless が美しい概観と対照的にみすぼらしい点をみちびいている．and nevertheless は，前述したが and の順接・追加と nevertheless の逆接の機能がまざりあったもので，and nevertheless は順接的逆接として機能する．

2.5.3. but nevertheless

but nevertheless は，逆接の強調として機能する．(34) にその例をあげ

る.

(34) SHIKE: **Lifestyle has to do with diet, smoking, exercise. These are the main things.　It's mostly smoking.**
　　　　KING: **Well we already know smoking.　You have to be an idiot to smoke anything, right?**
　　　　SHIKE: **Right, *but nevertheless,* you know there is a rise in smoking amongst teenagers? ....**　　　("LKL," Sep., 1999)
　　　(S: 生活様式は, 食習慣, 喫煙, エクササイズと関係があるんです. それらは主要なことです. 喫煙が大きいですね.
　　　 K: すでに喫煙ということはわかっています. 何でも吸うのは間違いなくバカなんですよね？
　　　 S: そうです. いいですか, それにもかかわらず, ティーンエイジャーの間で喫煙が増えてきているのですよ)

　but nevertheless の場合, 点線部分の新情報は太字の命題部分をふまえて, そこから想像することが難しい逆接の事実である. (34) の例では観察されないが, 強意語 very との共起が観察されることがある. つまり but nevertheless は, but と nevertheless がもつ逆接の機能が二重に使用された定型表現で, その結果, 逆接の強調として機能する.

　上記で論じた nevertheless, and nevertheless, but nevertheless の機能をまとめると (35) のようになる.

(35)　nevertheless　　　　逆接
　　　and nevertheless　　順接的逆説
　　　but nevertheless　　逆接の強調

3.　「接続副詞」,「and＋接続副詞」,「but＋接続副詞」の 3 者の関係

　「接続副詞」,「and＋接続副詞」,「but＋接続副詞」の機能をまとめたものが Table 1 である.

Table 1 「接続副詞」,「and + 接続副詞」,「but + 接続副詞」の機能

接続副詞	機能	and + 接続副詞	but + 接続副詞
yet	順接・追加 逆接	順接・追加の強調 逆接	逆接の強調
besides	順接・追加	順接・追加の強調	注意喚起の順接・追加
then	順接・追加	順接・追加 注意喚起の順接・追加	逆接の追加
still	継続 逆接	継続の強調 逆接	逆接の強調 継続的逆接
nevertheless	逆接	順接的逆説	逆接の強調

上記の Table より,「接続副詞」は「and + 接続副詞」と「but + 接続副詞」の中間的なものであることがわかる.つまり,接続副詞を中心として,「and + 接続副詞」と「but + 接続副詞」が and, but と接続副詞の機能を合わせた機能を発展させている.この結果を図式化すると Figre 1 のようになる.

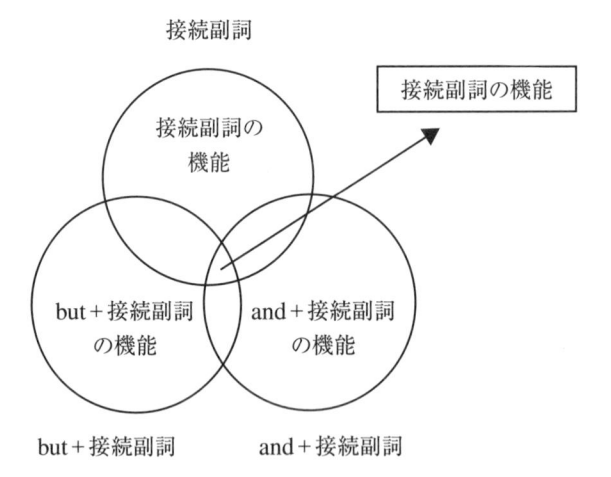

Figure 1 「接続副詞」,「and + 接続副詞」,「but + 接続副詞」の関係

4. 「and＋接続副詞」と「but＋接続副詞」の成り立ち

　本節は，「and＋接続副詞」と「but＋接続副詞」の成り立ちを考える．わかりやすい yet, and yet, but yet を例にとって述べる．

　前節の Table 1 より，and yet はその機能面において yet の影響を強く受けていることがわかる．それは，and yet の成り立ちも同じである．そうだからといって，and yet が yet と全く同じ振る舞いをするわけではないことを見た．

　yet 一語だけでは，追加の機能か逆接の機能かは不明で，and yet と区別がつきにくい．そこで，yet が持つ2つの機能の違いを明確にするために，追加の機能を明瞭に示すことのできる and と共起したと考える．このような成り立ちより，and yet は and が本来持っている追加の機能と yet の追加の機能を保ち，その結果，命題部分より想像が難しい更なる事実を提示し，順接・追加を強調するようになったと考える．

　and yet が逆接として機能する場合も，and の機能は保たれているが，yet を含む表現の核となる「逆接」の機能が主として働いた結果できたと考える．

　このような現象は，八木 (1999: 105) で言われている「概念の範疇化」で説明が可能である．本来は，and, yet とも独自の機能を持っていたが，概念としてのまとまり [and yet] と解釈され，それが1つのまとまった統語単位として解釈される「概念の範疇化」をおこしたと考える．概念の範疇化には定型表現化したものが多い．

　同様のことが，but yet にもいえる．前述したが，yet 一語だけでは yet が持つ2つの機能のどちらなのかは明確ではない．逆接の機能をより明示的にするために，簡潔にその機能を表す but と結びついた結果できた表現と考える．but yet も and yet と同じく，「概念の範疇化」をおこし，逆接の強調の機能を持つようになったといえる．

　上記のことは，その他の「and＋接続副詞」，「but＋接続副詞」のパタンをもつ and/but besides, and/but still, and/but then, and/but nevertheless の成り立ちにも適応できる．

5. 「and＋接続副詞」と「but＋接続副詞」の成り立ちに働く基本原理

　「and＋接続副詞」と「but＋接続副詞」の機能の成立に影響を与えた基本原理を考えてゆく．その基本原理は，「言語経済の原理」の法則の「労力節減」と「冗漫」の2つのうち，「冗漫」である．前節と同じように and yet, but yet を例にとって考えていこう．

　and yet の場合から考えていく．本来ならば，順接・追加を表すには yet だけで十分である．しかし，前述したように，yet が持つ逆接との機能の混乱を避け，さらに順接・追加の機能を明瞭にするために冗漫の原理が働き，yet と似た機能を持つ and を重ね合わせたと考える．but yet の場合も同じく，本来ならば，逆接を表すには yet だけで十分である．しかし，それでは yet が持つ順接・追加の機能と違いがわからない．そのような混乱を避けるために，冗漫の原理が働き，逆接の yet と似た機能を持つ but を重ね合わせたと考える．

　言語経済の大原則である効果的な意思伝達のためには，誤解を与えないという大原則がある．この原則に基づき，yet の持つ機能を明確化するために and, but の似た表現を重ねるという冗漫の原理により，and yet, but yet ができたといえる．その後，概念の範疇化により定型表現化し，本章で述べた機能を持つようになったと考える．

6. and, but が単独で用いられた場合と「and＋接続副詞」と「but＋接続副詞」の違い

　この節は，and, but が単独で用いられた場合に「and＋接続副詞」と「but＋接続副詞」と同じ振る舞いをするのかどうか例を参照しながら述べる．本節も，and yet, but yet を例にとって考える．

6.1. and と and yet の違い

　文法書，英英辞典などを参照すると，and は情報を追加するという大前提のもと，大きく① 並列，② 順接，③ 結果の機能を持つ．①, ②, ③ に対応する例を (36), (37), (38) にあげる（訳は省略）．

　(36)　He's gone to get some fish *and* chips.　　　　　　　　($LDCE^5$)

(37) She came in *and* took her coat off. (*OALD*[8])
(38) I missed dinner *and* now I'm starving. (*LAAD*[2])

上記の例より，and に後続する情報は，and yet のそれと異なり，思いがけない，想像することが難しい事実というわけではない．また，Quirk et al. (1985) が指摘しているとおり，事象 A + and + 事象 B は，事象 B + and + 事象 A との入れ替えが可能である．ただし，この入れ替えはすべてに適応できるわけではない．入れ替えのわかりやすい例を (39) にあげる（訳は省略）．

(39) Mary studies at a university and John works at a factory.
 = John works at a factory and Mary studies at a university.
(Quirk et al. (1985: 920))

一方，and yet の場合は，事象 A + and yet + 事象 B ≠ 事象 B + and yet + 事象 A である．なぜなら，何度も述べたが，新情報 B は命題部分 A をふまえた内容で，A と連続性があることより，A + and yet + B = B + and yet + A とならず，そのような文は意味をなさない．

6.2. but と but yet の違い

but の核となる機能は，(40) にあげるように，意味的に反対もしくは異なる A と B の語句を結び付ける（訳は省略）．

(40) It's an old car, *but* it's very reliable. (*LDCE*[5])

その他，(41)，(42) に示すように，命題部分が起こらなかった理由を but 以下で述べるときに使われる場合と but 以下のことを強調する場合がある（訳は省略）．

(41) I'd like to go, *but* I'm too busy. (ibid.)
(42) He lied to the court not just once, *but* on several occasions.
(ibid.)

but yet の機能は，(42) の but と類似している．しかし上記の例を観察すると，but yet とは異なり but は単に命題部分と反対の事柄を新情報部分で

加えているだけである．また，事象 A + but + 事象 B が事象 B + but + 事象 A となることが可能である．(40), (41), (42) の A, B を入れ替えたものを (43), (44), (45) に示す．

(43) *It's very reliable*, but it's an old car.
(44) *I'm too busy*, but I'd like to go.
(45) He lied to the court *on several occasions*, but not just once.

反対に，but yet は事象 A + but yet + 事象 B = 事象 B + but yet + 事象 A とならず，A, B の順序が入れ替わると意味をなさない．内容的には，A, B は対極のことではなく，B は A に関する想像を超えた逆接の事柄である．
(46), (47) の例は，それぞれ BNC, WB からの but の例である．

(46) I applied for the occasional post that I thought might be interesting, *but* never heard anything back.
（面白そうな臨時のポストに応募したが，何の音沙汰もなかった）
(47) The car is now being examined by forensic experts, *but* an initial search found no traces of explosives.
（法医学の専門家に車を現在調査してもらっているが，最初の調査では爆発物の痕跡は発見されなかった）

上記の例の but は，すべて逆接として機能しているが，(46) で観察される but と (47) の but は事情が異なる．(46) は，but yet と類似の逆接として機能している．そのような場合，事象 A + but + 事象 B = 事象 B + but + 事象 A とならず，but yet との違いを区別するのは難しい．つまり，but と but yet にはあまり大きな差はなく，but の逆接の機能をさらに強めるために but yet が使用されるということがわかる．このことから，but yet の場合，新情報部分に逆接の強調を表す語が観察されるという特徴がある．
一方，(47) の but で導かれる節は，(48) のように斜体部分で示した命題部分に来ることが可能である（訳は省略）．

(48) *An initial search found no traces of explosives*, but the car is now being examined by forensic experts.

このような場合の but は，単に事象 A に対する逆接の事実を事象 B で述

べているだけである．このことから，(48) のように事象 A＋but＋事象 B ＝事象 B＋but＋事象 A となっても意味が通る．

7. 結語

　本章は，「接続副詞」,「and＋接続副詞」,「but＋接続副詞」の機能と関係を帰納的な方法により明らかにした．その結果，3表現のうち「接続副詞」を中心に「and＋接続副詞」,「but＋接続副詞」が独自の機能を展開させていることがわかった．また,「and＋接続副詞」,「but＋接続副詞」の成立には，言語経済の原理の「冗漫」の原理が働いていることをも述べた．

第 10 章

why ...? と how come ...? の区別

1. はじめに

　本章は，how come ...? と why ...? の機能と両者の関係を実証的に論ずる．現在，日本も含めて英米で出版されている学習者向け辞典，定型表現辞典は，how come ...?, why ...? について下記の (1), (2) のように記述している．(2) からわかるように，why については，「理由・目的を問うために使用される」とどの辞書も似た記述をしている．一方 how come ...? の場合，why ...? と同じとみなしている辞書もあれば，(1) の MED^2, $LDCE^5$ のようにそうでないものもある．このような記述は，辞書における定型表現の充実と辞書使用者のために改善すべきことであると考える．

(1) how come ...?
　　a. (*spoken*) used when you want to know why something has happened or why a particular situation exists: *How come you're not at work today?* 　　　　　　　　　　(MED^2)
　　　((話し言葉) 何かが起こった理由，ある特異な状況が存在する理由を知るときに用いられる：どうして今日は働いていないの？)
　　b. (*informal*) used to ask why something has happened or why a particular situation exists, especially when you are surprised by it: *How come Dave's home?　Isn't he feeling well?*

221

($LDCE^5$)

((略式）驚きを表して何かが起こった理由，ある特異な状況が存在する理由を知るときに用いられる：どうしてデーブは家にいるの？ 気分が良くないの？）

(2) why ...?
   a. used for asking the reason for something: *Why are you so angry?*

   （何かの理由を問うために使用される：なぜそんなに怒っているの？）

   used at the beginning of a comment or reply for showing that your are surprised.   (MED^2)

   （驚きを表して返答の冒頭に用いられる）

   b. used to ask or talk about the reason for something: *Why are you crying?*   ($LDCE^5$)

   （何かの理由について尋ねる，話す場合に用いられる：なぜ泣いているの？）

次に，how come ...?, why ...? についての記述を見てみよう．八木 (2008b) は，(3) の例文を用いて，どのような時に how come ...? と why ...? の使用区分がなされているのか述べている．

(3) a. Why is grass green?
   b. *How come grass is green?   （八木 (2008b: 76)）

それによると，「.... How come? は意外な事実に驚きを表現する場合に使うのであって，Why? と常に入れ替えが可能ではない．.... how come は冷静に科学的な根拠を問う場合には使えない」（八木 (2008b: 76)）とある．

また，(4) の例を考えよう．

(4) a. Why did you go to Tokyo yesterday?
   b. How come you went to Tokyo yesterday?   (ibid.)

(4a) は，「昨日東京に行った理由や目的を聞く」とあり，(4b) は，「どうして昨日東京に行くような羽目になったのだ，そんなことは何も言ってなかったじゃないか，という意外な驚き」との記述がある．八木 (2008b) は，

(1),(2)の辞書の記述より充実した説明内容となっているが，まだまだ研究発展の余地はある．

前述したが，本章は上記の辞書や先行研究を踏まえて，how come ...?, why ...? の機能を明らかにするだけでなく，両者の関係性をも論じる．

2. why ...? に関するこれまでの記述

まず，why ...? の先行研究から見ていく．

2.1. 八木 (1999)

八木 (1999) によると，why の統語特徴として，次の4つの形がある．

(5) a. 原形不定詞を従える：Why invite him?
 b. 無動詞文が可能である：Why no children?
 c. 否定の節を代用する not をとる：Why not?
 d. 提案の形の Why don't you ...? がある   (八木 (1999: 234f.))

次に，why は (6) に示すように3つの用法がある．

(6) a. 「動機」の疑問副詞
 b. 「理由」の疑問副詞
 c. 「理由」の名詞

「動機」の疑問副詞の例が (7) で，「理由」の疑問副詞の例が (8) である．動機の疑問副詞の例から見ていこう．Why did you go to Tokyo yesterday? という問いに対し，(7a, b, c) のように目的の意味の to 不定詞や so that 節，because 節で答えることができる（訳は省略）．

(7) *Why* did you go to Tokyo yesterday?
  a. To attend the conference.
  b. So that I wouldn't miss the conference.
  c. Because I had to attend the conference.   (八木 (1999: 251))

理由の疑問副詞 Why is grass green? の場合，(8c) の because 節でのみ答えることができる（訳は省略）．

(8) *Why* is grass green?
   a. *To contain chlorophyll.
   b. *So that it contains chlorophyll.
   c. Because it contains chlorophyll.   (ibid.)

それでは，なぜ because 節だけが「動機」,「理由」に対しての答えとして容認可能なのだろうか．それは八木（1999）によると，because には「動機」,「理由」の意味があるからである．もっと詳しく述べると，「動機」の because は文副詞であり，Quirk et al. (1985) の分類では「離接詞」(disjunct) である．一方，「理由」の because は後続の命題の部分と同じ文内にある「付加詞」(adjunct) である（八木（1999: 252））．

本題に戻って，why ...? 疑問文は，「すでに行われた，あるいは起こった事実の動機を聞くことは当然として，ある行為を行う意思や予定・許可などが確定している場合もなぜそういう意思や予定をもつようになったのかを why で問うことができる．これに対して，ある行為を行う意志や予定・許可などが確定していない場合には，普通 why 疑問文は成り立たない」(八木 (1999: 260)) という．換言すると why 疑問文は了解済みの命題についての問いということができる．

2.2. Quirk et al. (1985)

Quirk et al. (1985) は，why 疑問文の特徴として，(a) 主語と助動詞のない形があること，(b) 無動詞文があり，その無動詞文は存在文に対応することを述べている．

2.3. 小西（編）(1989)

小西（編）(1989) は，why はおもに理由・目的などを問う疑問副詞として用いられるが，他の疑問詞とは異なり，ある行為が行われる［た］という前提を特に持たない，という説明をしている（小西（編）(1989: 2053)）．

3. how come ...? に関する先行研究

Bolinger (1977) は，how come ...? について (9) の説明をしている．

(9) Presumably *how come* is a reduction of *how comes it that*, which can still be used synonymously (*cf* the Merriam *Third* definition 'How does it happen that?' and Bartlett, 1848, 'How came it?'). The *it*, now lost, is nevertheless retained semantically in the contrast with *why*. *How come?* asks about something previously established, but *why?* is neutral in this respect (and also includes purpose). It is difficult to arrange a context that is queried about and at the same time is impossible to view as fact, so that most of the time the two are interchangeable: but responses to commands, which are not factual, demonstrate the difference:

 a. You should help me.—Why? (How come?)
 b. Help me!—Why? (*How come?) (Bolinger (1977: 71))

（おそらく how come は how comes it that が縮約したもので，これら2つは今でも同義的に使うことができる（ウェブスター辞典第3版[1]は how come を 'How does it happen と定義し，Bartlett (1848)[2] は 'How came it?' と定義していることを参照）．この it は今は失われたが意味的には保持しており，その点が why と対照的である．How come? はすでに確立した

---

[1] Web.³ の how come の定義は次のようになっている．
how, adv. (n.3)
Web.³ [HOW adverb. how come: how does it happen that: WHY ⟨*how come* you're here so early⟩

[2] Bartlett (1848) の出典は *OED* (HOW の項) の次の用例によるものと思われる．
1848 *Bartlett Dict. Amer.*, *How-come?* rapidly pronounced huc-cum, in Virginia. Doubtless an English phrase, brought over by the original settlers, and propagated even among the negro slaves. The meaning, is How did what you tell me happen? How came it?

Bartlett が編纂した辞書は *Dictionary of Americanisms: A Glossary of Words and Phrases usually regarded as peculiar to the United States* by John Russell Bartlett で，インターネットで *Bartlett Dictionary* を検索すると第3版を pdf ファイルで見ることができる．その辞書の How come? の定義は次のようになっており，*OED* の引用例と違って，簡単な記述になっている．

 How come? (Pron. huc-cum.) How came it? how did it happen? Southern. third edition. Boston: Little Brown and Company. 1860. [Bartlett Dictionary で検索可]

ことについてたずねるのに対して，why? はその点では中立である（そして目的の意味も含んでいる）．たずねているのに，そのたずねていることが事実ではないという状況は設定しにくいが，命令（命令はすでに起こったことを述べるのではない）に対する答えとしては，how come? と why? の違いが現れる）

小西（編）(1989) は，why, what ... for, how come について述べている．それをまとめたものが (10) である．

(10) a. why と what ... for: 理由（原因）や目的を問う場合にのみに用いられる．答え方は，to 不定詞，because 節，for 句が可能．
   b. how come: くだけた言い方，理由（原因）を問う場合のみに用いられる．提案の意味では使えない．
   c. why → what ... for → how come と進むにつれてくだけた言い方となる．　　　　　　　　　　　　　　　（小西（編）(1989)）

また，小西（編）(2006: 594) によると，「How come? は How does it come about that ...? という表現に由来し，驚きを示して Why? の意味でくだけた口語で用いられる．．．．インフォーマントによると，単独で用いられた場合，そっけないので目上の人には使わないほうがよい」とある．

次に，Quirk et al. (1985) の記述．(11) にあるとおり，how come? は理由を問い，米語，くだけた発話で使用される．

(11) *How come?* is used in informal speech (esp in *AmE*) to introduce reason questions:
How come you're so late? ['How does it come about (that) you're so late?]　　　　　　　　　(Quirk et al. (1985: 840))

(12) は Huddleston and Pullum (2002) の説明である

(12) The idiom *how come*, a common alternant to *why* in informal speech, derives from a construction where *come* is a verb taking a clausal subject (cf. *How does it come to be that the fridge is switched off*) ... *How come* is nevertheless very exceptional as an interrogative expression in that it doesn't trigger subject-auxil-

iary inversion.　It normally occurs in main clauses, but is not entirely excluded from subordinate interrogatives: *That's how come they stay No. 1'*.　　　　(Huddleston and Pullum (2002: 908-909))
(イディオム how come は，インフォーマルな発話では why と代替でき，come が節主語をとった動詞としての構文から派生したものである (how does it come to be that the fridge is switched off. どうして冷蔵庫の電源が切れたのか？) しかし，... how come は主語と助動詞転換を引き起こさないという点において，疑問表現としてかなり例外的である．how come は通常主節に現れるが，従属疑問文に現れることが完全に排除されたわけではない：それが彼らがナンバーワンのままでいる理由だ)

　Biber et al. (1999) は，how come ...? のレジスターを表記しており，how come ...? は，会話 (conversation) と小説 (fiction) の両レジスターで使用され，また主語＋動詞の語順が続き，why の代替形としてくだけた発話で使用される，と述べている．
　Carter and McCarthy (2006) は，how come?, so what?, what for?, like what? のような表現を follow-up questions (補足質問) として扱い，それは定形的で，談話を膨らませたり，さらなる説明を要求する方法の役割をする，また how come? は why? と同じとして (13) をあげている (訳は省略)．

(13)　A:　The shuttle would be out of the question, you see.
　　　B:　*How come?*
　　　A:　Well, the shuttle is where you take your car on.
　　　(How come = Why?)　　　　　(Carter and McCarthy (2006: 201))

　定型表現を数多く収録した *ODCIE*² は，(14) のように how come? は，どうしてそんなことが起こる［起こった］のか？, (出来事の) 説明は？, という記述をしている．

(14)　how come (that)? (informal) how does/did it happen (that)? what is the explanation (of sth)?　　　　　　　　(*ODCIE*²)

　最後に，『熟語本位英和中辞典』は「何うぃふ譯．How is it ― How

comes it — How happens it — that you are late? 何ういう譯で遅刻したのか?」と記述している.

4. how come ...? の構造

ここでは, how come ...? の成り立ちを述べる. OED^2 によると, how did (or does) it come about (that) ... よりできたとある.『ユースプログレッシブ英和辞典』は,「How did it come about (that) it happened? とすることもできる. 古くは How came it happened? や How comes (it) that it happened? の形も使われていたが今はこのような使い方はしない. これは主語と動詞を入れ替えて疑問文を作る用法の名残」とある.

5. 現代英語に観察される how come ...? の用法

ここからは, 現代英語で使用されている how come ...? の例を観察することにより, その実態を明らかにする.

5.1. パタン

既存のコーパス, 現代口語英語を集めたコーパスから how come ...? の例を抽出すると, 4つの統語形式 (1) how come S＋V?, (2) how come?, (3) that's how come, (4) how come not が認められた. それぞれの例を下記にあげる (イタリック筆者. 以下同じ).

5.1.1. how come S＋V?

まず, how come S＋V? の統語形式をとる例から見ていく.

(15) "When did you discover the money?"
    "Just after you left."
    "When I left to call the police, you mean?"
    "Yes, just after that."
    "*How come* you discovered the money at that particular moment?"

第 10 章　why ...? と how come ...? の区別　　　229

"I put my hand in my pocket to get my cigarettes."　　(BNC)
(「いつお金を見つけたの？」「君が出て行った直後だよ」「警察に連絡するために出て行った時ってこと？」「そうまさにその直後だよ」「一体どうしてよりによってそんな時にそのお金を見つけたの？」「たばこを取るためにポケットに手を入れたんだよ」)

(15) は，「お金を見つけた」ということについて，それがいつだったのか聞き，次にその理由を聞いている．

次は，命題部分と how come S＋V? に強意語を使用して理由を問うている例である．

(16) So if you hate the theory so much, *how come* you're so boned up on it?　　(BNC)
(「もし，その理論をそんなに嫌うなら，どうしてその理論を一生懸命勉強するの？」)

if 節の前提条件から how come S＋V? の内容は想像が難しく，強意語 so を用いて驚きを表している．

(17) の例も驚きを表す表現が観察された例である．

(17) "So I'm asking you, *how come* you didn't get spiked when you went down there after him?" "I learned how to jump into shallow water very young. So I didn't go down far ...."　　(BNC)
([海にハリエットが先に潜り，あなたが後で潜った．ハリエットは海底に投げ捨てられたがらくたに引っ掛かったが，あなたは引っ掛からなかった．ハリエットはあなたががらくたを海に投げ込んでハリエットが引っ掛かるようにしたと思っている]「だからたずねているんだ．君が彼の後について潜った時に，君はどうしてがらくたに引っ掛からなかったのかな」「僕は幼い頃から浅い海の潜り方を教わった．だから深くは潜らなかった」)

命題部分に驚きを表す表現 I'm asking you がある．このことから，how come S＋V? は，了解済みの内容を問うているわけでなく，どうしてそんなことになったのかという驚きとともに，その理由を問うている．

(18) は，CNN が米国上院に審議へ門戸を開いてもらおうと試み，そし

て実際に上院と一緒に嘆願書を提出した，という内容の一部分である．

(18) VAN SUSTEREN: .... And I have a statement from Tom Johnson, who's the CEO of the CNN News Group. And the statement reads as follows: "Except for a declaration of war, no debates by the United States Senate can be more important than one which could lead to the removal or censure of a president. I believe the vote by the Senate to close its doors has denied the American public, and people throughout the world, the opportunity to witness firsthand the fairness of this historic debate." Howard, where — *how come* "The Washington Post" and other media outlets haven't joined, and Tom Johnson seems to be leading the charge to open it on behalf of the media?
KURTZ: Because we can't televise it.　　　　("LKL," Feb., 1999)
(S: .... CNN ニューズ・グループのトム・ジョンソンの声明がここにあります．その声明は次のとおりです：宣戦布告を除いて，合衆国上院の議論で大統領の罷免や問責ほど重要な議論はありません．上院を非公開にするための投票はアメリカ国民と世界中の人々に対してこの歴史的議論の公平性をありのまま目撃する機会を否定することです．ハワードさん，ワシントンポスト紙やその他のメディア会社が加わらなかったのはなぜですか，そしてトム・ジョンソンがメディアを代表して公開を求めているように見えるのはなぜですか？
K: なぜならそれをテレビで放送することができないからなんですよ）

トム・ジョンソン（Tom Johnson）の発言から考えると，すべてのメディアが上院の議論を公開することを要求するのは当然と考えられる．しかし実際は，ワシントンポスト紙などが同調をせず，その理由を how come を用いて問うている．

5.1.2. how come?

この節は，how come? が単独で用いられた例を見る．結論から先に述べると，how come? で驚きをもった理由を問う例もあるが，why? と入れ替え可能な例もあった．これは, how come? の本来の機能である「驚きを持っ

第 10 章　why ...? と how come ...? の区別　　　　　　　　231

て理由を問う」が薄れており，why? と同じように単に理由を問う例が観察された．
　(19) の how come? は，驚きをもって理由を問うている．

(19)　BURRELL:　There was always a very good relationship, always.
　　　VAN SUSTEREN:　What do you mean by that?
　　　BURRELL:　It was always an open relationship and very good contact between the monarch and the princess, and she had great respect for her station and her position.
　　　VAN SUSTEREN:　Do you—do you have any contact now with Prince Charles?
　　　BURRELL:　No.
　　　VAN SUSTEREN:　*How come*?
　　　BURRELL:　Well, I—because I have no involvement with the royal family anymore.　　　　　　　　　("LKL," Nov., 1999)
　(B: 常にいつもいい関係でした，いつも．
　 S: それは具体的に言うとどういう意味ですか？
　 B: 王室と皇太子妃の間はいつもオープンな関係で，いい関係でした．そして，王妃は彼女の立場や地位に大いに敬意を払っていました．
　 S: 今もチャールズ皇子とはコンタクトがありますか？
　 B: いいえ．
　 S: どうしてですか？
　 B: つまり，私は王室とはもはや一切関係がないからなんです)

バン・サステレン（Van Susteren）は，バレル（Burrell）が今もチャールズ皇太子と関係があると思っていて質問するが，予想に反する答えが返ってきたので，驚きをもってその理由を問うている．
　(20) は，how come? が why? の繰返しを避けるために使用されたと考えられる．

(20)　KING:　That's funny stuff.
　　　SEINFELD:　Now you may notice my collar is different in this segment.

KING: Why? *How come,* Jer?
SEINFELD: My wife called and didn't like how it looked.

("LKL," Dec., 2005)

([ビデオを観たあとで] K: それは面白いね.
S: 気づいているかもしれないけれど，この場面では私のカラーが変わっているんだよ.
K: なぜ？ 一体どうしたんだ，ジャー？
S: 妻が電話をしてきて「かっこ悪い」と言ったんだ)

(21) も驚きを持って理由を問う例である．

(21) "Didn't you get my last letter?"
"I don't think so. They get lost sometimes."
"*How come?*"
"People fetch them from the office and mean to take them round, and then they get lost or dropped in the water."
"That's absolutely absurd, Nenna dear." (BNC)

(「私の最後の手紙が届かなかったの？」「届かなかったと思うよ．たまになくなるんだよね」「どうして？」「オフィスに行って手紙をとってきて，持って帰ろうとしたんだけど，なくなってしまったり，水の中に落としたりするの」「なんともばかばかしいな，ニーナ」)

届いた手紙がなくなるという普通の状況では想像できないことが起こったことに驚き，how come? でその理由を問うている．

5.1.3. that's how come

次に that's how come の例を見てみよう．

(22) ".... What's in this stuff?"
"Fruit juice, mostly." Wayne said airily.
"Maybe a bit of wine."
"How strong is it?"
"Not very. They water it down, *that's how come* there's so much of it knocking around." (BNC)

([パーティーの最中に，渡されたグラスをもってテラスに出る．そしてそれから彼女は自分のグラスを覗き込んだ．本当に暗くて何も見えなかったけれども]「… 私のグラスの中には何が入っているの？」「フルーツジュースだよ，大部分」ウェインは事もなげに言った．「多分ワインもね」「どれくらい強いの？」「たいしたことない．水で割るからね．だからそこらにたくさん置いてあるんだよ」)

that's how come の that は，They water it down を指している．how come 以下は，that により引き起こされることで，予想が難しく驚きを表す内容が来ている．このような例は，あまり観察されない．

5.1.4. how come not

ここでは 1 例だけ観察された how come not の例を扱う．表記は原文のまま．

(23) And How come this happened? And Why do you think Toronto? And Why John and Carol? And how come you and Really what they're asking is *How come not* me? And er all the time people ask this sort of question. (WB)
(「どうしてこれが起こったの？そしてなぜトロントと思うの？またなぜジョンとキャロルなの？またまたどうしてあなたなの，そして本当に彼らが尋ねていることは，なぜ私じゃないの？そして，どんなときでも人々はこの種の質問をするわ」)

この例は，how come を用いて驚きを伴った質問を繰り返している．その質問の 1 つとして，「なぜあなたであり，私じゃないのか？」という驚きを含んで Why not me? を強調していると考える．

6. how come ...? の機能とその成り立ち

上記の観察より，how come ...? の機能と成り立ちを述べる．

6.1. 機能

how come ...? の機能は，了解済みの命題についての問いではなく，何かのプロセス（前提条件）があって，それに対してどうなったんだ，また，想像が難しいことが起きた場合に驚きを含んだ理由を問う時に使用され，談話を発展させる機能がある．

6.2. how come ...? の現代までの派生

how come ...? がどのように派生してきたか明示したものが (24) である．

(24) a. how did (does) it come that (about) S + V?
　　← why is it that S + V? と類似の強調構文，it は that 以下を指す
　　did (does) it が省略される
　　b. how come (that) S + V?
　　← 複文のうちの従属節 [how [come S + V]]? が残る．[[how] [come]] が再分析の結果，[[how come] (that, about) S + V]? となる．
　　c. how come (S + V)?
　　← how come? が独立して使用される場合は談話辞 (discourse marker) 化している

6.3. how come ...? と why ...? の統語形式

ここでは，how come ...? と why ...? の統語形式をまとめ，それらの相違を述べる．Table 1 を参照されたい．

Table 1　how come ...? と why ...? の統語形式一覧

	+do/does/did+S+V	+S+V	+φ*	+not	that's ～
how come ...?	×	○	○	○ (まれ)	○ (まれ)
why ...?	○	×	○	○	○

* φ は how come ...?, why ...? の後続要素がなく how come?, why? 単独で使用されることを表す．

第 10 章 why ...? と how come ...? の区別　　235

　Table 1 は，how come ...? と why ...? の後続要素を「＋」で表示している．that's ～ の場合のみ，how come, why が that's の後続要素であることを示す．その後続要素を従える場合は「○」，そうでない場合は「×」と表記した．

　Table 1 から，how come ...? と why ...? は類似の統語形式を持つ．これは，(24) に示したように，how come ...? の基本形 (how come S + V?) が確立すると，why ...? の類推から，why ...? と同じような統語形式を発達させたと考える．しかし，how come ...? と why ...? は，how come not, that's how come がまれということから，両者は同じ振る舞いをするわけではない．how come ...? と why ...? が同じように振る舞うのは，それらが単独で用いられた場合である．これは「融合」という概念で説明可能である．融合には 3 つのタイプがあるが，how come ...? と why ...? の場合，本来は別々の統語機能を果たす類義語が，同じような意味を表すようになり，それぞれの区別がつきにくくなった統語機能の融合（八木 (1999: 108)）を起こしたと考える．

7. 結語

　本章は，これまで同じものとして扱われてきた how come ...? と why ...? の違いと関係性を実証的に論じてきた．その結果，両者とも理由を問う際に使用されるが，how come ...? は了解済みでない命題内容に対して驚きを伴った問い，why ...? は了解済みの命題について問うというように，根底にある理論が異なることがわかった．しかし，現代英語を観察すると，how come? 単独で用いられる場合は，why? と入れ替え可能であったり，why ...? と明確に区分ができないことを見た．これは，統語機能の融合を起こした結果であることも述べた．

第 11 章

同等比較表現の再検討
—as ... as any (...) / as ... as ever lived

1. はじめに

ほとんどの英和辞典，文法書，大学入試参考書も as ... as any (...) あるいは as ... as ever lived をとりあげ，とりわけ特殊な用法の最上級に等しい同等比較表現として解説している．そして，あげている用例はほとんど同じか酷似している．用例が同じか酷似している場合，おそらく出典が同じと考えてよい．あるいは出典を意識せず，知らず知らずに執筆者や編集者の頭の中にある検証されていない知識から出ている場合もあるだろう．as ... as any (...), as ... ever lived についても同じことが言える．

筆者自身つい最近までこれらの表現が最上級的な意味をもつと思っていた．ところがふとしたきっかけでインフォーマント調査をしたり，実例を調べたりすると，そうではないらしいということがわかってきた．過去の文献をみても詳しいデータに基づいた記述ではないように思える．そこで，改めてデータ調査に基づいて分析を試みた．以下に述べるのは，その検討結果である．

2. 問題の所在

まず (1) の例を見てみよう．すべて今市販されている英和辞典，あるいは英文法書からの引用である．

(1) a. She calculates *as* quickly *as any* other student.
    (彼女はどの生徒よりも計算が速い)
  b. He is *as* strong *as anybody*.
    (彼はだれにも引けをとらないほど強い)
  c. Helen is *as* beautiful *as any* of her friends.
    (ヘレンは美しさでは彼女の友人のだれにも負けない)
  d. He is *as* rich *as any* in our town.
    (彼は裕福さでは，この町の誰にも負けない)
  e. He is *as* clever *as anybody*.
    (彼は誰にも負けず利口だ)
  f. He is *as* wise *as any* (man).
    (彼はだれよりも賢い [とても賢明だ])
  g. It was *as* good a place *as any*.
    (そこはとてもよい所だった)

これらのうち (1g) は他と違って,「とても」という「強意」の意味に解釈している.(1f) は「強意」と「最上級」的な解釈の両方の訳をあげている.その他はほぼ「最上級」の意味に解釈している.結論的に言えば,(1g) の解釈が正しいのだが,その理由はこれから少しずつ明らかにしてゆく.「最上級の意味にはならない」という記述や (1g) の訳をみると,問題の表現を正しく理解しているものがあることがわかる.ただ,そのことが誰にでもわかる形で論証されたことがないために,なんとなく少数派になっているのが実情だろう.

筆者自身の記憶の中にも次のような説明がある: as ... as any (...) は「誰と比べても同じ程度」の意味であり,比べる対象には一番上位のものも含む.一番上位のものと比べても同じということは一番であるに等しい.そうすると,(1a) を使って例を示すと,最上級を使った She calculates most quickly of all the students. と同義の書き換えが可能になるというわけである.

(1) に類似の表現として as ... as ever lived がある.英和辞典などから例を引用しておく.

(2) a. 《文》[～ lived] He is as great a scholar as ever lived. 彼ほどの

第11章　同等比較表現の再検討——as ... as any (...) / as ... as ever lived　　239

学者はいない [= He is the greatest scholar that ever lived.]（「■最上級の意味はもっていない」の注がある）
- b. He is as great a guitarist as ever lived. 彼は非常に偉大なギタリストだ（■動詞の過去形とともに用いるのがふつう）
- c. （まれ）[[〜 lived]] He is as great a boxer as ever lived. 彼は並はずれた強さのボクサーだ
- d. [as ... as ever lived の見出しで] He is as great a man as ever lived [was]. 彼は非常に偉大な人だ
- e. He is as great a statesman as ever lived. 彼は史上もっとも偉大な政治家である（■ He is the greatest statesman that ever lived. のほうがふつう）

　この表現も英和辞典ではイディオムとして扱われることが多く，最上級のように「史上もっとも」のように訳すものから「最上級の意味はもっていない」と注記するものまで，解釈が異なる．以下の議論で「最上級の意味に解釈できない」ことを論証する．また，as ... as ever lived が本当に今でも使われる定型表現なのか，仮に定型表現であるとしても，今とりたてて辞書であげるほどのものか，受験対策に必要な事項なのか，あるいは as ... as の「最上級的な意味」の用法を教える用例として，He is as great a scholar as ever lived. のような例を使うことが妥当なのか，ということを検討する．

3. as ... as 構文の分析

　as ... as は同等比較を表現する構文である．比較する対象を X と Y で表し，... に来る形容詞，副詞あるいは形容詞を含んだ名詞句を A で表すことにする．X as A as Y は基本的には X と Y が同等であることを意味する．John is as tall as Mary. がその基本であり，ジョンとメアリーは背の高さが同じだという意味である．では (3) の諸例はどうだろうか（訳は省略）．

(3) a. He is as strong as anyone in his class.
　　b. He is as strong as ever.
　　c. He is as great a man as ever lived.

(3a) では X=he, Y=anyone であることは何の問題もない. では (3b) はどうだろうか. Y は明示されていないが he であろう. ただしこの he は同一人物ではあるが, 現在ではなく以前の he である. そのことは, (3b) を He is as strong as ever he was. のように省略部分を補うことで明らかになる. X と比較対象の Y が同じであるから Y+be 動詞を省略すると He is as strong as ever. となる.[1] この事実を検証するために BNC から as ... as ever の例をあげる. (4), (5) は Y+be 動詞が省略された例, (6) は明示された例である (イタリックは筆者. 以下同じ).

(4) The 1991 Fast Food Fair will take place in Brighton, East Sussex, from 11-14 November. This year it promises to be *as big as ever*, with 90% of stands space already booked.
(1991 ファーストフード展はイースト・サセックスのブライトンで 11 月 11 日から 14 日まで開かれます. 今年も今まで同様大きな規模になることは間違いありません. すでに露店スペースの 90% が予約済みです)

(5) He died *as active as ever* and, although only forty-five, had already crammed more into that space of time than most people manage in a far longer span.
(彼はそれまでと同じように活動的な死に方をしました. わずか 45 歳でしたが, それだけのわずかな時間の間に, ほとんどの人にとって, はるかにもっと時間がかかる以上のものを詰め込んでいました)

(6) In this, its 300th anniversary year, its role as human rights watchdog is *as vital now as ever it was.*
(この 300 年記念には人権監視団体としての役割が今までと同様重大です)

次に, 仮に (3c) の文が正しい英語として, この文中の Y は何だろうか. (3b) と同じように X と Y が同じだから Y が省略されたのだろうか. この文だけを考えていても答えは出てこないので, 類例をさがしてみよう. BNC には似た形のものが 2 つある.

---

[1] Y だけが省略された例が BNC, WB にはないので, ここでは理論的には可能なはずの He is as strong as ever was. が現代英語で可能かどうかは保留している.

第 11 章　同等比較表現の再検討——as ... as any (...) / as ... as ever lived　241

(7)　Jack's last game for the Palace first team was on Easter Saturday, 3 April 1926, when he helped Palace to a 1-1 draw at Gillingham, but 7,000 fans turned up for his Benefit match at Selhurst Park a little over a year later to show their appreciation of *as fine a player as ever wore the Palace colours*.

(8)　These were swiftly put down and the Glasgow Volunteers, *as fine a body of men as ever struggled* from one ditch to another, were always ready to spring into action at the drop of a rifle.

　(7) の概略の意味は以下のとおり．ジャックがパレスの一軍でプレーした最後のゲームは 1926 年 4 月 3 日のイースターの土曜日であった．その試合で，ジャックのおかげでギリンガムと対戦したパレスは 1-1 の引き分けになった．それから 1 年以上後に，セルハースト・パークで行われた慈善試合に 7000 人のファンが詰めかけ，ジャックにかつてパレスのユニホームを着た選手にふさわしい立派な選手としての感謝を示した．
　(8) の概略の意味は以下のとおり．こういう事件は敏速に鎮圧された．グラスゴー・ボランティアの男たちは壕から壕へと苦闘をしてきた集団で，ライフルが一発鳴ればすぐさま行動にうつる立派な男たちであった．
　このままでは構造がわかりにくいので，簡略化して以下に示す．

(7′)　Jack was as fine a player as ever wore the Palace colours.
(8′)　The Glasgow Volunteers were as fine a body of men as ever struggled from one ditch to another.

　(7′), (8′) いずれも，X の前の状態と後の状態の Y とを比較する X = Y として捉えることはできない．(7′) では選手としての X (= ジャック) と Y (= 他のパレスの選手) の A (= fine) の度合いを比較している．(8′) では X (= グラスゴー・ボランティア) と Y (= a body of men) の A (= fine) の度合いを比較している．いずれも 2 つめの as は関係詞であり，先行詞はそれぞれ a player と a body of men である．
　以上の考察から，Y が明示されていない場合は X = Y の場合と，A の中の名詞句の場合があることがわかった．(3b) は X = Y の場合であり，(3c) は Y が A の中の名詞句の場合である．そうすると，(2d) のように，lived

と was が入れ替え可能でないことは明らかであろう．He is as great a man as ever lived. の場合の lived の主語は a man であり，He is as great a man as ever was. の場合の was の主語は he であるから，構造的に異なる．与えられた「彼は非常に偉大な人だ」という訳は live の場合の訳であり，was の場合の訳は「彼は以前と変わらず偉大な人だ」の意味である．

さて，このような構造分析を前提に，以下の節で (1) と (2) について考えてみよう．

4. 代表的用例についてのインフォーマント調査

まず，日本の英文法書や英和辞典で使われている (1) の類例を英語のネイティブスピーカーはどのような意味に解釈するかを検証してみた．そもそもそのような表現はしないという反応もあり得ると予想しながら，次の6つの文について考えを聞いてみた．対象は，アメリカ人4名，カナダ人1名，イギリス人1名である．いずれも40歳以上で，専任職として日本の大学で英語を教えている．

調査方法は，それぞれの英文の意味に一番近いものを選択する方法で，(a) は最上級の意味，(b) は最上位に入るひとりの意味，(c) は人並み，世間並みの意味，(d) 英語として意味がない，こんな使い方はしない，という4つの選択肢から選ぶものである．

(9) He is as brave as any man alive.
　　a. He is the bravest man alive.
　　b. He is one of the bravest men alive.
　　c. He is brave just as other men alive are.
　　d. This doesn't mean anything.

(10) He works as hard as any.
　　a. He works hardest in the group of people.
　　b. He is one of the hardest workers in the group.
　　c. He works hard just as other people do.
　　d. This doesn't mean anything.

(11) He is as proud as anything.

第 11 章　同等比較表現の再検討—as ... as any (...) / as ... as ever lived　243

   a. He is the person who is the proudest of himself among the group of people.
   b. He is one of the people who are very proud of themselves.
   c. He is proud of himself as anybody else is.
   d. This doesn't mean anything.
(12) He is as rich as any in our town.
   a. He is the richest person in our town.
   b. He is one of the richest people in our town.
   c. He is rich just as other people are in our town.
   d. This doesn't mean anything.
(13) Helen is as beautiful as any of her friends.
   a. Helen is the most beautiful of all her friends.
   b. Helen is one of the most beautiful of her friends.
   c. Helen is beautiful just as her friends are.
   d. This doesn't mean anything.

Table 1　(9)-(13) の結果

	(9) brave	(10) hard	(11) proud	(12) rich	(13) beautiful
a	0	0	0	0	0
b	4	2	1	4	2
c	1	3	1	2	4
d	1	1	3	0	0
その他	0	0	1	0	0
計	6	6	6	6	6

　インフォーマントには極めて難しい選択であったようで，特にひとりのアメリカ人（40歳男性）は，このような as ... as のような表現は使わないと言っている．
　これらのうち，(11) は意味がよくわからないようで，調査対象にすべきではなかったと思う．ひとりのアメリカ人は as ... as anything だから，"extremely proud" の意味であり，選択肢には対応するものがないと言って

いる．イギリス人は（b）を選んだ．この選択肢は最上級を使わず very proud としているので，上のアメリカ人と同じように捉えているのであろう．英英辞典では，$CALD^3$ だけがイギリス英語としているが，他はそのラベルを与えているものはない．したがって，英米の差ということは考えずにおくことにする．

　この調査で，どの例も少なくとも最上級の意味にはならないことは明らかになった．この調査によって，as ... as any (...) はほぼ一致して（b）または（c）の意味にとっていることがわかる．また，He is as proud as anything. は英語として意味をなさないという反応が3人である．英英辞典では as ... as anything はイディオムとし記載されているが，実際にはそれほど使われる表現でないのであろう．

5．出典はどこにあるか

　さて，(1) に類する表現に対して上のようなインフォーマントの反応があるのだが，どうして今日まで疑問をさしはさまれることもなく辞書や文法書に書かれてきたのだろうか．

　筆者は今まで齋藤秀三郎の『熟語本位英和中辞典』(1915) を無批判に引き継いできた英語教育の，あるいは英文法書のおかしな記述を指摘してきた．もうかれこれ100年近く以前に出された辞書の内容がそのまま今使われている英和辞典などに受け継がれ，受験参考書や授業，はては英文法書にまで重要事項として記述されている事項がある．本章で考えている問題も実はそこに出発点がある．[2]

---

[2] ただし，これまでも述べてきたが，無批判に受け継いだことが問題であり，そもそもの発端である『熟語本位英和中辞典』に異議を唱えているわけではないことを改めて述べておく．齋藤秀三郎の *Practical English Grammar,* One-Volume Edition (1899), Vol. III, p. 310 に次のような用例がある：He is as kind as ever. / He is as busy as possible. / Come as soon as you can. / Eat as much as you like. / He is as honest a man as ever breathed. / She was as fine a ship as ever walked the waters. / He was as good an officer as ever trod the deck. / He was as brave a soldier as ever shouldered a rifle. 日本語訳がないので，どのような意味に解釈していたのかはわからない．100年以上前の用例であるから古さを感じるが，いずれも味のある用例であり，この中には，as ... as any (...) も as

『熟語本位英和中辞典』に次のような記述（asの項）がある．

as ... as any 負けず劣らず　He works as hard as any. 誰にも負けず劣らず勉強する．

as ... as ever 相變わらず，負けず劣らず　He works as hard as ever. 相變わらず勉強

He is as intelligent a man as ever lived. 古今の人に負けず劣らず

この記述は山崎貞『新々英文解釈研究』（復刻版．初版 1925）（p. 89）に次のような記述に引き継がれている．

(a)　He is as brave as any man alive. 彼は世にもまれな勇者である．
(b)　He is as brave a man as ever breathed. 古今無双の勇者だ．
(c)　He is the bravest man that ever lived. 古今未曾有の勇者だ．

as ～ as any ... は本来の意義からいえば，「いずれのとも同じくらい」であるが，一歩進んで「いずれにも劣らず～」の意味に用いられる．したがって上の例（a）は「彼はこの世に生きている何人にも劣らず勇敢＝世にもまれなる勇者」となるのである．

山崎貞が齋藤門下であり，齋藤の著作の影響を強く受けていた．[3] 齋藤の記述と山崎の記述ではいろいろと異なる点がある．齋藤の記述では「負けず劣らず」「相変わらず」であるのに対して，山崎では「いずれ劣らず」「世にもまれな」という最上級の解釈が与えられている．今の学習参考書や文法書，英和辞典の多くはこれらをミックスした形で引き継いでいるように思われる．そして，現在では，次の（14）の用例に代表される形になっている．

(14) a.　Helen is as beautiful as any of her friends.

... as ever lived もないことにも注意しておこう．やはりこの問題の用例と訳は，『熟語本位英和中辞典』から始まったと考えていいだろう．

[3] 山崎貞の受験参考書で有名になったいわゆる「鯨の法則」（i.e. A whale is no more a dish than a horse is.) なる文は，齋藤秀三郎の *Saito's Practical English Grammar* (1898) に由来する（1980年に名著普及会から一冊本の復刻版がでており，本章もそれによっている．その復刻版では p. 166 にある）．

(ヘレンは友達の誰よりも美しい)

    b. He is as great a scholar as ever lived.
      (彼は世にもまれな偉大な学者だ)

そして，これらの文が最上級的な意味になるという根拠が山崎の説明の「as 〜 as any ... は本来の意義からいえば，「いずれのとも同じくらい」であるが，一歩進んで「いずれにも劣らず〜」の意味に用いられる」という部分にある．

『熟語本位英和中辞典』は COD (1911) 初版に多くを依存していることはよく知られた事実であるが，COD 初版には上記の引用にあるような記述はない．OED 初版にも該当の記述はないので，『熟語本位英和中辞典』の記述はおそらく齋藤自身の研究成果であろう．

6. どのように引き継がれてきたか

本来は学習英和辞典に過ぎない『熟語本位英和中辞典』や学習参考書にしか過ぎない『新々英文解釈研究』の記述が，研究書や文法書に引き継がれてきた．その様子を筆者が手にした限りの文献を参照しながらつぶさに見てみよう．

6.1. 小川 (1954)

小川 (1954) は英文法シリーズの1巻で，戦後の英文法研究成果の集大成と言えるものである．この本に「原級の注意すべき用法」の1節があって (p. 127f.)，「同等比較の形をもって，比較級・最上級とほぼ同じ意味を表すことができる」として，次の例をあげている．

  (15) a. He is as great a man as ever lived.
      b. He is greater than any other man that has ever lived.
      c. He is the greatest man that has ever lived.

この例はまさしく (a) を最上級の意味にとり，それが比較級，最上級に書き換えることができるという考え方を明示している．この記述には特に出典はあげられていないので，この記述が最初かもしれない．

6.2. 『英語語法大事典』

『英語語法大事典』(1966: 361) は，as ... as anybody/anyone について「単に度合いの強いことを漠然と相対的に強調しようとする次のような表現」として，(16) の例をあげている．

(16) a. He works *as hard as anybody*.
（彼は誰にも負けず劣らずよく勉強する）
b. I know my job *as well as anyone*, so they needed me.
(Maugham, *Christmas Holiday*)
（私は誰にも引けを取らぬくらい仕事に通じています．ですから，彼は私を必要としたのです）

この記述は深い洞察に基づいているが，用例の訳は「単に度合いの強いこと…」の説明と整合しない．単に強意であるならば，「とてもよく働く」「とても仕事に精通している」のような訳になるべきところであろう．

6.3. 『続・英語語法大事典』

『続・英語語法大事典』(1976: 189-190) で，「参考書にある 2 つの文例のうち，any other student と any student ではどちらが正しいか」という問いに答えている．用例の番号は本章の順に変更している．

(17) a. He works *as hard as any other* student in the class.
b. He works *as hard as any* student in this class.

回答は，英語としてはどちらも正しいが，「he が同じグループの他のメンバーとの比較が行われているだけですから，any other と other を付けるのが正用法です」となっている．

回答者はナサニエル・ホーソン (N. Hawthorne) からの引用として，(18) の例をあげている．

(18) She could ride on horseback *as well as any* in her kingdom.

訳は「彼女は国中のどんな男にも負けない乗馬の達人である」とある．as ... as any ... と as ... as any other ... の意味・用法の違いについては第 7 節で論じる．

6.4. 大沼 (1968)

大沼（1968）には，「比較表現」の中の「最上級の形式によらない最上級に類する意味の表し方」の節で「as C as によるもの」の項がある (p. 147ff.)．その項の冒頭部分を引用する：

> 特に注意すべき点は，2番目の as 以下に，対比されるべき条件の可能性を限度ぎりぎりまで広くとるために can (*or* could), any などを用いること，純粋な比較を超えて，2番目の as 以下によって規定される基準・条件に対して比較するという感じが強くなるということ，意味する領域はかなり広く，高度に［すこぶる］～といった意味あいに近いものも含まれてくること，2番目の as 以下が固定化してしまっているものがあること，などである．(p. 147)

さらに，any について脚注で次のように述べている：

> この any には，単なる任意の何かではなく，比較の対象となっている事項 C の度合いを高度にもっているもの，それほど高度な度合いをもっているものは，ほかには見出せないような何か，といった含みが加わることが少なくない．

用例には出典がないが，as ... as any (...) / ever になっているものをあげておく．

(19) a. He was as honest and (as) kind-hearted a fellow as any, and a very modest one, too. ［形容詞がこのように名詞に前置される場合には最初の as を省略しない．He was a fellow (as) honest as any.］
（この上なく正直で親切な男だった．その上非常に謙虚でもあった）
  b. He's as great a conductor as ever lived. （古今第一の名指揮者）
  c. In my opinion this poem is as good as anything T. S. Eliot ever wrote.
（エリオットの詩に比べてもいささかも遜色もないものだ）

(19b) は小川 (1959) を受け継いだものであろう．

第 11 章　同等比較表現の再検討——as ... as any (...) / as ... as ever lived　249

6.5. 『英語語法大事典　第 3 集』

『英語語法大事典　第 3 集』(1981: 167-170) にも as ... as any (other) ... について記述がある.『英文法詳説』という参考書 (この本の詳細については触れられていないが, 書名からみて吉川美夫著 (初版 1949, 改訂増補 1955) だろうが, 1965 年版を見る限り以下に引用されている記述はない) の記述についての質問で, (20) としてあげた文はすべて同義であるとしているが, 米人のインフォーマントは, (20a) は同じ意味ではなく, He is one of the cleverest boys in his class. の意味に近いと言っているが, どうだろうか, というものである. この反応は, 第 4 節でみたインフォーマント調査と一致することがわかる.

(20) a.　He is as clever as any other boy in his class.
　　 b.　He is cleverer than any other boy in his class.
　　 c.　He is the cleverest boy in his class.

　回答者は, (20a) は「同等比較形式による最上の意味の表現」であり,「インフォーマントの答えは個人的な感じを」言ったのだろうという. まさに, (20a) は「クラスの誰と比べても同程度に賢い」の意味であり, それはすなわち「誰よりも賢い」の意味になるという考え方がここでも確認されている.
　この回答の中で回答者自身が文学作品などから集めた用例があるので, いくつか訳と共に引用しておく.

(21)　I left it (=the money) in the case. It's *as safe as anywhere.*
　　　　　　　　　　　　　　　　　(M. Dickens, *The Angel in the Corner*)
　　 (お金はそのケースに入れておきました. そこはしごく安全な場所なんです)

(22)　There's a man I know with a voice *as near to music as any voice* I've ever heard.　　　　　　　(G. Green, *The Man Within*)
　　 (私の知っている人で, 私が聞いたどの声にも負けないくらい音楽に近い声の持ち主があります)

(23)　I (=a fairy) shall be a good wife to you, *as good a wife as any* earthly maiden.　　(J. Kirkup, *Folktales and Legends of England*)
　　 (妖精でも私はあなたのよい奥さんになります. 人間の女の子のだれにも劣らぬよい奥さんに)

訳し方からみると，(21) は最上級の解釈はしていない．最上級と同じとは言いながら，実際の用例を見ると，必ずしもそういうわけにはいかないことが分かっているから「強意」の意味に訳したのであろう．

7. 実際の用例による検証

7.1. as good as any person と as good as any other person

上に，『続・英語語法大事典』の解説の中にある any person と any other person の違いについて述べた (20) の用例について見た．理論的には，as good as any person と as good as any other person とは意味的に違いがあるというわけである．例を見てみよう．

(24) a. American soldier John fought *as bravely as any Japanese soldier.*
   b. John fought *as bravely as any other soldier* in the regiment.

(24a) はアメリカ兵士のジョンを日本人兵士と比較しているのに対し，(24b) では「連隊の中のジョンを除いた他の兵士」と比較している．一般的にはジョン (比較主体) は日本兵 (比較対象) の中に含まれない場合は other を使わず，含まれる場合は other が必要であるとする考え方があるが，現実にはそのような区別をせず，同じように使われる．

英米の語法書には any と any other について述べているものはほとんどないが，Howard (1993: 26) は，「She is a better actress than any が正しいか，She is a better actress than any other が正しいかという議論があるが，other のない用法は確立しており，騒ぎ立てることではない」としている．*MWDEU* (p. 104) も同様の結論である．Howard (1993) と *MWDEU* のいずれも比較級，最上級の場合について述べているが，理屈としては変わりない．

以下で実例を見るが，any person と any other person とが使い分けられているという形跡はない．

7.1.1. as ... as any other (...)

まず，BNC から any other (...) の代表的な例を見てみよう．

(25) There are now two questions to be answered: Where does the monarchy go from here? And where do Charles and Diana go? Both are *as entitled as any other* separating couple to find happiness, though it is hard to see how they will find it with a new partner while remaining married to each other.

話は少し古いが，イギリスの王室と，チャールズ皇太子とダイアナ妃の将来はどうなるかということを述べている．イタリック部は，この2人は他の離別した夫婦と同じように幸せになる資格がある，と述べている．「他のどの夫婦よりも幸せになる」という意味ではない．

(26) ... it takes a full 3 lbs of that grain to produce just 1 lb of poultry. Or 10 lbs of grain to yield a mere 1 lb of intensively reared beef. It's a shameful waste of resources. One that you can help to correct by rejecting meat from your diet. Because the more people who go vegetarian, the more the agricultural industry—and it is an industry these days, *as mechanical as any other* —will be forced to re-assess its methods of operation and adjust its swollen meat production policy down as demand dwindles.

このパラグラフは菜食主義の勧めで，菜食になると産業としての農業が肉の生産を減らすことになる，今，農業は他の産業と変わらぬ位機械化していることを述べている．他の産業よりも劣っていると考えられがちだが，実はそうではない，ということで，農業のほうが他の産業より機械化が進んでいるという意味でないことは明らかであろう．

(27) Revolutionary new ... clubs, balls, gloves, and even tees; and all guaranteed to add twenty yards to your drive. If they all worked, every golfer would be driving the ball about a quarter of a mile. But I was *as susceptible as any other golfer* and loved to look at new equipment.

ゴルファー心理を述べている．道具の宣伝には人並みに乗せられやすく，新しい道具を見るのが大好きだった，の意味である．

(28) As a resident and on behalf of the residents of Prescott Street, Albert Hill, I am appalled that our bus service we fought so hard to get is going to be taken away from us. This service has been a boon to all who use it, pensioners, disabled and able-bodied residents. Maybe a bus every 20 minutes is not profitable, but every 30 or 45 minutes might pay. It would make a difference to bring the bus back up Albert Road. I hope Darlington Transport have second thoughts on the matter. The residents of Albert Hill need this service *as much as any other* area of the town. This is a plea from the heart.

バス路線が廃止されようとしている．しかし，この地域だって，他の地域と同じようにバスは必要なのだ，という．

以上，例外なく「同等比較」の意味であり，「他と同等に」の意味に使われている．

7.1.2. as good as any (...)

次に，BNC から other のない例を見る．用例の訳は関係部分のみを示し，簡潔に解説するにとどめる．まず，先に述べた，理屈の上では other があるはずの場合を見てみよう．

(29) "Do you really think they'll close down your old college?"
"Probably. They've got to shut something and it's *as good a candidate as any*. It's sad in some ways. Small teaching centres like that can be really effective sometimes."
（古い大学は，他の施設と同じように閉鎖の可能性がある）

(30) He was *as Romantic as any man* of his time, and more so than most; ....
（彼は同時代の男性と同程度に，しかもほとんどの男性よりロマンチックであった）

(30) では，more so than most という補足があることから見ても，as ... as any ... の同等性は明白であろう．以下の類例もその傾向を示している．

第 11 章　同等比較表現の再検討——as ... as any（...）/ as ... as ever lived

訳は全体がわかる必要のある場合は全体の訳を，部分訳でわかる場合は関係部分のみを示すことにする．

(31) Things didn't grow very well in it because it was in shadow and Patsy wasn't much of a gardener, but it was her own, and nobody ever touched it, any more than they ever went into her room. Patsy was *as excited as any of them* about Benny going to university.
（畑では余り作物は育たなかった．なぜなら日陰だったし，パッツィは余り庭仕事が上手でなかったから．それでもその畑は自分のものであり，誰も彼女の部屋に入って来なかったのと同様に，畑に触れたりすることはなかった．パッツィはベニーが大学に行くことに他の誰とも同じように興奮した）

パッツィは孤独で家族とは切り離された存在のようだが，それでもベニーの大学進学については，他の人と同じように嬉しかった，という同等性は明らかである．

次に，比較主体と比較対象が別のカテゴリのものとの比較であり，もともと other がない場合を見てみよう．

(32) Apart from some relentless over-amplification, the music, directed by Ashit Desai, emerges with enormous verve. As a whole, this grand spectacle was a rare hit with what seemed to be *as varied an audience as any* opera company is likely to find these days.

カナダ音楽祭についての論評であり，オペラの批評ではない．「オペラ並みの多様な聴衆」という意味である．

(33) Western governments are getting ready to evacuate the 500 foreigners, most of them Italian, who live in Somalia. Italian and French frigates have set sail for Mogadishu. The Italians have also announced that they want to send in transport aircraft. The Somalis object to interference. "Mogadishu is *as peaceful as any European capital*," the Somali embassy in Rome has ex-

plained.

(モガディシュは（ヨーロッパの首都ではないが）ヨーロッパの首都並に平穏である）

(31)-(33) の例では，any ... は使われた名詞の「どれをとっても」の意味の「総称」と解釈することができる．その意味では，不定冠詞をとった場合と同じだが，不定冠詞をとるのは，名詞が誰にでも理解できる特徴をもったものであるところが異なる．

7.2. 絶対比較から強意へ—as ... as anything

as ... as anything はすでに述べたように，定型表現化している．英英辞典から用例を引用する．

(34) a. I've been feeling miserable. I think it's the weather *as much as anything*. (MED[2])
（ずっと気分が滅入っている．ほかでもない，天候のせいだと思う）
b. He's *as fat as anything*. (CALD[3])
（彼はとても肥えている）
c. I felt *as pleased as anything*. (OALD[8])
（私はとてもうれしかった）

(34b) では "=very fat" という説明がある．もし as ... as any ... が日本で言われてきたように，「どれ（誰）と比較しても同じくらい」だから「一番...」という最上級に近い意味になるということが成り立つならば，これも「何と比べても同じくらい」のはずで，最上級的に「一番うれしい」などといった意味になるはずだが，実際にはそうはなっていない．あらゆるものとの比較において同等である，すなわち使用された形容詞や副詞の程度が高いレベルにあるという意味になっているのである．

先に用例 (11) についてみたインフォーマントの反応では，このような用法は使わないような印象だが，英英辞典にもあるし，実例もある．BNC から例をあげておく．

(35) And he said, Come here, the whole forest is on fire. ...
We were *as glad as anything* when we saw this rain coming

down. We were soaked to the skin, we didn't care.
(そして彼は言った，ここに来てごらん，森全体が火に包まれている．私たちは雨が降り始めたのを見たときとても嬉しかった．ずぶぬれになったが気にもとめなかった)

(36) は，先に見た as ... as they can be に類似して，定型表現からは逸脱した例である．

(36) It seems *as certain as anything can be* that the absolute numbers of the old, and for a long time also their number relative to the whole population, will be far higher in future.
(高齢者の絶対数と，長期にわたっての全人口に対する相対的割合は，将来，今よりはるかに高率になっていることは火を見るより明らかのように思える)

as ... as anything can be から can be が省略されて as ... as anything という定型表現になっていった可能性があることを示す例である．

8. as ... as any ... の本質

MED^2 は肯定文で使われる any を次のように定義している: used when it is not important to say which person or thing you are referring to, because what you are saying applies to everyone or everything（話題にしているすべての人・物に当てはまるので，どの人・物を指しているかが重要でない場合に使われる）．

要するに any は「漠然とした全体」を指しているのであり，「どれを取り出しても」ということではない．このことは今更改めて述べるほどのことではないが，as ... as any ... の解釈では，any について「どれを取り出しても」「どれ（誰）と比較しても」という意味のようにとられ，そこから「一番のものと比較しても同等」の解釈が生まれたのである．

実は，筆者もつい最近までそう考えて疑わなかった．しかし，any の比較対象は「みんな」という漠然と全体をさしていることが前提である．as ... as any ... を「みんなと同じように」という意味にとれば，解釈がおのずと

明確になってくる．

　any のこの意味は「総称」と同じものであって，A lion is a brave animal. の a lion が "any lion" と言い換えられるが，その言い換えとして使われる総称の any である．[4] ライオンといえども勇敢なものとそうでないものがあるだろうが，総体として，あるいはステレオタイプとして，「勇敢である」とする表現法である．any はライオン1頭1頭をとりあげてどれが勇敢で勇敢でないかを述べるものではない．

　細分すれば，any ... は基本的には Any lion is a brave animal. のような不定集合を言う文字通り「総称」の場合と，She is a better candidate than any of the members. のように定集合内の要素を言う場合がある．いずれの場合も集合内のすべての要素に共通する性質として「総称的」に述べていると考えると，as ... as any ... の本質もより明確になる．

　(29)，(30) の実例を使ってもう一度考えてみよう．わかりやすいように簡単に言い換えて (29′) と (30′) とする．

　(29′)　Your old college is as good a candidate to close down as any.

　(30′)　He was as Romantic as any man of his time.

　(29) では一定の範囲内のすべての施設はどれをとっても閉鎖する候補になっている．伝統ある大学もそれらの施設と同じく閉鎖の候補であるの意味である．(30) では彼の時代の男は皆ロマンチックであったが，彼も同じようにロマンチックであったの意味である．第3節で述べた記号で言うと，Y は高度に A の性質をもったグループであり，「X は Y のもつ性質 A を Y と同様に高度にもっている」の意味に他ならない．つまり，She is as tall as any in her class. のような表現は her class の構成員が全員背が高いという前提がなければ成り立たない．英和辞典があげる (1) の用例はすべて Y に当たる部分が A の性質を高度にもっているという前提があってこそ成り立

---

　[4]「総称」を表すには3つの文法形式があるとされる．複数 (例：lions)，the ～ (例：the lion)，a ～ (例：a lion) がそれである．総称といいながら，それぞれ使用には制約がある．すべての形式に共通して使えるのは，「種」に共通する性質を述べる場合である．ここで問題にしている「総称」は共通する性質を述べる場合である．

つ．脈略なしにこれらの例を提示されるとインフォーマントは戸惑う．それが第4節で示したインフォーマントの反応になって現れている．

9. as ... as ever lived

9.1. 扱い方の変化

齋藤秀三郎は as ... as ever は「変わらず」の定義をあげ，用例として (37) をあげていた．

(37) a. He works as hard as any.
 b. He works as hard as ever. 相變わらず勉強
 c. He is as intelligent a man as ever lived. 古今の人に負けず劣らず

実はこの例のあげ方は，第3節でみた X as A as Y の X と Y の3つの関係をすべて網羅している．おそらく意図的にそうしたのであろう．そして意味解釈もほぼ妥当なものであった．それが山崎では第3例のほうを「He is as brave as any man alive. 彼は世にもまれな勇者である」と言い換え可とし，どこがどうなったのかは不明だが，いつの間にか He is as brave a man as ever lived. があたかも定型表現のように誤解され，訳も「古今未曾有の勇者だ」という最上級の解釈を与えてしまった．それがそれ以後の日本の英文法書，学習参考書や英和辞典に引き継がれていると考えていいだろう．

9.2. as ... as ever lived と類似の用例

as ever lived という「イディオム」（仮にそれが存在するとして）は BNC, WB いずれにも用例はない．Google で as ever lived を検索するとかなりの数がヒットするが，日本のサイトではほとんどが「英文法」を名乗る記事で，この as ... as ever lived を解説しているものである．アメリカ合衆国，イギリスのサイトに限って検索するとこれもかなりの数がヒットするが，大半は 18, 9 世紀の古典文学作品で使われた例であることがわかる．その例を2つあげておく．いずれも長い引用なので全文訳はしないが，文脈の説明と関係部分の解釈を示すことにする．

(38) "Willoughby!" cried Sir John; "what, is HE in the country? That is good news however; I will ride over tomorrow, and ask him to dinner on Thursday."
"You know him then," said Mrs. Dashwood.
"Know him! to be sure I do. Why, he is down here every year."
"And what sort of a young man is he?"
"*As good a kind of fellow as ever lived*, I assure you. A very decent shot, and there is not a bolder rider in England."
"And is that all you can say for him?" cried Marianne, indignantly. "But what are his manners on more intimate acquaintance? What his pursuits, his talents, and genius?"
Sir John was rather puzzled.

(Jane Austen, *Sense and Sensbility* (1811) Ch. IX)

サー・ジョン (Sir John) とダーシュウッド夫人 (Mrs. Dashwood) がウィロビー (Willoughby) のことを話している．サー・ジョンはウィロビーが町に来ているならば食事に招待しようと言う．ダーシュウッド夫人はサー・ジョンがウィロビーを知っているとは思わなかったが，「彼はどんな人ですか」と問い，サー・ジョンはイタリック部分のように答える．ダーシュウッド夫人はさらに「あなたの知っているのはそれくらい？ 行儀作法とか仕事，才能，素質はどうなの」と問いつめる．サー・ジョンは「そこまで詳しいことは知らないが，明るく快活で，かわいい黒の雌犬を飼っている」と答える．この脈絡の中でイタリック部分を「史上まれに見る善良な男」と解釈することはできない．「なかなかいい奴だ」といった程度の意味であろう．

(39) When we had made three canoes of some size, we set out on *as odd a voyage as ever man went*. We were a little fleet of three ships, and an army of between twenty and thirty *as dangerous fellows as ever lived*. We were bound somewhere and nowhere, for though we knew what we intended to do, we really did not know what we were doing.
We cruised up and down the coast, but no ship came in sight, and at last, with more courage than discretion, more resolution

than judgment, we launched for the main coast of Africa.

(Daniel Defoe, *Captain Singleton*(1720))

マダガスカル島に漂着した男たちが島からの脱出のために，まずカヌー 3 艘を作って，大きな船をみつけたら乗っ取り，さらに大きな船をみつけたらまたそれを乗っ取るという計画を立てた．荒くれどもだが，島に孤立しているのに，「史上まれにみる危険人物」ということにはならないだろう．

OED^2 の全用例中，as ever lived は次の 1 例だけである

(40) There is enough to show the Dæmonic Dickens: *as pure an instance of Genius as ever lived*.

(SV. DEMONIC (1879 *Fitzgerald Lett.* (1889) I. 447))

as ever lived は 1 例しかないが，OED^2 を使って "as ever" を含む用例を検索すると lived 以外のいろいろな述語を伴って使われている例がある．

(41) Mr. Buckle's argument [is] *as absurd an argal as ever was invented* by philosopher or gravedigger.

(SV. ARGAL (1861 *Times* 23 Aug.))

(バックル氏の議論は哲学者か墓堀が発明したたわごとと同じ位に馬鹿げている)

(42) This I take to be *as bad a juncture as ever I observed*. The King and his new Queene minding their pleasures at Hampton Court. All people discontented.

(SV. JUNCTURE (1662 Pepys *Diary* 30 Jun))

(このことは私が今までに観察した緊急事態と同じような悪い事態だと考える．国王と新しい王女がハンプトン・コートでの快楽しか考えていない．臣民すべて不満だ)

(43) She was *as good-living a woman as ever stepped*; but lightsome like, as foreign folks are. The maid was a Lyonoise of twenty, and *as brisk and lively a French girl as ever moved*.

(SV. LYONNAIS (1768 Sterne *Sent. Journ.* II 201))

(彼女はかつてステップを踏んだ女性と同じように裕福だった．しかし動きは外国人のように優雅だった．そのメイドはリオン生まれの 20 歳で，動き

はフランス女性のように機敏で生き生きとしていた）

(44) However it's quite *As wild a night As ever was known* on that sinister height Since the Demon-Dance was morriced.

(SV. MORRICE (a 1845 Hood *Forge* i. 4))

（デモン・ダンスが踊られて以来，シニスター・ハイトでかつてあった夜に負けないワイルドな夜であった）

これらの例は何を物語るのだろうか．as ever lived もこれらと同じ as ... as ever ... の形をとる 1 つの表現法にしかすぎないように思える．

9.3. as ... as ever lived の本質

齋藤秀三郎はイギリスの文学作品を幅広く読書していたことが知られている．これは想像であるが，その読書の中で as ... as ever lived 表現を知っており，それを自分の辞書の中に用例として使ったのであろう．*COD*, *OED* を含めて他の辞書にはない記述であるところから，彼独自の用例であることが想像できる．そして，意味も「古今の人に負けず劣らず」という「同等の強意」の意味に正しく解釈していた．それが，段々と日本語からの想像によって最上級的な解釈になって，日本の英文法や英和辞典の中で定着していったのであろう．齋藤は，そもそも as ... as ever lived をイディオムとして扱ってはいなかったことも思い起こしておかねばならない．

He is as intelligent a man as ever lived. のような一見複雑な構造上の理由から解釈がしにくくなるが，これらは本章の第 7 節で検討した as ... as any の形式に置き換えると分かりやすくなる．(38) と (39) の問題部分も (46), (47) として同様に書き換えてみよう．

(45) He is as intelligent a man as ever lived.
→ He is a man as intelligent as any who ever lived.
(46) As good a kind of fellow as ever lived
→ (he is) a kind of fellow as good as any who ever lived
(47) as dangerous fellows as ever lived
→ (they were) fellows as dangerous as any who ever lived

これで意味が明らかになっても，「人が生きて活動する」意味の live は

「場所」「時」を明示せずに使うことがない[5]ので，今では as ever lived が使われることはない．

10. 結語

本章は，日本の英文法書や英和辞典での as ... as any (...) と as ... as ever lived の扱いについて，その歴史をたどり，過去 100 年にわたって受け継がれてきたそれらの意味解釈について疑問を提示した．特にこれらが最上級としての解釈を与えられ今日にいたっており，学習英文法で重要事項として扱われていることはもちろん，比較級や最上級との書き換え問題としても使われていることに反省をうながしたい．

筆者はこれまでにもいろいろな類似の事項を扱ってきた（八木 (1996, 1999, 2006b, 2007a, 2007c) など）．それに対して当然反論もあった．議論になったこともまれではない．本章で扱った問題は余りにも一般的な英文法の基礎知識になっているので，意外であり受け入れがたい向きもあるだろう．もしそうであるなら，別な観点からの研究に基づく反論を期待する．

今使われている英語を理解したり発信したりするのに必要な語彙・定型表現・イディオムや文法事項以外に，あたかも英語学習者が学ぶべき別な必須事項が存在するかのような受験参考書や文法書の内容がなくならない限り日本の英語教育は正常化しないであろう．私たちが文法教育の全面見直しを言う理由の 1 つがここにある．

言語は変化する．英語も当然変化する．英語学あるいは言語学という学問も進歩する．その観点に立てば本章でとりあげた問題にも耳を傾けやすいであろう．

---

[5] live には「生活する，生きて活動する」の動的意味と，「生存している」の状態の意味がある．状態の意味では場所や時を明示しなくても使用可能な場合がある（例えば as long as I live（生きている限り），eat to live（生きるために食べる））が，この as ever lived は動的な意味で，as ever lived on earth のように場所を明示すれば用法としてはあり得るだろう．

第 12 章

譲歩を表す定型表現に伴う省略現象と機能転換

1. はじめに

　本章では，譲歩の意味を表す定型表現の前置詞化あるいはそれに類した現象について論ずる．特に，regardless of が時に of を伴わず，regardless が前置詞的に使われることがある．既存の大規模コーパスや "LKL" Corpus を検索すると，(1), (2), (3) のような定型表現 regardless of, in spite of, irrespective of の of の省略と考えられる例がある（イタリックは筆者．以下同じ）．

(1) .... But I don't think *regardless whether* a person apologizes or not, that the commission still have to do their job.
("LKL" Jun., 1997)
（しかし，その人が謝罪したかどうかにかかわらず，委員会は自分たちの仕事をしなければいけないとは思いません）

(2) "..., mind I told you before that this brace was awfully sore and that painful. It's still the same. You know?" "*In spite* the tablets?" (BNC)
（「... 前にも言いましたよね，この矯正器具はひどく擦れて痛く，とても苦痛なんです．それは今も同じですよ」「鎮痛剤を飲んでもですか？」）

(3) The habit is to pursue the auditor for the totality, *irrespective* that

they only had a small part in what went wrong. (WB)
（うまくいかなかったことについての監査役の役割がほんの少しであっても，監査役を全体として追及するのが習わしなんです）

英米の学習者辞典，英和辞典や文法書でもこのような現象を記述したものはなさそうである．

一般に，of を伴う定型表現の in front of, a number of, in lack of などが of を省略した形式を発達させることはない．なぜ (1), (2), (3) のような「譲歩」の意味を表す定型表現に限って of の省略が生じるのかを考察してみよう．

すでに知られているように，no matter には前置詞用法がある (Jespersen (1927: 382); Culicover (1999: 105ff.); 深谷 (2001); 日比野 (2002); Huddleston and Pullum (2002: 764); 八木 (2004b))．また，whatever にも類似の用法がある (八木 (2004b))．in spite of, irrespective of, irregardless of, regardless of の of を省略した用法が生じたのは，no matter, whatever の前置詞用法の発達と無関係ではないであろう．そこで，まず，no matter, whatever の前置詞用法について再検討したうえで，その他の「譲歩」の定型表現について論じることにする．

2. no matter と whatever の前置詞的な機能

八木 (2004b) は，no matter と whatever が直接に名詞句を従える前置詞的な機能について述べている．それによると，whatever の前置詞的な用法は，比較的古い歴史があるが，no matter は，かなり新しい用法と考えてよい．そして，no matter の前置詞的な用法の実態を明らかにし，なぜそのような用法が起こるのかを論じた．以下でその議論を修正しながら見直すことにする．

2.1. whatever の前置詞的な機能

whatever が (4) のような形で生じることは古くから知られている．

(4) *Whatever their achievements in sign language*, the apes will never be able to talk — .... (D. Bolinger, *Language—The Loaded Weap-*

on: The Use and Abuse of Language Today, 1980, p. 16)
（手話がどれほど発達しても，猿は決して話せるようにはならないでしょう）

OED^2(S.V. WHATEVER, **3**) には，(5) としてあげた語義と，(6) としてあげた用例がある．

(5) .... Often with ellipsis (***whatever its merits*** = 'whatever its merits may be')
（しばしば省略形とともに (whatever its merits は whatever its merits may be と同じ)）

(6) Men of one idea and nothing more, *whatever their merit*, must be to a certain extent narrow-minded. (1856)
（どのような功績であれ，1つしか考えをもたない人はある程度世間に疎いはずである）

(6) の類例は現代英語でも頻繁に使われる．この現象を扱っている英和辞典は，OED^2 と同じく，省略と考えているようである．その点，英米の学習辞典は，それぞれ特色のある扱い方をしている．$LDCE^5$, $CALD^3$ は，(6) のような用法を pronoun/determiner（代名詞／限定詞）の見出しのもとで扱っている．

(7) *Whatever* I do, it's never good enough for him. ($LAAD^2$)
（私が何をやっても彼にとって決して十分ではない）

(7) のような場合の whatever を「代名詞」，(6) のように名詞句の前にきている場合の whatever を「限定詞」として，それぞれ別の機能を果たしているという考え方である．COB^7 は，(7) のような whatever を接続詞，(6) のような whatever を「限定詞」としている．

これに対して MED^2 は，多様な機能の whatever を一括して "function word"（機能語）とし，whatever I do と whatever the merit のいずれも「接続詞」の下位区分になっている．つまり，MED^2 は，(6) のような場合は，節の中の be 動詞の省略ととらえていると解釈してよいであろう．

省略の起こっていない場合は，whatever 節全体が動詞・前置詞の目的語

になったり，副詞句になったりするが，省略が起こっている場合は，副詞的機能をもっているのが普通である．

小学館コーパスネットワークによって BNC で whatever を検索し，最初の 50 例をみると，whatever が直接に名詞句を従えているのは 17 例ある．これらの名詞句を列挙する: their flowering season / the realities of Shirli-Ann's situation / their collective response to coming second / the evidence to the contrary / the state of the pound / the discussion's outcome / the transfer value / their own views / the style of the transition / his faults / one's account of political power / the logic of the situation / its size / the reason / the outcome / the outcome of the election / the settlement / the cause / the truth of it.

これら 17 の例はすべて副詞的機能をもっている．このような用法はかなり高頻度で現れると考えてよい．実際の例を (8) としてあげておく．

(8) Some ornamental crab apples flower for so long that they will pollinate your fruiting apples *whatever their flowering season.*
（観賞用の酸っぱいリンゴは長い間花を咲かすので，開花期がどうであろうと，それらは実をつけつつあるリンゴに受粉するだろう）

(6) のような場合の whatever を代名詞ととらえると，whatever their merit が全体として副詞的な機能を果たしていることの説明が難しくなる．また，限定詞とするにしても，なぜ whatever the merit が，文から独立して副詞的な機能を果たしているのかの説明は難しい．やはり，(7) の場合は接続詞，(6) の場合は接続詞あるいは前置詞ととらえねばならない．

それでは whatever に後続する名詞句にはどのような特徴があるのだろうか．結論的には，これらの名詞句は，What is ...? で問うことのできる名詞句でなければならない．*What is the book? / *What is the school? が普通の表現でないから *whatever the book / *whatever the school も不可である．

上にあげた 17 の名詞句の中の多くは，八木 (1999: 197ff.) で「トピック名詞」としたものである．上にあげた 17 の名詞句の中で，中心となる名詞がトピック名詞であるものを列挙する（重複したものは省く）: reality / response / evidence / state / outcome / view / fault / account / logic / reason

/ outcome / settlement / cause / truth.

トピック名詞とは，主語になって，これから何について語るかをまず示して，be 動詞の補語として that 節あるいは to be / to do をとり，その内容を説明する構文をとる一群の名詞のことである．いくつかの下位区分があるが，例をあげておく（訳は省略）．

(9) a. The *reason* is that she lost interest in him.
   b. My *understanding* was that we would meet there.

これらトピック名詞は，be 動詞の後に補足部をとる．その補足部で詳しい内容を説明するのであるが，what によってその補足部を問う疑問文を作ることが可能である．また，この what を whatever で置き換えて疑問を強調することもできるし，それを間接疑問にすることもできる（訳は省略）．

(10) a. What is the reason?
   b. Whatever is the reason?
   c. whatever the reason is（間接疑問文）

(10c) から is を省略すると，ここで問題にしている (10d) ができる（訳は省略）．

(10) d. whatever the reason（主に副詞的機能）

このように，whatever が前置詞の機能を果たす場合，その目的語となる名詞は，このように，「トピック名詞」がもっとも多い．しかし，先にあげた 17 の名詞句の中で，their flowering season / the transfer value / the style of the transition / its size の 4 つは「トピック名詞」ではない．これらはいずれも what で問うことのできる名詞句である．[1]

---

[1] 本章の議論とは直接関係ないが，whatever は，さらに形容詞としての展開も示している．辞典の中では，*LAAD*[2] がこの用法を adj. として別項目を立てて，次の例をあげている．(ia) が形容詞用法である．
  (i) a. I'll take *whatever help* I can get.
    b. Ellen's refusing to come, for *whatever the reason*.
(ib) は形容詞ではなく，ここでいう前置詞用法であるが，(ia) は whatever help が 1 つの

whatever が名詞句を従える用法は，古くは省略から発生したのであろうが，今では確立した独立の用法と考えてよいであろう．機能的には，前置詞と考えてよいと思う．そして，多くの前置詞句と同じように副詞的な機能をもち，「譲歩」の意味を表している．

3. no matter の前置詞的な用法

no matter の例を見てみよう．

(11) *No matter what your age*, you can lose weight by following this program. (*COB*[5])
（年齢にかかわらず，このプログラムに従えば痩せることができます）

(12) *No matter how democratic the society*, they will always exist in some form. (D. Bolinger, 上掲書 p. 55)
（社会がどれほど民主的であっても，それら（相手に対する思いやりを表す表現法）は何らかの形で存在する）

(13) Nothing that they sought eluded them, *no matter the price*. (BNC)
（価格がいくらであろうとも，彼らが追い求めていたもので手に入らないものはなかった）

(11) は，本来は no matter what your age is の is（あるいは may be）の省略から生じた形と考えられる．BNC でも，be 動詞（あるいは may be）の省略と考えることのできる例は多い．no matter how の場合も，(12) のような be 動詞（あるいは may be）の省略が稀に見られる．no matter how の場合には，(12) の例のように，主語＋be 動詞の省略が多い．Culicover (1999: 105) は，no matter が直接に名詞句をとる用法は容認されないとしている．しかし，BNC でみる限り，この種の例は珍しくはない．意味的に混乱を生じたり，あいまい性を生じない範囲で省略が起こり得る．

それでは (13) も同じように省略と考えるだけで構造上の説明ができるだろうか．ここで，no matter という定型表現はどのような歴史を持っている

名詞句であり，take の目的語になっている．

第 12 章　譲歩を表す定型表現に伴う省略現象と機能転換　　　　269

のかを OED^2 を参考に述べておく．OED^2 (S.V. MATTER) **18a** には次の記述がある．

(14) *it makes no matter*, later *it is* (occas. †*skills*) *no matter* = it is of no consequence or importance; now often with ellipsis of the vb., *no matter*, also *what matter* ...? Often with dependent clause or an interrogative pronoun or adv. used ellipt. †(*it is*) *no matter for*: there is no importance attaching to, (the thing in question) does not matter. Also with mixed constr. †*it is not a (one) farthing matter*.

　この記述を要約すると次のようになる．「もとは it makes no matter があり，後に it is no matter の形ができ，それが省略によって no matter という定型表現が形成された．no matter は，従属節・疑問代名詞・疑問副詞を伴うことが多い．」要するに，本来は節を伴うものであることを述べており，名詞句を伴うことについての記述はない．
　それでは，(13) のように，no matter が直接名詞句を従えている場合はどうであろうか．BNC から，さらに類例を追加しておく．

(15) a. It had been a gigantic TEAM EFFORT, *no matter* the size of each individual gift, ...
　　　　（個々の才能の大きさがどれほどであれ，それは巨大なチームの努力であった）
　　b. "Body Exit Mind" is the sound of a band sticking to their guns, *no matter* the tidal wave of opposition.
　　　　（"Body Exit Mind" の曲は，反対の波がどれほどであれ，一歩も譲らないバンドの音色である）

　(13), (15) も，no matter what ... から what と is が省かれたという解釈も可能であろう．だが，この解釈は，統語的にもあるいは歴史的な変化の中でも，be 動詞の省略という一般性の高い現象に加えて，極めて異例な「疑問詞の省略」という現象と考えねばならない．省略という説明を避けるならば，この no matter の前置詞的機能の由来についてどのような説明が可能なのだろうか．

八木 (2004b) では, 「この機能は, no matter の類義語である whatever に古くからある類似の用法の類推から生じたのではないかと思う」とした. ここでは, さらに一歩進めて, whatever をモデルに no matter に再分析 (reanalysis)[2] が生じたと考えることを提案したい. 本来は, no matter how/what ... という定型表現として成り立っていた表現法が, no matter の部分と how/what 以下とに分割され, no matter が独自の機能を生じたととらえる.

no matter の前置詞化と whatever の前置詞化のプロセスの違いは, それぞれの前置詞機能の場合に後続する名詞の違いにも現れる. すでに見たように, whatever に後続する名詞は「トピック名詞」を中心として, what で問うことのできる名詞に限られる. だが, no matter にはそのような制限はない. BNC で見られる名詞句を列挙する: the vainglorious subtitle given to this / the existence of political hostility and religious division / the type of farmers or enterprises / the species involved / the size of each individual gift / the weather / the tidal wave of opposition / the style in which it is written / the price / the circumstances / the host / the amount of money / the size of the place / the uncertain footing / the circumstances of their claim.

これらの名詞に共通した特徴は, 定冠詞を伴った定名詞句であることである. Culicover (1999: 112) は, no matter + wh 節の後の動詞省略のための条件を「wh 節の主語は定総称名詞 (definite generic) でなければならない」としている. その条件は, この名詞句を従える no matter の場合には当てはまらない. その点も, no matter wh 節からの wh 語と動詞の省略では説明がつかないことの証拠になる.

4. regardless of の of の省略

4.1. of を伴わない regardless の実態

ここで regardless について考えてみよう. コーパスには (16), (17), (18)

---

[2] 再分析については, Kajita (1977), 八木 (1999: 105), 秋元 (2002: 13ff.) 参照.

のような用例が見られる．

(16) Today US military officials are saying the guard will remain a target *regardless of* whether other Iraqi forces pull out of Kuwait.
(WB)
(本日，アメリカ軍当局者は，イラク軍がクウェートから撤退するしないにかかわらず，共和国防衛軍が標的であると言っている)

(17) JAMES: .... We know that no matter what, we can rely on each other, *regardless what* the situation is.　　("LKL" Dec., 2001)
(J: .... どんなことがあろうともお互いに信頼できることがわかっている．状況がどうなっても)

(18) The audience is thus given a cue as to what is likely to happen and dramatic tension is created by the characters' knowing as much as they do, but carrying on *regardless*.　　(BNC)
(このようにして観客は次に何が起こるか手がかりを与えられており，登場人物が観客と同じようにそのことが分かっていながら事を進めることから，劇的緊張が作り出される)

(16) は，定型表現 regardless of の例である．(17) は，(1) と同じく，定型表現 regardless of の of の省略と考えられる例である．(18) は，節末副詞の regardless である．節末副詞の regardless は，$LDCE^5$ にあるように，行為の継続を表す副詞 on を伴い "carry on regardless," "go on regardless"[3] などの定型表現として使用され，「かまわず継続する」の意味で使われる．節末副詞の regardless は，さらに (19), (20) のような使われ方も見られる．

(19) And I don't mind saying, yes, because at the time I thought it was really an awful thing to do, *regardless* —...
("LKL" Oct., 1998)
(それで，別に言ってもかまわないのです．なぜなら，その時，私はそんなことをするのはとても恐ろしいことだと思っていたので)

---

[3] $LDCE^5$ によると，これはイギリス語法である．

(20) KING: And that's 1-800-933-BLOOD if you want more information. And you're asking people to donate blood no matter where they live, right?
ALLBAUGH: *Regardless, regardless* .... ("LKL," Sep., 2001)
(K: さらに詳しくは 1-800-933-BLOOD に連絡してください．それで，あなたはどこに住んでいようが皆さんに献血をお願いしているんですよね？
A: そう，どこに住んでいても）

(19) の regardless は，節末で自分の発言を受けて使用された例で，(20) の regardless は，節頭で前の発言を受けて使用された例であり，使われる状況が異なる．(20) は，献血のことを話しており，キング (King) が，「どこに住んでいようとも献血をお願いする」ということを確認している．それに対して，ゲストが，「どこに住んでいようともおかまいなく献血を受け付けます」という相手の発言を受けて使用されている．ここでは，途中で途切れたのではなく，完結した発話である．おそらく, regardless of where they live の of where they live が省略された形であろう．このような使われ方がどのような発展を経て生まれたのかという議論は別の機会に譲る．

ここで問題にしている regardless は，(1), (17) のような譲歩を表す定型表現 regardless of の of の省略表現と考えられるものである．古い例と新しい例を追加しておく．

(21) *Regardless* whether good or evil fame.
(John Milton, *Paradise Lost* (1667)) (The Modern English Collection[4] による)
（善悪の評判にかかわらず）

(22) ..., we have to stand opposed to the false doctrine that is contrary to the Bible, *regardless* what label it may carry.
("LKL," Mar., 2000)
（…私たちは，聖書に反する間違った教義にはきっぱりと反対しなければな

---

[4] http://etext.lib.virginia.edu/modeng/modeng0.browse.html

第12章　譲歩を表す定型表現に伴う省略現象と機能転換　　　273

りません．それがどんな表札をかけていても）

　一般に，wh 節の前の前置詞が省略されるのは，前置詞を省いても意味が変わらない，あるいは意味的な不明確さを生じない場合に限る（例えば，八木 (1999: 228ff.)）．regardless of + wh 節と regardless + wh 節とで意味の違いが生じるとは考えられないから of の省略が生じると考えてよいであろう．

　実際の例を見ると，regardless of + wh 節，regardless + wh 節，regardless of + 名詞句，regardless of + 名詞節の形式はあるが，regardless が直接，名詞句または名詞節を従える例はない．この点は，no matter と性質が異なる．それでは，なぜ regardless は，名詞句を直接に従えることがないのだろうか．それを考えるために，regardless の歴史的な展開を見ることにする．

4.2.　regardless の意味と機能の発展

　OED^2 によると，regardless は，形容詞と副詞の 2 つの用法があった．形容詞用法は，主に限定用法として「無関心な，不注意な」という意味で使われていた．限定用法の形容詞としての regardless の用例を (23) にあげる．

(23) "... At any rate, she kept her eyes on me in a cool, *regardless* manner, exceedingly embarrassing and disagreeable ...."
(Emily Brontë, *Wuthering Heights* (1847))（The Modern English Collection より）
（「…とにかく，彼女は私を冷たく無視するような態度で私をじっと見た．極度に不快で，ぶしつけだった」）

　形容詞の regardless は，(24) の例からもわかるように，regardless to もしくは regardless of の形ででも使用されていた．[5]

(24) Reprobate parents that take ill courses and are *regardless* to [1723 of] their children.　　　　　　(OED^2 S.V. REGARDLESS (1725))

---

[5] どの英米の学習者用辞典も形容詞としての regardless は記述していない．一方で，英和辞典は，いまだに形容詞の regardless を記述している．《まれ》もしくは《廃用》とすべきものである．

(間違った方向に進んでゆく恥知らずな親は，自分たちの子供に無関心である)

この regardless の形容詞用法は，現代英語には見られない．OED^2 では 1868 年が最後の用例であるから，形容詞用法とほぼ同じ時期に廃れた用法と考えられる．[6] 今は廃れたが，もともと regardless には名詞に前置する (23) のような形容詞用法があった．この用法があったことが，regardless of + 名詞句または名詞節の場合，of が省略されないことと関係が深いと考えることができる．例えば，(25) のような場合を考えてみよう．

(25) a. The law requires equal treatment for all, *regardless of race, religion, or sex.* ($LDCE^5$)
(法律は，人種，宗教，性別に関係なく万人を平等に扱うことを命じる)

b. The plan for a new office tower went ahead *regardless of local opposition.* ($CALD^3$)
(新しい高層のオフィスビルの計画は，地域の反対に関係なく進んでいる)

これらの例の of を省いた場合，regardless race/religion/sex，あるいは regardless local opposition という (23) と構造上区別のできない形ができる．

このように，regardless の形容詞の限定用法との区別が困難になることが (25) のような場合の前置詞省略を阻害する原因であると考えることができる．すでに形容詞の限定用法は廃れているので，今後いずれは，no matter と同様に regardless の前置詞化が進むと考えられる（校正段階で COCA コーパスにその例が若干見られることがわかったが，詳論の余裕はない）．

4.3. その他の譲歩の意味を表す定型表現

以上の議論の中で，no matter は wh 節を従える本来の用法から名詞句を従える前置詞としての用法を発達させ，whatever は名詞節を従える本来の

---

[6] 1723 年は regardless of となっていたものが，1725 年には regardless to となっている．前置詞に揺れがあったことの証拠である．形容詞用法で「... に対して無頓着な」の意味で，前置詞が省略された例がある．

接続詞としての用法に加えて，前置詞としての用法を発達させていることをみた．同時に，regardless of は of が省略されて wh 節を従えたり，節末副詞としての用法を発達させていることも見た．

regardless には，despite, in spite of, irrespective of, notwithstanding といった類似表現があるが，これらにも regardless に似た用法が発達している．

4.3.1. notwithstanding の実態

notwithstanding は，前置詞と接続詞用法が確立しているのでここでは具体例をあげるにとどめる．(26) は notwithstanding + wh 節，(27) は notwithstanding + 名詞句，(28) は notwithstanding + 名詞節，(29) は節末副詞の例である．

(26) ..., *notwithstanding* what the two young ladies said about consenting adults, ... ("LKL," Nov., 1998)
(…同意成人［性行為について判断できるとされる法的な年齢に達した人］について2人の若い女性が言ったことにかかわらず…)

(27) ..., *notwithstanding* the audience's proven affection for US pictures, ... (BNC)
(…観客はアメリカ映画が好きだと証明されているにもかかわらず…)

(28) ... *notwithstanding that* such reporting may be or would be embarrassing, ... (BNC)
(このような報道は人を当惑させるものであるが)

(29) It should be entirely unremarkable by now that computers are involved in the social and cultural life of the people and processes anthropologists study, everywhere in the world (digital divides *notwithstanding*) . (COCA)
(コンピュータが人々の社会生活や文化生活に関わっており，文化人類学者の研究を処理するとしても，そのことは今ではまったくとるに足らないことであるはずで，世界中どこでも同じことだ (ただし，情報格差があるが))

4.3.2. despite の歴史と実態

OED^2 によると，despite は，歴史的には despite of であったものが，今では of が完全に落ちて despite が前置詞化したものである．英米の学習者用辞典も，despite を前置詞として記述している．$LDCE^5$ の例をあげる．

(30) *Despite* all our efforts to save the school, the authorities decided to close it.
（学校を救うための私たちの努力にもかかわらず，当局は学校を閉鎖することを決めた）

(30) は，despite + 名詞句の例である．同時に，BNC には，despite + 名詞節，あるいは despite how ... の例があり，despite が新たに接続詞の機能も果たす場合があることがわかる．BNC からそれぞれの例を (31), (32) としてあげる．

(31) I think it's the sort of thing you'd make damn sure you know, *despite* you're English.
（あなたはイングランド人だけれども，これはあなた自身が知っていることを確認しておきたいことだと思います）

(32) But *despite* how I felt at first about myself when I lost my leg, I haven't really had that many problems with boyfriends.
（しかし，脚を失ったとき最初の頃は自分のことをどう感じたかは別にして，ボーイフレンドたちとは本当にそれほど多くの問題はなかったのです）

また，以下にあげる despite は，節末副詞として機能している．

(33) Do you think the public's ahead of the media in this? In that his popularity remains high *despite*? ("LKL" Jun., 1998)
（国民はこれについてメディアよりも進んでいると思いますか？ 彼の人気がそれにもかかわらず高いままいると？）

4.3.3. in spite of の歴史と実態

in spite of も，比較的新しい形として of のない例も見られる．BNC, WB には，in spite + 名詞句，in spite + 名詞節，節末副詞の in spite が見ら

れる．それぞれの例を (34), (35), (36) にあげる．

(34) Robin Collomb, author of the guide, warned that *in spite* its comparatively low altitude of 4,062 metres, the routes of the Ober Gabelhorn were "fairly long and serious undertakings."
(BNC)
(案内書の著者であるロビン・コロムさんは，4062 メートルという比較的低高度にもかかわらず，オーバー・ガベルホーンの道順は「かなり長く，かなり大変です」と警告しています)

(35) "He can't pronounce er a lot of his words" "Mhm." "you know the main words of it and er well er *in spite* he makes himself understood don't get me wrong." "Yeah." (WB)
(「彼はたくさんの言葉が発音できません」「んー」「その中の主な単語という意味ですが．えーと，それで，自分の言いたいことは相手に伝わるのは伝わるのですが．悪くとらないでくださいね」「わかってますよ」)

(36) "They all get" "Well" "their come-uppance, they do *in spite*."
(BNC)
(「彼らは皆当然の報いを受ける．それにもかかわらず報いは受けるのだ」)
［注：“Well” は，話し相手が口をはさんだもの］

in spite は (35) のように直接に名詞句を従え，前置詞としても使われる場合があることを示している．

4.3.4. irrespective of の歴史と実態

irrespective of も今では of が落ちて，irrespective の後に直接，名詞句，wh 節を従えることがある．また，節末副詞として使われる場合もある．irrespective + 名詞句を (37), irrespective + wh 節を (38), 節末副詞としての irrespective を (39) にあげる．

(37) FETAL DEATH is death prior to the complete expulsion or extraction from its mother of a product of conception, *irrespective* the duration of pregnancy; .... (BNC)
(胎児の死とは，妊娠期間の長短にかかわらず，妊娠により生じたものを，

母体から完全に排除または摘出されるまでに生じた死のことである）

(38) That's *irrespective* whether they're married or single?　　(BNC)
（それは 2 人が結婚していようが未婚であろうが関係ないってこと？）

(39) ..., but he was anxious, he was ready to undertake this kind of forced exile and killing of ethnic Albanians *irrespective*?
("LKL," Jun., 1999)
（…しかし，アルバニア系民族に対するこの種の強制追放と殺人を引き受けることを心待ちにし，行動を起こす準備ができていた）

irrespective は，名詞節を従える接続詞としての機能を果たしている例は見られない．

4.3.5. irregardless の歴史と実態

OED^2 によると，irregardless は，irrespective と regardless の混交形であり，regardless の代わりに使用され，of を伴う．Quirk et al. (1985: 707) にも同様の記述があり，irregardless は，主にアメリカ英語で使用される．私たちの手元にある資料には，ほとんどが irregardless of である．irregardless が直接，wh 節を従える例があるが，名詞句，名詞節を従える例はない．また，節頭副詞あるいは節末副詞としての用法もある．irregardless の例をあげる．

(40) But she can take things in her stride, *irregardless* what's happened.　　　　　　　　　　　　　　　　(OED^2, S.V. IRREGARDLESS (1939))
（しかし彼女は，何が起こっても，余裕をもって対処することができる）

(41) "Why do you review such crap?" Of course, my response was "Because I like it." I am not sure as I am invited back for Thanksgiving dinner this year. *Irregardless*, I continued watching Basket Case long after she left the room.
(http://www.dvdverdict.com/reviews/basketcase.php)
（「どうしてこんなくだらない作品を批評するんだい」もちろん私の答えは「好きだからだよ」だった．今年また感謝祭のディナーに招待されるかどうかは自信はなかった．それでも，私は彼女が部屋を出て行った後，長い時間バスケット・ケースを見ていた）

このような irregardless の用法は，regardless の用法にならって，irregardless も類似の用法を発達させたのであろう．

4.3.6. 譲歩の意味を表す接続詞・前置詞の整理

以上，譲歩の意味を表す定型表現の前置詞化を見てきた．今まで検討してきた定型表現の機能を，どのような構造を従えるか，あるいは節末副詞用法があるかを Table 1, Table 2 で一覧にした．Table 1 は，regardless などの本来の機能を，Table 2 は，of を省略するなど，あらたな機能をもったものと，従来の関連表現を一覧にしたものである．

Table 1　譲歩の意味を表す表現の後続構造と機能

	wh 節	名詞句	名詞節	節末副詞
regardless of	◯	◯	×	×
irrespective of	◯	◯	×	×
irregardless of	◯	◯	×	×
in spite of	◯	◯	×	×

Table 2　譲歩の意味を表す表現の新たな後続構造と機能

	wh 節	名詞句	名詞節	節末副詞
no matter	◯	◯	×	×
whatever	×	◯	◯	×
regardless	◯	×	×	◯
irrespective	◯	◯	×	◯
irregardless	◯	×	×	◯
despite	◯	◯	◯	◯
in spite	×	◯	◯	◯
notwithstanding	◯	◯	◯	◯

5. 意味と機能からみた「譲歩」の意味の定型表現

　本来 Table 2 は，今まであまり問題にされなかった新たな機能を regardless, irrespective, irrespective, irregardless, in spite も発達させていることを示すものである．このような新たな機能の発達には，類義表現である no matter, whatever, despite, notwithstanding の影響が考えられる．

　本章の冒頭で，一般に，of を伴う定型表現の in front of, a number of, in lack of などが of を省略した形式を発達させることはないと述べた．しかし，「譲歩」の意味を表すこれらの定型表現では前置詞省略が起こる．その理由は，Table 1, Table 2 にあげた，一群の類義表現がもつ機能が相互的に影響を与えてきた結果であろうと思われる．

　八木（1999: 74ff.）は，意味と機能は密接な繋がりがあり，意味の類似した表現は，お互いに機能について影響を与え合い，お互いに新たな機能を発達させる場合があることを述べた．この現象を「類推」と言う．この類推現象は，例えば次のような場合に見られる（訳は省略）．

(42) a.　John failed to *rob* the bank of the money.
　　 b.　John failed to *rob* the money from the bank.

　rob は本来 "steal from" の意味であり，(42a) のように，目的語に場所や人をとるが，類義語の steal の類推から，「盗む物」を目的語にとった (42b) のような構造を発達させている．

　no matter の前置詞用法も，類義語の whatever の影響を受けて，再分析によって新たに発達した機能と考えられることは上述したとおりである．no matter は本来は接続詞，whatever は疑問詞であり，文末に来ることはないので，節末副詞の機能はもたない．no matter は wh 節をとり，whatever は名詞節をとる本来の機能をそのままに，あらたに前置詞的な機能を発達させた．regardless は，まだ前置詞用法を発達させていないが，その理由は，今は廃れたが，名詞の前置修飾をする形容詞用法との混同を避けるためであろうと推測できることを述べた．irregardless は非標準とされる用法で，regardless と同じ機能をもっていて不思議ではない．in spite が wh 節をとらないのは，despite との機能分担であろう．

　Table 2 の中で×のついた箇所は，現在のところ，私たちが収集できる

データの中に現れなかったという意味であり，今後×が○になってゆく可能性は十分あると思われる．

6. 結語

言語を研究する上での基本的な考え方として，意味と統語形式は無関係であるとする立場と，意味と統語形式には密接な繋がりがあるとする立場がある．この研究は，後者の立場である．そして，意味と統語形式が密接な繋がりがあるとする立場にたってこそ，(42b) のような新たな構造が生じる理由を説明することができる．そして，「譲歩」の意味の多様な定型表現が，同じような統語特徴を備える方向に移行しつつあるということの説明もできる．

第 13 章

副詞 much と very の用法

1. はじめに

　本章では，副詞用法の much の基本的な意味・用法を再考する．much を論じるためには very, very much との比較が必要である．これらの 3 つの副詞(句)は，以前からその使い分けが問題にされてきた．very と much の区別について，日本の英文法書や英和辞典では，記述に若干の食い違いがあるが，基本的には次の 8 点が共通認識になっているようである (cf. 江川 (2002: 142-143); 綿貫ほか (2002: 336ff.)，など)．英和辞典などではもっと詳しい区別をあげるものがあるが，本質的なところは変わりない．

(1) a. very は形容詞・副詞の原級・最上級を修飾する．
　　 b. much は過去分詞と比較級を修飾する．
　　 c. much は much the best のように the＋最上級を修飾する．
　　 d. much は叙述用法しかもたない afraid, alike などを修飾する．
　　 e. much は admire, appreciate, あるいは prefer などの一部の動詞を修飾する．
　　 f. much は the same などの「類似性」を表す表現を修飾すると「かなり」という和らげの意味になる．
　　 g. very と much は強意の意味では同意語である．
　　 h. very much は much の強意形である．

　　　　i. much は否定文脈で使われる.

　まず, ① このような伝統的な記述について, 事実の検証をする必要がある. さらに, ② very との比較において much のこれらの特徴はなぜ生じるのかを説明する必要がある. (1) のそれぞれの項目についての詳細な検討は第2節以降に譲るが, ここでは, どのような問題があるのかをそれぞれの項目について概観しておく.

　最初に, ① に関して, どのような事実を検証する必要があるのかを概観する. (1a, b) について, very が修飾しているから形容詞であるとされる. また一方で, 形容詞であるから very に修飾されるといった循環論がある. また, 例えば tired などはほとんど very が修飾するが, concerned については very と much が相半ばしている. そうすると concerned については, 一体形容詞なのか過去分詞なのかということを問うことが意味をなさなくなる (concerned については, のちに詳細に論じる).

　(1c) に関連しては, 最上級だけではなく much the better ... のように, 比較級を修飾することも可能である. very は the＋形容詞＋名詞といった形式の名詞句を修飾することはない. the＋最上級／比較級を修飾する much は, 本来 very との比較が必要のない独自のものであるが, この用法は much を考える上で大事な問題を提起していることを後に論じる.

　(1d) について, afraid を例に検証してみる. very afraid は BNC 26 例／WB 19 例, very much afraid が BNC 15 例／WB 4 例 で あ る. much afraid が単独で肯定文で使われているのは BNC 2 例／WB 1 例, 単独で否定文が BNC 1 例／WB 1 例, not so much afraid が BNC 2 例／WB は 0.

　alike の場合は, much 単独で肯定文で使われた much alike の例は BNC 6 例／WB 2 例, pretty much alike が BNC 1 例／WB 4 例, so much alike は BNC 5 例／WB 5 例, too much alike は BNC 2 例 (うち1例は seemed to much alike となっているが, seemed too much alike の誤りであろう)／WB 3 例, very much alike は BNC 17 例／WB 5 例である. これに対して, very alike は BNC 14 例／WB 5 例ある.

　つまり, 少なくとも afraid, alike を見る限り, 今では very が修飾するのが普通で, 否定文脈や, much を so, too, very という強意語が修飾している場合に much afraid が現れることがわかる.

第 13 章　副詞 much と very の用法　　　285

(1e) について，admire, prefer は能動形・-ed 形（過去分詞か形容詞かという問題があるので，合わせて「-ed 形」と呼ぶことにする）にかかわらず，ほとんどの場合 much に修飾される．だが，appreciate は，能動形では very much が普通であり，-ed 形では much あるいは very much のいずれも可能である．このように，個別の動詞によって very と much のいずれが修飾するかの可能性が大いに異なる．

(1f) について，the same は「同一」の意味であり，本来的に程度性の意味はもたない．much が修飾すると，本来は同一性を強めることになるはずだが，much the same は定型表現的に「随分とよく似た」のような意味になる．これを分析的に言えば，much に修飾されることによって the same が "similar"（類似した）の意味になり，much がその類似性を強めることになる．しかし，この「和らげ」の意味は，the same のほかに，学習文法書や英和辞典があげるような場合に本当に当てはまるのかどうか検証する必要がある．

(1g) については，何が同義語であるかという定義にもよるが，同義語として扱うには機能的な違いが大きい．機能的には，much は very と違って，次のような多様な用法をもつ．

(2) a. 強意語の very や程度をいう too, so, pretty などの修飾を受けることができる．
　　b. 修飾語の種類として，形容詞・副詞などの単一の語だけでなく，much the same / much the best person に見られる名詞句，much to my surprise のように前置詞句，much as it used to be のような節を修飾することができる．

(1h) について．必ずしも very much は much の強意形としての機能だけではない．very much には，much にはない独特の用法がある．次例を見てみよう．

(3) Fox-hunting had always been *very much* the sport of ruling class in the U.K.　　　　　　　　　　　　　　　　　(MEU^3)
　　（キツネ狩は常に優れてイギリスの支配階級のスポーツであった）

この用法は much にはない．むしろ very がもつ，名詞を修飾して同一性

を強調する (4) のような用法に近い.

(4) This is the first time I've had someone round to tea in years, and it happens on the *very* day I become homeless. (BNC)
(この時何年ぶりかに人をお茶に招いた. そしてまさにその日に私はホームレスになる)

一方で, very は名詞を直接に前位修飾するが, (3) では名詞句を修飾する much の性質に近い用法である. このように, very much は, very でもない much でもない新たな用法をもっていると考えなければならない. 類似の定型表現に, pretty much がある. これについては, 八木 (2000) で詳しく論じた.

また, much と very much の分布を見ると, 大きな違いがある. 例えば, alive (生きている) を修飾するのは BNC で見ると, very much は 69, very は 3, much (much が as, very に修飾されている場合を除く) は 0 である. すなわち, 少なくとも BNC で見る限り, alive は very much が修飾するのが普通であり, much が単独で修飾することはない. このような事実は, 単に本来は much が修飾するのであるが, その much を very で意味を強めたという説明にとどめないほうが事実に即した考え方であろう.

very much を much の強意形とする考え方は, $CALD^3$ の次のような記述にも見られる. $CALD^3$ では, much の項の AMOUNT の意味に,

(5) I'm *very much* aware of the problem.
(私はその問題についてよく存じています)

の用例がある. コーパスで見ると, aware の強意形は very much (BNC 39 例) が普通であり, much をとるのは, too much (BNC 2 例), so much (BNC 1 例), not much で代表される否定文脈 (BNC 1 例) である. 単独で肯定文脈で 2 例, 疑問文で 1 例ある. much が単独で alive の修飾に使われず, 必ず very much になるのは, 否定文での not との共起を含めて much が単独では使われることがないことの表れと考えることができる.

(1i) については, 否定文脈だけでなく, too much, so much, pretty much といったコロケーションの形でも可能である. 否定文脈を not で代表させると, much は, 一部の用法以外では, not, too, so, pretty, very という修飾

語をとらねばならない，と言い換えることができる．

②の very と比較しながら much のこれらの特徴はなぜ生じるのかについて考えてみよう．特に，much については，(1) にあげた多様な現象があるが，それらの現象を統一的に説明する方法を見いだす必要がある．特に，過去分詞であれば much が修飾するが，形容詞になれば very が修飾するのはなぜかという点は，特に重要であろうと思う．

これらの共通認識の基になっている基本的な考え方には，very と much の修飾関係は品詞，あるいは現在分詞・過去分詞，原級・比較級・最上級といった文法範疇によって説明できるという前提がある．このことは誰も明言してはいないが，暗黙のうちにその前提があると解釈しても問題はないと思う．

文法範疇からだけの説明では，おそらく，(1) にリストした very と much の使い分けがなぜ存在するのかについて統一的な説明を加えることはできないであろう．

このような問題点を，事実を検証しながら，「意味的統語論」の考え方に基づいて考え直してみることにする．

2. 意味的統語論から見た very

先に見たように，意味的統語論とは，意味と統語形式の明示的な関係を見いだそうとする研究方法のことである．現在の言語学の世界には，意味と統語形式に何らかの対応関係があるとする立場と，無関係であるという立場がある．それぞれに主張点があるが，筆者が言う「意味的統語論」は，意味と形式の間には一定の関係があるという立場に基づくものである．その立場にたってこそ，英語のように構文が明確な言語で，しかも英語を母語とする人たちはその構文の存在自体を意識しないような言語の特質解明が可能になる．そしてその立場は，外国語としての英語を理解する上で重要な鍵となると考えている．

このような考え方は，必ずしも私たち独特のものではない．すでに第 1 章第 3 節で述べたように，Francis et al. (1996) および Francis et al. (1998) は，コーパスを利用した実践的な研究の中で，ある語が別のどの語と共起するかは，その語の意味と密接な関係があることを見いだしたと述べている．

意味と形式との関係を知るというような研究は，英語教育とも深い関係がある．

大学入試問題対策のために，動詞が to 不定詞をとるか，動名詞をとるかを記憶する必要がある．動名詞が共通してもつ意味とは「現実性」である．それは，to 不定詞の基本的な意味である「将来性」と対立する．want to, expect to, hope to に代表されるように，to 不定詞はまだ実現していないことを述べ，want などの動詞は to 不定詞で表されたことが起こるのを期待する意味をもつ．これに対して動名詞は，enjoy doing, give up doing, cannot help doing, practice doing, stop doing のように現実に行われていることを言うことが多い．さらに，do you mind doing は相手に対する依頼であり，即時実行を期待する．avoid doing も実際に起こりそうである（あるいはすでに doing の行為を行う習慣があるかも知れない）から，それを避けるように言うのである．これらの動詞に続く動名詞は，それぞれに「現実性」をもった意味を表していると考えることができる．

このような考え方を利用して，much と very, very much それぞれの意味と，それらが修飾する語句が共通してもっている意味との結合可能性を見いだそうと思う．そうすることによって，much, very, very much がどのような被修飾語をとるかを説明できると考えるからである．これらの副詞の使い分けは，「形容詞であるから very」，「過去分詞だから much」といった統語的な観点からの説明方法はとらない．very, very much, much と被修飾語は意味的に繋がっているのであり，品詞と繋がっているのではない．

very は形容詞・副詞・現在分詞，形容詞・副詞の原級・最上級を修飾する．しかし，very が修飾するのはそれだけではない．very は「前置詞」like 修飾語することがある．次の例を見てみよう（イタリックは筆者．以下同じ）．

(6) My wife had a dress *very* like it. (BNC)
（私の妻はそれにとてもよく似たドレスを持っている）

(7) ..., it looks *very like* timber, being manufactured in profiles which mimic those of traditional timber cladding. (BNC)
（伝統的な木材表面加工をまねた表面仕上げ法で作ったので，それはとても材木によく似ていた）

前置詞で very が修飾するのはおそらく like だけであろうから，very が

修飾するリストに前置詞 like を加えておくのも文法提示の方法の 1 つである．しかし，この方法は，例外リストを増やすだけで，本当の意味で very と much の違いを説明したことにならない．

　BNC で，-ed 形が very と much のどちらと結合するかを調べると，very と much の分布に大きな違いがあることが明らかになる．だが，一部の -ed 形は very もとるし much もとる．主なものは以下のとおりである：attached, concerned, detailed, encouraged, impressed, interested, involved, moved, pleased, relieved, respected, restricted, taken, used, worried．

　これらは，very でも much でも修飾できるから，形容詞なのか過去分詞なのかわからないことになる．だが，実はそのような品詞分けが問題ではなく，それぞれの語の語義（ここでは，「語義」は個々の語がもついくつかの意味を言う．普通に「意味」と言う場合は，特定の語に関わらない，英語の中で普遍性をもつ意味をいう）が問題なのである．同じ語でもいくつかの語義をもつのが普通であり，それぞれの語義によって very をとるのか，much をとるのかが分かれてくるという考え方をとる方が言語事実に即した考え方であろう．ただ，このような区別は画然としたものでないのは，いたしかたないところである．

　意味的統語論でも，もちろん品詞分けをしないわけではない．また，形容詞，動詞の過去分詞の区別を否定するわけではない．ただ，無理にこの 2 つを区別するのではなく，2 つを統合する範疇として，「-ed 形」をたてる．そして，それぞれが very と much のどちらをとる傾向が強いかを，意味によって分けようとするのである．

3. 副詞 much の検証

3.1. much の 3 つの機能

　very は，大きく 2 つの機能をもつ．1 つは，副詞として段階性をもった形容詞や -ed 形などの「強意」(intensification) のために直接に前位修飾する機能，あと 1 つは，形容詞として This is the *very* book I have been looking for. のような「まさにその」という「同定」(identification) をいう機能である．

　これに対して，副詞の much は大きく分けて 3 つの機能をもつ．

(8) a. Prosperity is admittedly *much* easier to achieve on a small scale like that.
   (一般的に認められているように，繁栄はそのような狭い範囲で達成することは随分とたやすい)

   b. His father was *much* respected in that pretty town.
   (彼の父親はその美しい街で広く尊敬されていた)

(9) a. Mr Bush says *much* the same.
   (ブッシュ氏はほぼ同じことを言う)

   b. Good friends we were, Buffy and I, all through school, even though he was *much* the cleverer. (BNC)
   (私たちは随分と良い友達だったよ，バフィーと私はね，学校にいる間中．彼のほうが随分と賢かったけれど)

   c. Mr Kohl talks about five years, some economists of at least a decade. Moreover, although private investment will play *much* the biggest role in the East's economic renewal, the government in Bonn will have to give big subsidies to the East German social-security system. (BNC)
   (コール氏は5年間ということを言う．経済学者の中には少なくとも10年という人もある．さらには，個人投資は東ドイツの経済再生に大きな役割を果たすだろうが，ボンの政府は東ドイツの社会保障制度に多額の援助をしなければならないだろう)

   d. *Much* to my surprise, he led me towards one of the public beer tents. (BNC)
   (とても驚いたことには，彼は私を市民が集まるビールテントの1つに案内した)

(10) Very *much* like he loves Luccini. (BNC)
   (彼がルッチーニを愛しているように見えた)

用例に沿って，3つの機能を見てゆく．① (8) は very とよく比較されるような -ed 形と比較級を直接に前位修飾する場合である．② (9) は the same / the cleverer / the biggest role のような名詞句，to my surprise のような前置詞句，as, like などの接続詞が導く節を前位修飾する場合である．

③ (10) は，動詞を修飾する「遊離的機能」の場合である．

これら 3 つの機能のうち，① の機能が very と一部重複するので，very と much が類義語として比較される．② ③ の機能は very にはないものであり，比較の対象にはならない．③ の「遊離的機能」というのは (11) のような場合を言う．

(11) a. I enjoyed the film *very much*.
   (その映画はとても面白かった)
   b. I didn't enjoy the film (*very*) *much*. (*OALD*[7])
   (その映画はあまり面白くなかった)
   c. I didn't (*very*) *much* enjoy the film.
   (その映画はそれほど面白くなかった)

動詞の場合は普通，(11a) のように very much を後置する．また，否定文でも (11b) のように後置するのが普通である．だが，この場合，very much だけではなく much 単独で使うことも可能である．同時に，(11c) のように much, very much が動詞を前位修飾することもある．このように，much, very much は動詞を修飾する場合に限って，前位・後位いずれの位置にもくることができる．このように，文中での位置が必ずしも一定していない場合を「遊離的」ということにする．

3.2. much が -ed 形，比較級などを直接に前位修飾する場合

3.1 節で述べた much の 3 つの機能のうちの ① について詳しく見ることにしよう．副詞 much が前位修飾するのは，比較の意味をもった語句（品詞は問題ではない）と，一部の -ed 形の修飾（どのような意味の -ed 形を修飾するのかは後に論じる）である．*MEU*[3] から，それぞれの場合の例を借りることにする（イタリックは筆者）．

(12) a. That's something that happens *much* later.
   (それは随分と後になって起こることだ)
   b. The nights were so *much* longer than the days.
   (夜は昼間よりもずっと長かった)
   c. her younger, *much* more aristocratic-looking brother

(ずっと貴族らしく見える彼女の弟)

d. It doesn't do, though, to push the analogy *much* further.
(しかし，それは推論をさらに進めてもうまくゆかない)

e. the prospect of a stable, biracial, liberal—*much* less racial—coalition in the South.
(南部での，安定した，黒人と白人で構成される，自由な—ましてや人種差別のない—連合体の見通し)

(13) a. Right now a *much* enfeebled Soviet Union is receiving cheap grain from America.
(ちょうど今，以前と比べて随分と弱ってしまったソ連はアメリカから安い穀物を受け取っている)

b. The Stroves were *much* given to hanging their tenants.
(ストローブ家の人々はしょっちゅう店子をののしっていた)

c. Kafka was *much* cosseted by the ladies in his office.
(カフカは会社では女性たちに随分と世話をしてもらっていた)

以下で，それぞれの場合について詳しく分析することにする．

3.2.1. 比較級を修飾する much

very difficult は very が文字どおり difficult の意味を強めている．それに対して much easier では much は比較を強めている．次例を見てみよう．

(14) The question is very difficult, but it is *much* easier than the one I dealt with last time.
(その質問はとても難しいが，前回取り組んだものよりもかなりやさしい)

意味的に詳しくみると，「その問題」は絶対的な尺度では難しいが，前の問題に比べるとずっとやさしい，ということである．すなわち much easier は，絶対的な尺度上のことはなく，問題そのものがどれほど難しくても，相対的にやさしい，ということを述べている．easier は，比較の意味を表す more と easy に分けると，much は [more＋easy] の more を強めているということになる．いわゆる劣勢比較の場合は，much は less を修飾することは言うまでもない．

この場合の much は very much になることもできる．次例を参照．

(15) For many of these species it is possible to keep them indoors in conditions which are *very much* better than the average conditions that are used now. (BNC)
（これら多くの種については，ここで今使われている平均的な条件よりははるかに良い条件で，室内で保存することができる）

ここで，比較の意味をもった prefer という動詞について考えてみよう．prefer は動詞であるが，比較の意味をもっているので like と違って，prefer を修飾する much は「遊離的機能」ではなく，前位修飾でなければならない．だが，BNC には一見例外に見える prefer の後に much が来たものがある．

(16) Young Anna is going to be well heeled but she will have to come to some arrangement with Beryl, and Beryl would prefer, *much*, to deal with the devil himself.
（若いアンはかなりの金額を受け取るだろうが，ベリルと何等かの取引をしなければならなくなるだろう．そして，ベリルは，自らその悪魔をこらしめるほうをずっと望むだろう）

これは，この much が遊離的機能を果たしているから後位されているのではなく，後で思いついて (after-thought) 追加したものである．

ここで，BNC の中で much が修飾する比較級の中でもっとも頻度の高い better を修飾する程度副詞を，その頻度順にあげておく：much, far, even, a lot, a bit, slightly, little, a little, significantly, still, considerably．

better の修飾語としては much のほかに，a lot, a bit, little, a little, slightly などの頻度が高いことがわかる．これらは共通して，量の多さを表す語句である．比較級の強意は，量の多さとして表すことができることを示している．そこから much が比較級の強意語として発達してきたのである．

比較の強意は，必ずしも量の多さとしてばかりではない．far と even は，それぞれ比較で差の大きさを強める副詞であり，また，significantly, considerably は様態の副詞であるが，これらはここでの議論とは関係ない．

3.2.2. -ed 形を修飾する much

MEU^3 から引用した (13) の 3 例は much の独自の語義に対応するものである。(13a) の enfeebled は，同じ物の「状態変化」，(13b) の given は「繰り返し行われる行為」，(13c) の cosseted は人が「多くの人が共通して行う行為」である。

BNC で much が修飾する -ed 形のうち頻度の高いものから 40 語をみると，それぞれ (13) に対応して「状態変化」「繰り返し行われる行為」「多くの人が共通して行う行為」のいずれかに分類することができる。

(17) a. 状態変化: improved, reduced, altered, changed, increased, exaggerated
　　 b. 繰り返し行われる行為: used, involved, given, mistaken, quoted, talked, done, taken
　　 c. 共通して行う行為: needed, appreciated, concerned, loved, admired, interested, enjoyed, discussed, influenced, obliged, vaunted, publicized, wanted, preferred, affected, favoured, impressed, depended, maligned, respected, criticized, liked, debated, missed, neglected, prized

(17a) の状態変化の意味の -ed 形を修飾する場合の much は，前節で扱った，比較の程度を強める場合と共通して，変化の程度が大きいことを言う。(17b) も頻度の高さを量として表現したのである。この場合，much は "often" の意味に近くなる。事実，$CALD^3$ は，"This is a much (=often) discussed issue." の例をあげて，much が often と同義になることを示している。

MED^2 は，much が -ed 形を修飾した場合について次のような定義をしている。

(18) **much loved / respected / admired / criticized** etc. used for describing someone or something that is loved, respected, etc. a lot or by many people: *a much loved uncle / the much criticized U.N. peacekeeping mission to Somalia*

ここで定義されている much + -ed 形は，「幅広く，たくさんの人に」と

いう量的な多さを述べており，(17c) に該当する．これが much + -ed 形のもっとも普通の用法である．具体例として，respected について考察してみよう．BNC によれば，respected は次のような前位修飾副詞をとる：most, highly, well, widely, much, greatly, universally, internationally, deeply, sufficiently, very, carefully, clearly, generally.

これらの副詞の中で，most, highly, well, greatly, sufficiently, deeply, very は，尊敬のされ方の度合いを言う．これに対して widely, much, universally, internationally, generally は広がりを言う．そして，carefully, clearly は容態を言う．このように respected は，程度を強める副詞も広がりを言う副詞もとることができる．この 2 種の副詞群の中から very と much を取り出して，「尊敬のされ方の度合いが強い」ことをいう very が修飾している respected は形容詞であり，「尊敬している人がたくさんいる」ことをいう much が修飾している respected は過去分詞である，というような議論は余り意味のないことであろう．very respected は「とても尊敬されている」，much respected は「広くいろんな人に尊敬されている」という意味的な違いと考える方が合理的である．

-ed 形の修飾は，much を強めた very much も可能である．次例を参照．

(19) But there did seem to be some pattern by which certain objects were *very much* considered the wife's province. (BNC)
(しかし，ある種のパタンがあって，そのパタンに従って，ある種の事物が妻の領域だとよく考えられている)

3.2.3. 事例研究——concerned の場合

第 2 節で，-ed 形は very と much の両方をとるものがあることを見た．これらすべてを検証することはできないので，very と much の両方ともがよく使われる concerned を例にとって，very concerned の concerned と，much concerned の concerned の意味とを比較してみよう．much concerned は 85 例，very concerned は 207 例ある．それぞれの場合に，どのような補部をとっているかを数字で表したのが次の表である．very much concerned はない．

much concerned +			
φ	1	in	2
about	10	over	1
at	1	that	1
by	1	to do	5
for	1	with	62

very concerned +			
φ	31	lest	1
about	94	that	27
as to	1	to do	16
at	8	when	1
for	11	with	12
if	2	不明	3

　be concerned は，①「係わり合いになる」と ②「心配する」の意味がある．一般的に concerned は，① の意味では with, about をとる．また，補部をとらないことも多い．② の意味では about, for, that 節, to do をとる．このような傾向と上の表を照合すると，much concerned は ① の意味が普通であり，very concerned は ② の意味が普通であることがわかる．

　安井・長谷川（2000）は，一般的に心理動詞の -ed 形は形容詞化しており，to do や that 節をとるとしている．その点からみても，very concerned の場合の concern は心理動詞としての意味をもっていると考えることができる．

　必ずしも画然とした区別があるわけではないが，① の意味では much concerned with / about が普通の形であり，② の意味では何も補部をとらないか，very concerned about / that 節 / to do をとるのが典型であると言える．この事実は，① の意味と much の「幅広く，たくさんの人と」の意味と合致することとでも裏付けることができる．

3.2.4. 形容詞と過去分詞

　以上見てきたように，形容詞の比較級と -ed 形を直接に修飾する much は，「量的な多さ」をいう修飾語であることがわかった．量の多さをいう副

詞を，a lot などを含めて「量的」(quantification) 機能の副詞ということにする．

それでは，concerned が ① の意味であれば much をとり，② の意味では very をとるのはなぜだろうか．一般に受身は個別の事例を言う．これに対して，人の心理に関わる経験は，多くの人が共通して経験する事柄，すなわち一般化できるものである．すなわち，「心配する」というのは，どれだけ心配するかという一般的な尺度として存在するようになる．一般的尺度として存在するようになると，それが強いか弱いかという段階付けができる．そのようにして，very の修飾が可能になってゆくものと考えることができる．

このように，形容詞の比較級，-ed 形を直接に修飾する much は，very とは異なった意味で使われている．個別の事象を述べる受動形の場合は much によって，幅広くそのような経験がされていることを表す．その個別の経験が一般化し，固定化することによって段階性をもった1つの尺度として認識されるようになると，very などの「強意」(intensification) の機能をもった修飾語をとることができるようになる．

3.3. 動詞を修飾する much，very much

(11) で見たように，動詞を修飾する much，very much は遊離的である．すなわち，動詞に前置することもできるし，後置することもできる．ただし，一般的に，much は否定文脈での使用が普通で，被修飾語に前置あるいは後置する．very much は，一般的には被修飾語に後置する．だが，個別の動詞をみると，否定文脈でも前位修飾に much をとらずに very much をとる場合も珍しくない．動詞 like を例に，BNC で調べてみよう．

「好きだ」の意味の like は，very much を後置するのが普通の用法である．だが，very, very much が前位修飾する場合もある．ざっと数えてみると，much like は否定文脈で 32，肯定文脈 1，very much like は否定文脈で 1，be much liked の 受動形は 9 例で，うち否定文脈は 2 例，be very much liked の受動形 は 1 例といった結果である．

それに対して，would like の形をとって「…したい」の語義で使われた場合はどうだろうか．would very much like to は 3，would so much like to は 1，would very much like to は 41 例ある．very much を後置することは

まれで,「好きだ」の意味の like の場合とは異なる.

　すなわち,一般的傾向としては,「好きだ」の意味では否定文脈で much が単独で like を前位修飾する.これに対して,「…したい」の意味では肯定文脈で very much が前位修飾する.BNC からそれぞれの代表的な例をあげる.

(20) a. It was plain then that we did not *much* like the French way.
　　　　（そこから,私たちはフランス風のやり方はそれほど好まないということが明らかになった）

　　b. We would *very much* like to have you teach us.
　　　　（われわれはあなたに教えていただくことをとても望んでいます）

このような違いは,修飾関係にあいまいさを生じさせないためであろう.(20b) を例にとると,would like to have you teach us very much の語順にすると,very much が何を修飾するのかが明らかでなくなる恐れがある.

　次例では,文頭にくることによって,本来は would have very much liked to … であるべきものが,much as … と,much が文頭に来ている.この much as … の語順の形成については,八木 (1987: 53ff),荒木・安井 (1992: THOUGH の項),安井（編）(1996: THOUGH の項) を参照.

(21) a. *Much as* she would have liked to stay, Penny had to hurry home with her budgie, but she learned later that Brownie Owl got the puppy out of the tree and took it home and gave it food.　　　　　　　　　　　　　　　　　　(BNC)
　　　　（彼女はもっとそこに居たかったのだが,ペニーはセキセイインコを連れて急いで帰らなければならなかった.だが,後でわかったことだが,ブラウニー・アウルが木につないでいた子犬を連れ戻り餌をやっていた）

　　b. The house is *much as* it was when he lived there. *Much as* she disliked living with her grandmother, she had never thought of any other arrangement in concrete terms.　(BNC)
　　　　（その家は彼が住んでいたころと変わりはない.彼女は祖母と一緒に住むのはとても嫌だったが,具体的には別のとりあわせをするなど考えたこともなかった）

(21) で使われている as は "although" の意味である．普通の語順にすれば，(21a) は，although she would have much liked to stay となる．(21b) は She much disliked living with her grandmother となる．(21b) の第 1 文の much as it was ... の場合，much は as 以下の節を修飾している．この用法については後に述べる．

　want の場合は，very much が後置しているのは 45 例，前置しているのは，don't much want 11, so much want 16, very much want 30, be much wanted 2 という数字になる．基本的には，want の目的語との修飾関係が無理なく表現できる場合は後置し，それ以外では，何らかの修飾語をともなって前位修飾するという様子がわかる．

　hope の場合は，that 節，to 不定詞をとる場合に hope very much のような後置形がある．後置形で節をとる場合，that がないのは 2 例で，that があるのは 15 例である．これらはすべて肯定文である．そのほかは，very much hope が 82 例あり，その他の形式はない．very much hope の後は，接続詞の that がない場合もあるが，基本的に名詞節が続く．to 不定詞をとる例が 3，that 節の代用をする so が 1 例ある．

(22) a. I *very much* hope I'm wrong.
　　　　（悪いのが私であってほしいと強く願う）
　　　b. I hoped *very much* that it could be a healing experience for us all.
　　　　（それが私たち皆にとっても癒しの体験であってほしいと強く願った）

以上のような動詞を修飾する much, very much について考えてみると，原則的に，that 節や to 不定詞のような補文標識をとる場合は very much が後置できるが，目的語が名詞句の場合は very much が動詞に前置することがわかる．これは，機能上の問題であるが，やはり，意味をあいまいにしないという，意味解釈と深く関わった統語現象であると考えることができる．

　以上見てきたように，動詞を修飾する much は，very much とともに，very と同じように，「強意」(intensification) の機能を果たしている．

4. 名詞句,前置詞句,節を修飾する場合

4.1. 名詞句の修飾

Quirk et al. (1986: 450f.) は,名詞句を修飾する副詞として,quite と,主にイギリス英語としての rather をあげている.

(23) a. We had *quite* a party.
(大したパーティーだった)
b. It was *rather* a mess.
(かなりハチャメチャだった)

kind of, sort of, a heck of, a hell of も類似の機能をもつ (Quirk et al. (1986: 451)).

(24) a. This must be a *sort of* joke.
(これは一種のジョークに違いない)
b. I had *a bit of* a shock.
(ちょっとショックを受けた)
c. They asked *a heck of* a lot.
(彼らはあれこれたくさん訊ねた)
d. They gave me *a hell of* a time.
(彼らは私を随分とひどい目に遭わせた)

3.1 節の (9) にあげた much は,quite, rather と同じく,名詞句を修飾する.だが,much は the をとる名詞句を修飾する機能をもつのが特徴である.

我が国の文法書や辞書などでは,much the same の場合,much は「ほとんど」という和らげの意味であり,much the best person in the group の much は「強意」の意味である,といった別の扱いをする.だが,実際は,名詞句を修飾する場合でも基本的には強意であることに変わりはない.

much the same についての学習英英辞典の記述をみてみよう.*OALD*[7] は,much の副詞用法の項で,語義を "to a great degree" と定義して,他の各種の用例と同時に "My new job is much the same as the old one." の例をあげている.*LDCE*[4] は,much like ..., much as ... と同時に much the same (as ...) をあげて,"used to say that something is very similar to something else" としている．COB^5, $CALD^3$ も同様である．

ただ，MED^2 は，"used for emphasizing that people, things, situations, etc. are very similar" と定義し，much the same（= almost the same）とし，Things around here are much the same as when you left. の例をあげている．すなわち，much the same は意味的には almost という和らげの意味をもつということを示している．これは，すでに見たように，the same は「同一」の意味であるが，much が修飾することによって「ほとんど同じ」という定型表現的な意味になる．それを分析的に意味解釈すると，the same が similar の類義語になり，much が「ほとんど」という和らげの意味をもつと考えた結果である．本来的には much の意味は変わることはない．

much the same の much は very で意味を強めることができる．

(25) The cures are *very much the same* too.
（治療法もほとんど変わりません）

the＋比較級，the＋最上級を修飾した場合を BNC から見てみよう．

(26) Their Lordships also had to look after half-a-dozen Caribbean islands, of which the newest, Jamaica, was *much the largest* and looked like providing the best prospects for the future.

(27) For some years direct taxation ceased to be contentious, and *much the bitterest* arguments in the 1340s arose over the taxation of wool and the king's manipulation of the wool trade to raise money for the war.

(28) Only one in five teachers believe that they have and *much the greater* proportion of these are scale 3 teachers and above.

(26) は，アメリカ大陸と西インド諸島でのイギリス植民地建設時代の国王の役割について述べている．イギリス国王が支配するカリブ海諸島の6つの島のうちでジャマイカがほかと比べてはるかに大きいという，大きさの強調である．(27) は，1340年代には直接税は大きな問題でなくなり，羊毛への課税と国王による羊毛貿易の操作が他のことよりもずっと大きな問題となってきたという意味である．

(28) は，イギリスの学校教員に対するアンケート結果の分析である．学

校が教員評価システムを導入しているかという問いに対する回答で，5 人に 1 人は「している」と回答している．「している」と回答した教員の中の半分よりはずっと多くの割合の教員は，評価の尺度 3 以上である，という．the greater proportion であれば，「半分以上」であるが much ははるかに半分を超えているという意味である．

the＋最上級を much が修飾する場合は，「ずばぬけて」という最高であることの強調，the＋比較級を much が修飾する場合は，「はるかに」といった，差の強調の意味をもって使われていることがわかる．

このような用法は強めであるが，very はこのような修飾位置にくることができない．その意味では，very の代わりに much がその役割を果たしていると考えることができる．the very best と much the best は，それぞれ「同定」と，差の大きさの強意の違いとしてとらえることができる．

4.2. 前置詞句・as 節の修飾

前置詞句を修飾する場合は，to a person's surprise または (30b) のように類似性を言う as ... と (10) の like ... の形の文修飾副詞を強める用法である．(30a) のように as 節を強める場合の as は「…のように」の意味であり，英和辞典などが指摘するように，類似性の強調である．このような用法は very にはないことは明らかである．

(29) a. *Much* to his surprise, the oil did not sting. And, *much* to her alarm, he suddenly leaned forward.
（彼がとても驚いたことには，油は刺さなかった．その上，彼女がひどく怖かったのは，彼が突然前のめりになったことだった）

b. *Much* to my disgust I then found myself as far from the sea as I could get — Heathrow Airport, which was just in its infancy but beginning to grow rapidly with the postwar boom in air travel.
（とてもいまいましいことに，その後，私がすっかり海から離れてしまった—ヒースロー空港は，その頃はまだほんの始まったばかりのころだったが，空の旅が戦後のブームになるのに伴って急速に成長し始めた）

(30) a. "He went to Sam's boatyard and fell through some floorboards

and was nearly drowned." She told it to them *much* as I'd told her myself. "If John hadn't been with him to help."
(「彼はサムの船着場に行き，どこかの床板の間から落ちて溺れかけた」彼女は私が彼女に言ったのとちょうど同じようにそれを彼らに言った．「もしジョンが一緒にいなくて助けることができなかったならば大変なことになっていただろう」)

b. *Much* as in 1980-1, the "social causes" argument cannot be seen separately from the broader debate about the future of the British economy and society.
(1980年から1981年にかけてがちょうどそうであったように，「社会的原因」論がイギリス経済と社会の将来についての幅広い議論と分離されているとはとても言えない)

5. much の本質

5.1. 基本的意味

much には，基本的に，very の類義語としての強意用法と，比較級と -ed 形を修飾する場合の用法の量の多さを強調する用法がある．前者を intensification の機能，後者を quantification の機能と呼ぶことは上に述べたとおりである．

後者の「量の多さ」をいう本来の意味から，(a) 比較の程度を強める場合，(b) 繰り返しの頻度を強める場合，(c) 人の行う行為の広がりを強める用法があることは上に見た．「量の多さ」をいうことから，この本来の意味を保った基本的な用法では a lot との置き換えが可能である．much と a lot の置き換え可能性を見てみよう (訳は省略).

(31) a. It will be *much / a lot* easier if we move to Thirkett.
　　 b. She can run *much / a lot* faster than me.
　　 c. I *much / *a lot* prefer to stay.
(32) a. This problem has been *much discussed* by literary critics.
　　 b. This problem has been *discussed a lot* by literary critics.
(33) a. She was not *much attracted* to his recent work of art.

b. She was *attracted a lot* to his recent work of art.
(34) a. I like her *very much / *much / a lot*.
　　　b. I wanted it *very much / *much / a lot*.
(35) a. I don't like her *very much / much / *a lot*.
　　　b. I didn't want it *very much / much / *a lot*.
(36)　In other words, she looked *much / a lot* like him.
(37) a. This one is *much / *a lot* the same as that one.
　　　b. Jamaica is *much / *a lot* the largest of half-a-dozen Caribbean islands.

　a lot が much に置き換わることができるのは，① 比較の意味を持つ語を修飾する場合 (31)，② -ed 形を修飾する場合 (32), (33) (位置は much と変わって後置修飾になる)，③ 「似ている」の意味の前置詞 like (ただしこの場合は，much より very のほうが普通) である．① ② は quantification であり，この場合に a lot と置き換えが可能である．ただ，(31) で見るように prefer の場合に a lot に置き換えはできない．これは，prefer という堅い語と a lot というくだけた語の並置が許されないことからくるのであろう．(30) の前置詞 like の場合は very が普通であるが，much も起こりえる．

5.2. 機能的特徴

　very は，① 段階性をもった形容詞や一部の -ed 形などを直接に前位修飾して，意味を強調する機能，② 形容詞・副詞の最上級や名詞を直接に前位修飾して，被修飾語以外の何物でもないという「同定」する機能がある．名詞を修飾する場合は形容詞であることは言うまでもない．

　これに対して，much は大きくわけて3つの機能をもつことを 3.1 節で見た．Quirk et al. (1985) の用語を借りると，much は副詞のうちの「付加詞」と呼ばれる種類である．修飾する語句によって，次のような機能があることがわかった．

　　(a)　被修飾語を前位修飾する付加詞
　　(b)　名詞句・前置詞句・節を修飾する付加詞
　　(c)　動詞を遊離的に修飾する付加詞

(a) の場合は，形容詞・副詞の比較級と最上級を修飾し，「量的な多さ」を言う．(b), (c) の場合は，被修飾語の意味を強め，very と類義的な意味をもつことがわかった．

much が単独で機能するのは (a), (b) の場合で，(c) の場合は not, very, so, too, pretty などの修飾語を伴うのが普通である．(c) の場合になぜこのような使用の制限があるかは今のところ明らかでない．

6. 定型表現としての very much

ここで，much と very の比較のために，very much について調べておく．very much の機能には，大きく分けて2種類ある．1つは，much を強めた場合であり，後1つは，very much が定型表現化して，新たな用法を発達させた場合である．much の強意形としての very much については，すでに随所で述べてきた．ここでは，定型表現としての very much について，「はじめに」で述べたことをさらに詳しく見ることにする．用例はすべて COCA コーパスから．

6.1. 「同定」の機能

(38) GWEN-IFILL: And so was this outcome then driven mostly by domestic issues rather than international issues that we see playing out here at home?
MARGARET-WARNER: Yes, *very much* domestic issues.
(G: それで，では，この結果は，我々が国内で見ている問題は，国際問題というよりは国内問題が生み出した結果なのですか．
M: そうです．極めて国内的な問題です)

この例では，very much は domestic を強調するというよりは，international という語との比較で，domestic という語が妥当であるという同定を強める意味である．次例も同様である．

(39) After being *very much* the king/queen of the castle at secondary school it was a great eye opener to find herself surrounded by all

these brilliant and clever people.
(中等学校ではお城の王様・女王様であったが，このような知的で賢い人たちに囲まれて，大きく目を覚まさせられた）

「まさにお城の王様・女王様」の意味であり，上で見た very much the same などのような強意の意味ではない．

(40) Some of this undoubtedly derives from Niki's background, which is proper to the point of pedantry and *very much* old Austria.
(この出来事の背景の一部は，間違いなくナイキの裏事情がある．杓子定規と言っていいほどまでに堅苦しく，優れて古きオーストリアそのものである）

(41) Private corporations are still the major institutions responsible for the creation of wealth in the Western world and the modern corporation is *very much* an invention of the nineteenth century.
(個人企業は今でも西洋世界では富の創造に責任のある主要組織であり，近代の企業は 19 世紀の発明そのものである）

(40) は「古きオーストリアそのもの」，(41) は「まさに 19 世紀の発明物」の意味で，(39) と同様である．

6.2. 「段階化」の機能

次例の場合はどうだろうか．

(42) We may be in Oxford, but the mood's *very much* Japanese and to the taste of the President of the Board of Trade.
(我々はオックスフォードに居るのかもしれないが，気分は極めて日本的であり通商委員会委員長の好みに合っている）

(43) ... Gavyn Davies's recent article, which showed that what most greatly influences investment is availability of markets and demand, and that running costs come *very much* second to those factors.
(ガビン・デイビスの最近の記事は，投資に最も影響するものは市場が身近にあるかという点と需要があることと，運営コストはこれらの要因のずっ

と離れて 2 番目にくることを示した)

　Japanese も second も段階性をもたない語である．これらを修飾する very much は，それぞれ「とても日本的な」「ずっと離れて 2 番手」という意味である．very much は段階性を持たない語に段階性を与えて，その意味を強める働きであると考えてよい．

　このように，very much は，very と同じ「同定」を強める機能と，段階性をもたない形容詞などに段階性を与えて，それを強調するという機能をもつということができる．この機能を「段階化」(gradation) 機能ということにする．

7. 結語

　much には，基本的に ① 量の多さを強調する機能，② very と類義的で，very が被修飾語を直接に前置修飾する機能に限られているために，その他の位置や被修飾語の修飾をする機能がある．また，very much には，very の identification の機能と much の自由な機能を合わせて，much にも very にもない新たな機能を発達させている．すなわち，意味的には identification であるが，段階性のない形容詞・副詞や名詞句を修飾するという機能である．

　以上述べてきたことを表にすると次のようになる．Table 1 には very much 独特の機能はあげていない．(very) much は，much と much の強意の very much が可能であることを示す．それに対して very much は very much だけが可能な用法である．

Table 1　very/much の分布

機能 \ 被修飾	前置修飾 語	前置修飾 句・節	遊離 語・句・節
intensification	very	(very) much	(very) much
identification	very / very much	very much	×
quantification	(very) much / very much	×	×

参 考 文 献

[コーパス]
BNC: The British National Corpus. 小学館が提供する CQS を利用．
COCA: The Corpus of Contemporary American English
COHA: The Corpus of Historical American English
"LKL": "Larry King Live" アメリカ CNN 放送の番組 "Larry King Live" のトランスクリプト（1994.2 〜 2009.8 までを使用，総語数は 3000 万語以上）
Modern English Collection
WB: WordBanks*Online*. 小学館が提供する CQS を利用．

[辞書]
神田乃武・南日恒太郎（共編）（1909）『英和雙解熟語大辭典』有朋堂書店，東京．
勝俣銓吉郎（1939）『研究社英和活用大辞典』研究社，東京．
勝俣銓吉郎（1958）『研究社新英和活用大辞典』研究社，東京．
市川繁治郎（編集代表）（1995）『研究社新編英和活用大辞典』研究社，東京．
齋藤秀三郎（1915）『熟語本位英和中辞典』日英社，東京．
『岩波英和辞典』（1936）島村盛助・土居光知・田中菊雄（編），岩波書店，東京．
『研究社新英和大辞典』初版（1927）研究社，東京．
『研究社新英和大辞典』第二版（1936）研究社，東京．
『研究社新英和大辞典』第六版（2002）研究社，東京．
『三省堂英和大辞典』（1928）三省堂，東京．
『三省堂クラウン英語熟語辞典』（1965）三省堂，東京．
『ランダムハウス英和大辞典』第二版（1994）小学館，東京．
John Russell Bartlett（1848）*Dictionary of Americanisms: A Glossary of Words and Phrases Usually Regarded as Peculiar to the United States*, 1848, Nabu Press, South Carolina.
AHD[3, 4]: *American Heritage Dictionary*, 3rd ed. 1992, 4th ed. 2000, Hougton Mifflin, Boston.
AHPV: *The American Heritage Dictionary of Phrasal Verbs*, 2005, Houghton Mifflin, Boston.
ALD: *Advanced Learner's Dictionary*, 1963, Kaitakusha, Tokyo.
BBI[1]: *The BBI Combinatory Dictionary of English*, 1986, John Benjamins, Amsterdam.

*BBI*²: *The BBI Dictionary of English Word Combinations*, 2nd ed. 1997, John Benjamins, Amsterdam.

*BBI*³: *The BBI Combinatory Dictionary of English*, 3rd ed. 2010, John Benjamins, Amsterdam.

*CALD*¹,²,³: *Cambridge Advanced Learner's Dictionary*, 1st ed. 2003, 2nd ed. 2005, 3rd ed. 2008, Cambridge University Press, Cambridge.

*COB*⁴,⁵,⁷: *Collins COBUILD Advanced Learner's English Dictionary*, 4th ed. 2004, 5th ed. 2009, 7th ed. 2012, HarperCollins, London.

*COD*¹,¹⁰,¹¹: *The Concise Oxford Dictionary of Current English*, 1st ed. 1911, 10th ed. 1999, 11th ed. 2004, Oxford University Press, Oxford.

*DAI*¹,²: *A Dictionary of American Idioms*, 1st ed. 1975, 2nd ed. 1987, Barron's Hauppauge, New York.

ISED: *Idiomatic and Syntactic English Dictionary*, 1942, A. S. Hornby, E. V. Gatenby and H. Wakefield (eds.), Kaitakusha, Tokyo.

*LAAD*¹,²: *Longman Advanced American Dictionary*, 1st ed. 1999, 2nd ed. 2007, Longman, London.

*LDCE*³,⁴,⁵: *Longman Dictionary of Contemporary English*, 3rd ed. 1995, 4th ed. 2003, 5th ed. 2009, Pearson Education, London.

LDEI: *Longman Dictionary of English Idioms*, 1979, Longman, London.

MCD: *Macmillan Collocations Dictionary*, 2010, Macmillan Education, Oxford.

*MED*¹,²: *Macmillan English Dictionary*, 1st ed. 2002, 2nd ed. 2007, Macmillan Education, Oxford.

MEU: *Modern English Usage*, 1926, H. W. Fowler, Oxford University Press, Oxford.

*MEU*³: *The New Fowler's Modern English Usage*, 3rd ed. 1996, Oxford University Press, Oxford.

*MWCD*¹¹: *Merriam-Webster's Collegiate Dictionary*, 11th ed. 2003, Merriam-Webster, Springfield, MA.

MWDEU: *Merriam-Webster's Dictionary of English Usage*, 1994, Merriam-Webster, Springfield, MA.

*OALD*³,⁴,⁵,⁶,⁷,⁸: *Oxford Advanced English Dictionary*, 3rd ed. 1974, 4th ed. 1989, 5th ed. 1995, 6th ed. 2000, 7th ed. 2005, 8th ed. 2011, Oxford University Press, Oxford.

*OCD*²: *Oxford Collocations Dictionary for Students of English*, 2nd ed., Oxford University Press, Oxford.

*ODCIE*¹,²: *Oxford Dictionary of Current Idiomatic English*, Vol. 1 1975, Vol. 2 1983, Oxford University Press, Oxford.

OED: *The Oxford English Dictionary on Historical Principles*, 1857–1928, Oxford

University Press, Oxford.
OED^2: *The Oxford English Dictionary on Historical Principles on CD-ROM*, 1992, Oxford University Press, Oxford.
RHD^2: *Random House Webster's Unabridged Dictionary*, 2nd ed. 2005, Random House, New York.
SEC: *Selected English Collocations*, 1982, Wydawnictwo Naukowe PWN, Warsaw.
SOD^6: *The Shorter Oxford English Dictionary on Historical Principles*, 6th ed. 2007, Oxford University Press, Oxford.
$Web.^{2,3}$: *Webster's Second New International Dictionary of the English Language*, 1934; *Webster's Third New International Dictionary of the English Language*, 1961, Merriam-Webster, Springfield, MA.
$WNWD^4$: *Webster's New World Dictionary of American English*, 4th College ed. 2000, Prentice Hall.
『ユース』:『ユースプログレッシブ英和辞典』, 八木克正 (編集主幹), 2004, 小学館, 東京.

[著書・論文]
Aats, B. and A. McMahon, eds. (2006) *The Handbook of English Linguistics*, Blackwell, Malden, MA.
Abercrombie, D. (1967) *Elements of General Phonetics*, Edinburgh University Press, Edinburgh.
秋元実治 (2002)『文法化とイディオム化』ひつじ書房, 東京.
荒木一雄・安井稔 (1992)『現代英文法辞典』三省堂, 東京.
Biber, D., S. Johansson, G. Leech, S. Conrad and E. Finegan (1999) *Longman Grammar of Spoken and Written English*, Longman, London.
Bolinger, D. (1977) *Meaning and Form*, Longman, London.
Bolinger, D. (1980) *Language—The Loaded Weapon: The Use and Abuse of Language Today*, Longman, London.
Burger, H., D. Cobrovol'skil, P. Kühn and N. R. Norrick (2007) *Phraseology: An International Handbook for Contemporary Research*, Walter de Gruyter, Berlin.
Carter, R. and M. McCarthy (2006) *Cambridge Grammar of English: A Comprehensive to Guide Spoken and Written English Grammar and Usage*, Cambridge University Press, Cambridge.
Chomsky, N. (1971) *Problems of Knowledge and Freedom*, Random House, Panthoen.
Cowie, A. P. (1981) "The Treatment of Collocations and Idioms in Learner's Dictionaries," *Applied Linguistics* 2.3, 223–235.
Cowie, A. P. (1998a) "A. S. Hornby: A Centenary Tribute," European Society for

Lexicography (EURALEX) '98 Proceedings, 3-16.
Cowie, A. P. (1998b) *Phraseology: Theory, Analysis, and Applications*, Clarendon Press, Oxford.
Cowie, A. P. (1999) *English Dictionary for Foreign Learners: A History*, Clarendon Press, Oxford.
Croft, W. (2001) "Typology," *The Handbook of Linguistics*, ed. by M. Aronoff and J. Rees-Miller, 337-368, Blackwell, Malden, MA.
Crystal, D. (2003) *A Dictionary of Linguistics & Phonetics*, 5th ed., Blackwell, Oxford.
Culicover, P. W. (1999) *Syntactic Nuts: Hard Cases, Syntactic Theory, and Language Acquisition*, Oxford University Press, Oxford.
Dixon, J. M. (1886) *English Lessons for Japanese Students*, 共益商社, 東京.
Dixon, J. M. (1891) *Dictionary of Idiomatic English Phrases*, T. Nelson and Sons, London.
江川泰一郎 (2002)『英文法解説』(改訂三版), 金子書房, 東京.
Enfield, J. N. (2003) "The Definition of *WHAT-'d-you-call-it*: Semantics and Pragmatics of Recognitional Deixis," *Journal of Pragmatics* 35, 101-117.
Faucett, F., H. E. Palmer, E. L. Thorndike and M. West (1936) *Interim Report on Vocabulary Selection*, P. S. King & Son, London.
Foulkes, P. (2006) "Phonological Variation: A Global Perspective," *The Handbook of English Linguistics*, ed. by B. Aats and A. McMahon, 625-669, Blackwell, Malden, MA.
Francis, G., S. Hunston, E. Manning and T. Lane, eds. (1996) *Collins COBUILD Grammar Patterns 1: Verbs*, HarperCollins, London.
Francis, G., S. Hunston, E. Manning and T. Lane, eds. (1998) *Collins COBUILD Grammar Patterns 2: Nouns and Adjectives*, HarperCollins, London.
深谷輝彦 (2001)「構文理論とコーパス」『英語青年』12月号, Vol. 147, No. 9, 544-546.
Ginzburg, R. S., S. S. Khidekel, G. Y. Knyazeva and A. A. Sankin (1979) *A Corpus in Modern English Lexicography*, 2nd ed., Vuisshaya Shkola, Moscow.
Halliday, M. A. K. (1961) "Categories of the Theory of Grammar," *Word* 17, 241-292.
Halliday, M. A. K. (1994) *Introduction to Functional Grammar*, 2nd ed., Arnold, London.
日比野日出男 (2002)「no matter の補部を探る」『英語青年』3月号, Vol. 147, No. 12, 786-787.
Hoey, M. (2005) *Lexical Priming: A New Theory of Words and Language*, Routledge, London.

参考文献

Hocket, C. (1958) *A Course in Modern Linguistics*, Macmillan, New York.
Howard, G. (1993) *The Good English Guide: English Usage in the 1990s*, Macmillan, London.
Howarth, P. A. (1998) "The Phraseology of Learners' Academic Writing," *Phraseology: Theory, Analysis, and Applications*, ed. by A. P. Cowie, 161-186, Clarendon Press, Oxford.
Huddleston, R. and G. K. Pullum (2002) *The Cambridge Grammar of the English Language*, Cambridge University Press, Cambridge.
市河三喜 (1912)『英文法研究』研究社, 東京.
市河三喜 (編著) (1940)『研究社英語學辞典』(*Kenkyusha's Dictionary of English Philology*), 研究社, 東京.
今井邦彦・中島平三 (1978)『文Ⅱ』(現代の英文法5), 研究社, 東京.
今井邦彦 (1986)『新しい発想による英語発音指導』大修館書店, 東京.
井上亜依 (2003)「Phraseology に基づく口語英語研究—you know what の場合—」『言語コミュニケーション文化』Vol. 1, No. 1, 29-43, 関西学院大学大学院言語コミュニケーション文化研究科.
井上亜依 (2004)「口語英語の phraseology—let's say の多義性」*JASEC BULLETIN* Vol. 13, No. 1, 16-26, 日本英語コミュニケーション学会.
Inoue, A. (2006) *A Corpus-based Study on the Phraseology of Spoken English with Special Reference to the Polysemy and Multifunction of Frequently Used Phrases*, Ph.D. thesis, Kwansei Gakuin University.
Inoue, A. (2007) *Present-Day Spoken English: A Phraseological Approach*, Kaitakusha, Tokyo.
井上亜依 (2009)「文末疑問詞疑問文の成句化—like what? の場合」『防衛大学校紀要』第98輯, 163-180.
石橋幸太郎 (編者代表) (1966)『英語語法大事典』大修館書店, 東京.
石橋幸太郎 (編集主幹) (1973)『現代英語学辞典』成美堂, 東京.
Jespersen, O. (1922) *Language: Its Nature, Development, and Origin*, Allen and Unwin, London.
Jespersen, O. (1927) [reprinted in 1965] *A Modern English Grammar on Historical Principles*, Part III *Syntax* (Second volume), George Allen and Unwin, London.
Kajita, M. (1977) "Towards a Dynamic Model of Syntax," *Studies in English Linguistics* 5, 44-66.
Katz, J. J. and J. A. Fodor (1963) "The Structure of a Semantic Theory," *Language* 39, 170-210.
小西友七 (1964)『現代英語の文法と背景』研究社出版, 東京.
小西友七 (編) (1980)『英語基本動詞辞典』研究社出版, 東京.

小西友七(編)(1989)『英語基本形容詞・副詞辞典』研究社出版, 東京.
小西友七(編)(2006)『現代英語語法辞典』三省堂, 東京.
国広哲弥(1997)『理想の国語辞典』大修館書店, 東京.
Langacker, R. W. (1987) *Foundations of Cognitive Grammar*, 2 vols., Stanford University Press, Stanford.
Leech, G. (1983) *Principles of Pragmatics*, Longman, London.
Leech, G., M. Hundt, C. Mair and N. Smith (2009) *Changes in Contemporary English: A Grammatical Study*, Cambridge University Press, Cambridge.
Leech, G. and J. Svartvik (2002) *A Communicative Grammar of English*, 3rd ed., Longman, London.
MacArthur, T., ed. (1992) *The Oxford Companion to the English Language*, Oxford University Press, Oxford.
Mair, C. and G. Leech (2006) "Current Changes in English Syntax," *The Handbook of English Linguistics*, ed. by B. Aats and A. McMahon, 318-342, Blackwell, Malden, MA.
Martinet, A. (1955) *Economie Des Changements Phonétiques; Traité de Phonologie Diachronique*, Francke, Bern.
Martinet, A. (1960) *Elements of General Linguistics*, Translated by Elisabeth Palmer, Faber & Faber, London.
Matinet, A. (1962) *Functional View of Language*, Oxford University Press, Oxford. [田中春美・倉又浩一(訳)(1975)『アンドレ・マルティネ　言語機能論』みすず書房, 東京(本書での引用ページ数は訳書のもの)]
松浪有・池上嘉彦・今井邦彦(編)(1983)『大修館英語学事典』大修館書店, 東京.
McIntosh, A. and M. A. K. Halliday (1966) *Patterns of Language—Papers in General, Descriptive and Applied Linguistics*, Longmans, London.
Mitchell, T. F. (1958) "Syntagmatic Relations in Linguistic Analysis," W. S. Allen and N. C. Scott (eds.), *Transactions of the Philological Society*, 58: 1, 101-108, Longman, London.
南出康世・石川慎一郎(訳)(2009)『慣用連語とコロケーション——コーパス・辞書・言語教育への応用』くろしお出版, 東京.
Naganuma, K. (1976) "The History of Advanced Learner's Dictionary: A. S. Hornby, ISED, and Kaitakusha, Tokyo," *In Honour of A. S. Hornby*, ed. by P. Strevens, 11-13, Oxford University Press, Oxford.
中尾俊夫(1985)『音韻史』(英語学体系 11), 大修館書店, 東京.
小川佐太郎(1954)『形容詞』(英文法シリーズ 8), 研究社, 東京.
Ogawa, Y. (1976) "Hornby Osei: A Tribute to Japan," *In Honour of A. S. Hornby*, ed. by P. Strevens, 8-10, Oxford University Press, Oxford.
大村喜吉(1960)『齋藤秀三郎伝——その生涯と業績——』吾妻書房, 東京.

大沼雅彦（1968）『性質・状態の言い方　比較表現』（英語の語法　表現篇　第 3 巻），研究社，東京．

太田朗（1977）『英語学と英語教育をめぐって』英語教育協議会，東京．

大塚高信・中島文雄（監修）（1982）『新英語学辞典』研究社，東京．

Palmer, H. E. (1930) *First Interim Report on Vocabulary Selection*, Kaitakusha, Tokyo.

Palmer, H. E. (1931) *Second Interim Report on Vocabulary Selection*, Kaitakusha, Tokyo.

Palmer, H. E. (1933) *Second Interim Report on English Collocations*, Kaitakusha, Tokyo.

Palmer, H. E. (1938) *A Grammar of English Words*, Longman, London.

Palmer, H. E. and A. S. Hornby (1937) *Thousand-Word English: What It Is and What Can Be Done with It*, George G. Harrap & Co., London.

Pawley, A. (2009) "Grammarians' Languages versus Humanists' Languages and the Place of Speech Act Formulas in Models of Linguistic Competence," *Formulaic Language*, vol. 2. *Acquisition, Loss, Psychological Reality, and Functional Explanations*, ed. by R. Corrigan, E. A. Moravcsik, H. Ouali and K. M. Wheatley, John Benjamins, Amsterdam.

Quirk, R., S. Greenbaum, G. Leech and J. Svartvik (1985) *A Comprehensive Grammar of the English Language*, Longman, London.

Saeed, J. I. (1997) *Semantics*, Blackwell, Oxford.

齋藤秀三郎（1893）*English Conversation-Grammar* (revised by James Main Dixon), 興文社，東京．

齋藤秀三郎（1898）*Practical English Grammar*，名著普及会，東京，1980．

齋藤秀三郎（1901）*Advanced English Lessons*，名著普及会，東京，1982．

齋藤秀三郎（1904）*Monographs on Prepositions*，名著普及会，東京，1980．

齋藤秀三郎（1905–1909）*Class-Books of English Idiomology*，名著普及会，東京，1983．

齋藤秀三郎（1908）*New Higher English Lessons*，名著普及会，東京，1982．

齋藤秀三郎（1911）*Studies in Radical English Verbs*，名著普及会，東京，1984．

Sampson, G. R. (2001) *Empirical Linguistics*, Continuum, London.

Sapir, E. (1921) *Language: An Introduction to the Study of Speech*. [Reprinted by Granada Publishing Co., London, 1978.]

Sinclair, J. (2008) "Preface," *Phraseology: An Interdisciplinary Perspective*, XV–XVIII, John Benjamin, Amsterdam/Philadelphia.

Strevens. P., ed. (1976) *In Honour of A. S. Hornby*, Oxford University Press, Oxford.

Stubbs, M. (2001) *Words and Phrases: Corpus Studies of Lexical Semantics*,

Blackwell, Oxford.
Swan, M. (2005) *Practical English Usage*, 3rd ed., Oxford University Press, Oxford.
Sweet, H. (1888) *A History of English Sounds from the Earliest Period*, Clarendon Press, Oxford.
Sweet, H. (1891) *A New English Grammar: Logical and Historical*, Part I *Introduction, Phonology, and Accidence*, Clarendon Press, Oxford.
Tognini-Bonelli, E. (1996) *Corpus Linguistics at Work*, Studies in Corpus Linguistics 6, John Benjamins, Amsterdam.
豊田實（1939）『日本英學史の研究』岩波書店，東京．
鶴田千佳子・柴田真一（2007）『ダボス会議に学ぶ――世界を動かすトップの英語』コスモピア，東京．
Vicentini, A. (2003) "The Economy Principle in Language: Notes and Observations from Early Modern English Grammars," Mots Palabras Words-3/ 2003 http://www.ledonline.it/mpw/ 37–57.
渡辺昇一（1975）『英語学史』（英語学体系 13），大修館書店，東京．
渡辺登士(編著者代表)（1976）『続・英語語法大事典』大修館書店，東京．
渡辺登士(編著者代表)（1981）『英語語法大事典 第 3 集』大修館書店，東京．
綿貫陽(改訂・著)，宮川幸久・須貝猛敏・高松尚弘（共著），マーク・ピーターセン（英文校閲）（2002）『ロイヤル英文法』（改訂新版），旺文社，東京．
Wells, J. C. (2000) *Longman Pronunciation Dictionary*, New ed., Longman, London.
West, M., ed. (1953) *A General Service List of English Words with Semantic Frequencies and a Supplementary Word-List for the Writing of Popular Science and Technology*, Longman, London.
Whitney, W. D. (1867) *Language and the Study of Language: Twelve Lectures on the Principles of Linguistic Science*, Charles Scribner & Co., New York.
Widdowson, H. G. (1989) "Knowledge of Language and Ability for Use," *Applied Linguistics* Vol. 10, No. 2, 128–137.
Willis, D. (2003) *Rules, Patterns and Words: Grammar and Lexis in English Language Teaching* (Cambridge Language Teaching Library), Cambridge University Press, Cambridge.
八木克正（1987）『新しい語法研究』山口書店，京都．
八木克正（1996）『ネイティブの直観にせまる語法研究――現代英語への記述的アプローチ』研究社出版，東京．
八木克正（1999）『英語の文法と語法――意味からのアプローチ』研究社出版，東京．
八木克正（2000）「口語英語研究と辞書記述」*Helicon* No. 24（帝塚山短期大学英米語専攻紀要最終号），30–66．

Yagi, K. (2001) "Patterning of English Adjectives: For the Improvement of Learners' Dictionaries," *ASIALEX 2001 Proceedings: Asian Bilingualism and the Dictionary*, The Second ASIALEX International Congress August 8-10, 2001, 112-118, Center for Linguistic Informatics Development, Yonsei University, Seoul.

八木克正（2002）「口語英語の文法特徴—LKL Corpus を使って（1）」『言語と文化』（関西学院大学言語教育センター紀要），第5号，1-15.

八木克正（2003）「文末疑問詞疑問文の統語的特徴と語用論的成立条件の実証的研究」『英語青年』8月号, Vol. 149, No. 5, 293-295.

八木克正（2004a）「意味的統語論から見た want の補文構造」『英語研究の諸相—言語・教育・文学』，後藤弘（編著），15-36，共同文化社，札幌.

八木克正（2004b）「語法アラカルト［18］，［19］— no matter と whatever の前置詞的な機能（1）（2）」『小学館ランゲージ・ワールド』「語法の鉄人 121, 122」(http:l-world.cplaza.ne.jp/e-tetujin/index.html)

八木克正（2006a）「意味的統語論からみた副詞 much と very の用法」『言語と文化』（関西学院大学言語研究教育センター），第9号，1-17.

八木克正（2006b）『英和辞典の研究—英語認識の改善のために』開拓社，東京.

八木克正（2007a）『世界に通用しない英語—あなたの教室英語，大丈夫？』開拓社，東京.

八木克正（2007b）「英語の変化と辞書記述」『エクス』5，19-30，関西学院大学経済学部.

八木克正（2007c）「「教室英語」を見直す：who と which, who と what の用法から」『英語教育』9月号, Vol. 56, No. 7, 31-35.

八木克正（2008a）「underlying と delicious」『英語教育』10月号（57:7），86，FORUM.

八木克正（2008b）「How come? と Why? はどう違うか」『英語教育』11月号，Vol. 57, No. 9, 75-76.

Yagi, K. (2011) "Updating English-Japanese Dictionaries from the Phraseological Viewpoint," *Lexicography: Theoretical and Practical Perspective* (ASIALEX 2011 (Asian Association for Lexicography) Proceedings)), ed. by K. Akasu and S. Uchida, 597-607.

八木克正（2013）「フレイジオロジーと実証性」『関西学院大学社会学部紀要』第116号，45-61.

八木克正・井上亜依（2004）「譲歩を表す成句表現にともなう省略現象と機能転換」『英語語法文法研究』第11号，158-173，英語語法文法学会.

山崎貞『新々英文解釈研究』（復刻版），佐山栄太郎改訂，1965年版，研究社，東京.

安井稔・中村順良（1984）『代用表現』（現代の英文法 第10巻），研究社出版，東京.

安井稔(編)(1996)『コンサイス英文法辞典』三省堂, 東京.
安井稔・長谷川ミサ子 (2000)「心理動詞の -ed 形について」『英語青年』7 月号, No. 146, Vol. 4,   .
Zipf, G. K. (1949) *Human Behavior and the Principle of Least Effort: An Introduction to Human Ecology*, Addison-Wesley Press, Cambridge, MA.

索　引

1. 英語・日本語ともアルファベット順に配列した．
2. ～は見出し語を代用する．
3. 数字はすべてページ数を示す．f. は次ページに続く，ff. は次ページ以後にも続くの意味．fn. は脚注．

人　名

アバークロンビー（Abercrombie, D.）　96
アモソワ（Amosova, N. N.）　65, 76f.
バーガー（Burger, H.）　6, 57, 77
バイイ（Bally, C.）　59, 75
バイバー（Biber, D）　6f., 277
ベンソン（Benson, E.）　60, 65
ベンソン（Benson, M.）　60, 65
ボリンジャー（Bolinger, D.）　92, 95, 224f., 264, 268
カーネギー（Carnegie, W.）　49
カウイ（Cowie, A. P.）　8, 45ff., 59ff., 65, 76f., 79
クリスタル（Crystal, D.）　84fn.
チョムスキー（Chomsky, N.）　13, 88f.
　コーパス言語学は存在しない　5, 13
Dzierżanowska　60, 64
ディクソン（Dixon, J. M.）　33, 39ff., 53
ファース（Firth, J. R.）　14f., 58, 76
フォーセット（Faucett, L. W.）　48f.
フライシャー（Fleischer, W.）　78
ゲートンビー（Gatenby, E. V.）　47, 60
ハリデー（Halliday, M. A. K.）　14f., 22ff., 76f, 92
ホーンビー（Hornby, A. S.）　41, 45ff., 53, 58ff., 104
ホイ（Hoey, M.）　5f., 13
イルソン（Ilson, R.）　60, 65
市河三喜　37, 88
イェスペルセン（Jespersen, O.）　90ff., 95, 100, 264
ジョーンズ（Jones, D）　54
キャッツ・フォドー（J. J. Katz and J. D. Fodor）　21f.
Kozłowska　60, 64
クロイジンハ（Kruisinga, E.）　100
勝俣銓吉郎　13, 32ff., 60
神田乃武　31, 34, 59
木下正雄　42
ラネカー（Langacker, R. W.）　22f.
リーチ（Leech, G）　11, 18, 82, 86, 92, 95f., 146
マッカイ（Makkai, A.）　60, 62, 76f.
マッキン（Mackin, R.）　60f.
マルティネ（Martinet, A.）　88, 93ff.
ミッチェル（Mitchell, T. F.）　61, 76f.
松方幸次郎　42
南日恒太郎　31, 34, 59
パーマー（Palmer, H. E.）　41f., 44ff., 48f., 53, 58ff.
パウル（Paul, H）　90
ポウツマ（Poutsma, H.）　100
サピア（Sapir, E.）　49, 85f.

319

サンプソン（Sampson, G. R.） 13
シュライヒャー（Schleicher, A.） 88
シェリダン（Sheridan, T.） 89
シンクレア（Sinclair, J.） 15f., 21, 58, 76f., 201
スウィート（Sweet, H.） 44, 90f., 93, 95, 100
スタッブズ（Stubbs, M.） 5f.
澤柳政太郎 42
齋藤秀三郎 37ff., 43, 48, 53, 59, 101, 244ff., 257, 260
サン（Thun, H.） 77
ビセンティーニ（Vicentini, A.） 89, 97
ヴィノグラードフ（Vinogradov, V. V.） 64f., 75ff.; ロシアの定型表現の父 76
ウィッドウソン（Widdowson, H.） 47
ウェークフィールド（Wakefield, H.） 47, 60
ウエスト（West, M.） 48ff., 53, 63
ホイットニー（Whitney, D.） 88, 90f., 101
渡辺登士 89f.
ソーンダイク（Thorndike, E. L.） 46, 48f., 53
山崎貞 245f., 257
ジップ（Zipf, G. K.） 83, 88, 93, 95

組　織

Carnegie Conference on Vocabulary Selection 49
European Society for Phraseology (EUROPHRAS) 57, 76, 78f.
IELTS (International English Language Testing System, 国際能力試験) 67f.
英語教授研究所（The Institute for Research in English Language Teaching) 53
外国語教育研究所（The Institute for Research in Language Teaching: IRLT) 53
the Institute for Research in English Teaching (I.R.E.T.) 42, 45fn.

書　名

A Dictionary of American Idioms (DAI) 62
A Grammar of English Words (GEW) 44, 48, 60, 63
A Learner's Dictionary of Current English 47
Advanced English Lessons 37f.
Advanced Learner's Dictionary (ALD) 45fn., 47, 55, 101, 104
Bilingualism, with Special Reference to Bengal 48
Burger et al. (2007) 6, 57
Cambridge Advanced Learner's Dictionary, 3rd edition ($CALD^3$) 71, 73f., 110, 115, 123, 133, 244, 254, 265, 274, 286, 294, 301
Collins COBUILD Advanced Learner's English Dictionary (COB) 71
Collins COBUILD Advanced Learner's English Dictionary, 5th edition (COB^5) 109f., 115, 123, 268, 301
Collins COBUILD Advanced Learner's English Dictionary, 7th edition (COB^7) 71, 265
Class-Books of English Idiomology 37
Dictionary of Idiomatic English Phrases 33, 39f.
『英文法研究』 37
『英和活用五千句』 35
『英和雙解熟語大辭典』（A Dictionary of English Phrases） 31, 34f., 59
English Conversation Grammar 37

索　引

English Lessons for Japanese Students　39

First Interim Report on Vocabulary Selection　43

『熟語本位英和中辞典』(*Saito's Idiomological English-Japanese Dictionary*)　37, 40, 43, 53, 59, 101, 103, 108, 227, 244ff.

Interim Report on Vocabulary Selection　48, 53

『岩波英和中辞典』　101

『熟語本位』→『熟語本位英和中辞典』

『活用』→『研究社英和活用大辞典』

『研究社英和活用大辞典』　13, 33ff., 60

『研究社英語學辞典』　88

『研究社英和大辞典』初版　101

Longman Advanced American Dictionary, 2nd edition ($LAAD^2$)　122f., 132f., 157f., 160, 178, 205, 208, 216, 265, 267fn.

Longman Dictionary of Contemporary English (*LDCE*)　47, 123

Longman Dictionary of Contemporary English, 4th edition ($LDCE^4$)　115, 300

Longman Dictionary of Contemporary English, 5th edition ($LDCE^5$)　71ff., 123, 133, 157, 187, 191, 202, 205, 216f., 221f., 265, 271, 274, 276

Longman Dictionary of English Idioms (*LDEI*)　60, 63f., 77

Macmillan Collocations Dictionary (*MCD*)　67f.

Macmillan English Dictionary, 2nd edition (MED^2)　70fn., 71, 74f., 102, 114, 122, 158, 166, 201, 207, 211, 221f., 254f., 265, 294, 301

Merriam Webster's Collegiate Dictionary, 11th edition ($MWCD^{11}$)　103, 105, 122

Monographs on Prepositions　37

New Higher English Lessons　37

Oxford Advanced English Dictionary　47

Oxford Advanced Learner's Dictionary (*OALD*)　47, 55, 71, 101, 104

Oxford Advanced English Dictionary, 3rd edition ($OALD^3$)　47, 104

Oxford Advanced English Dictionary, 4th edition ($OALD^4$)　47, 104

Oxford Advanced English Dictionary, 5th edition ($OALD^5$)　47, 101

Oxford Advanced English Dictionary, 6th edition ($OALD^6$)　47

Oxford Advanced English Dictionary, 7th edition ($OALD^7$)　47, 291, 300

Oxford Advanced English Dictionary, 8th edition ($OALD^8$)　47, 70fn., 71, 109, 114, 123, 133, 178, 216, 254

Oxford Collocations Dictionary for Students of English, 2nd edition (OCD^2)　67ff.

Oxford Dictionary of Current Idiomatic English, vol. 1 ($ODCIE^1$)　60f., 65, 77

Oxford Dictionary of Current Idiomatic English, vol. 2 ($ODCIE^2$)　60, 64f., 77, 227

Palmer and Hornby (1937) *Thousand-word English*　45f., 53

Saito's Practical English Grammar　37, 244fn., 245fn.

『三省堂クラウン英語熟語辞典』　101, 104

Selected English Collocations (*SEC*)　60, 64

Second Interim Report on English Collocations (*SIR*)　41ff., 48, 59

Second Interim Report on Vocabulary Selection　53

『新々英文解釈研究』 245f.
Studies in Radical English Verbs 37, 48
The American Heritage Dictionary of Phrasal Verbs (AHPV) 67, 70
The BBI Combinatory Dictionary of English (BBI¹) 60, 65, 75, 105, 124
The BBI Dictionary of English Word Combinations (BBI²) 60, 65, 105, 124
The BBI Combinatory Dictionary of English (BBI³) 60, 65, 105
The Concise Oxford Dictionary of Current English (COD) 100f., 108, 124, 246, 260
The General Service List (GSL) 49f., 53
The Idiomatic and Syntactic English Dictionary (ISED) 45fn., 47f., 55, 60, 63, 101, 104
The New Century Dictionary 101
The Oxford English Dictionary on Historical Principles (OED) 50, 100ff., 108, 225fn., 246, 260
The Oxford English Dictionary on Historical Principles on CD-ROM (OED²) 107, 119, 120f., 228, 259, 265, 269, 273f., 276, 278
The Shorter Oxford English Dictionary on Historical Principles, 6th edition (SOD⁶) 3, 12
The Universal Dictionary of the English Language (UED) 103f.
Webster's Third New International Dictionary of the English Language (Web³) 103, 105, 119, 121, 225fn.

用 語

アメリカ構造言語学 5, 11, 14, 49
バーガーの分類（定型表現の分野） 57f.
ボトムアップ（研究手法） 27
分析的比較級（more ～, most ～） 19
文献調査 27
文法化 96
文法規則 4, 6, 10f., 16f., 19f., 59, 95
文法研究 5, 21
文法的にも適格 8
文法的コロケーション 66
文法的変化の研究 18f.
文法論 14
文末疑問詞疑問文 →疑問文
母語話者の直感（内省） 16, 27
チャンク →chunk
中心的な部分（振る舞い）（言語現象の） 81, 147
調音の経済 96
do 支持 18
ドリフト（サピアの） 85
駆流, 偏流 85f.
代名詞化 93
代用形による代用 93
第二次学習辞典期（英和辞典の歴史） 31fn.
談話辞 133, 135, 141, 143, 147, 234
談話分析 11
伝達の必要性 94
動詞の助動詞化 18
動詞パタン（Francis et al. (1998) の） 25
動名詞（動詞補部として） 288
同一化 91
同化 85f., 91, 96
英文法研究 37, 246
エコー疑問文 →疑問文；～の定型表現 129ff.
英語定型表現研究 31

英和辞典史　31fn.
英和大辞典期（英和辞典の歴史）　31fn.
演繹（的）　26, 28; 〜的手法（アプローチ）　26ff.
不規則（性）　4f., 18, 90; 〜な現象　4
付加疑問文　→疑問文
グライス（協調の原理）　96
概念の範疇化　81, 147, 170, 215f.
蓋然性　19, 21
疑問文　文末疑問詞〜　129ff.; 付加〜　130; 疑問詞〜　130; 肯定〜　130; クイズ〜　13; 選択〜　130, 180; yes-no 〜　130; エコー〜　129ff., 153
疑問詞疑問文　→疑問文
偶然的コロケーション　16
偶発的な語と語との結合　34
原初的単語集期（英和辞典の歴史）　31fn.
現用　100
言語の創造性　11
言語運用　4
言語教育への応用　8
言語経済（性）　81, 83ff., 87, 90, 95ff., 216, 219; （発音における）　85f.; 〜の原理　216, 219; 〜の原則　83, 97; 〜は無意識的　85
言語研究（分野）　4ff., 9, 11f., 14, 17f., 22, 27, 30, 42, 78, 87, 95
言語使用　8, 11f., 16f., 20, 88f., 96
言語習得　8, 39, 58, 95; 〜能力　10; 〜言語習得理論　6
言語直感　12
言語能力の研究　16
言語類型学　84fn.
語のくっついたもの　→comings-together-of-words
語義（「意味」との区別）　289
語形変化的　94
語法研究　5, 11, 20

語用論（的）　11, 72, 92, 95, 158; 〜的意味　133
語彙イディオム　62
語彙プライミング　→lexical priming
語彙プロファイル　→lexical profile
語彙意味論　4
語彙項目　15, 21f.
語彙制限　48, 53
（基本）語彙選択　49, 52
語彙的コロケーション　66
語彙的意味（意味論的意味）　133, 147, 187ff., 192f.
語彙論　14
Halliday（1961）の枠組み　14, 24
開かれた let 命令文　→let 命令文
開かれた要素　18
排他的な we（→包括的な we）　177
「排列」（コロケーションの）　34; 〜方法　34ff.
発音のしやすさとスピード　89
発話促進定型表現　131
比喩的イディオム　65, 77
補足質問　227
表現の豊かさの原則　93
表層構造　24
頻度副詞　18
変化の法則　82
補部（BBI の）　66
補文標識　24, 299
包括的な we（→排他的な we）　177
方向付け（SEC における）　64
方法論（的）　5, 12, 29f., 99
翻訳期（英和辞典の歴史）　31fn.
1人称を包含する let 命令文　→let 命令文
イディオム　3f., 8f., 12ff., 16ff., 29, 32, 38ff., 43f., 51ff., 60ff., 72., 74, 77, 81, 227, 239, 244, 257, 260f.; （$CALD^3$ における）　74; （$OALD^8$ における）　71; 〜形成　18, 38; 〜性　61

IDIOM FINDER（*CALD*³ における）
　74
イディオモロジー　37, 39, 53, 58
意味(機能)　24; 〜とパタンの対応
　26; 〜と統語形式（パタン）の関連性
　22, 24, 154, 281, 287; 〜の元素　22;
　〜の二分　22; 〜の漂白化　145f.,
　152, 177, 192
意味的整合性　8
意味的統語論　22, 26, 154, 287, 289
意味的特徴　4, 26
意味伝達機能（ハリデーの）　92
意味標識　22
インフォーマント　27, 29, 102f., 110,
　124, 193, 195, 226, 243f., 249, 254, 257
インフォーマント調査　27, 100f., 193,
　237, 242, 249
（英語）辞書学　4ff., 8, 44, 100
「実例がある」　28
言語接触　86
自由連結語句　44f.
実証科学　30
実証性　30
実証的な定型表現研究　57
実証的研究の使命　82
純粋イディオム　65
助動詞化　87, 96
冗漫　82f., 94f., 216, 219
情報付与　201, 204f., 207
情報量の公理　96
状況　14
譲歩の定型表現　263ff., 274, 279ff.
(体系)機能文法　11, 22ff.
回避（you know what の）　134
仮説の検証　27
仮定法現在　18
会話分析　11
冠詞の省略　19, 87
慣習的ではない結合　34
慣用語法学（idiomology の訳）　39

慣用的　8, 11, 38
慣用連語　6
換喩　24, 77
形式主義　24
形態的・統語的変化　86
形態論　7, 14, 86, 92
形容詞パタン（Francis et al. (1998) の）
　25f.
経済（言語類型学の）　84fn.; 〜の原則
　90ff., 95; 〜の原理　82; 〜の法則
　38
経済性の原則　93
基本原理（メタセオリー）　82f., 215f.
帰納　26; 〜主義　26, 28; 〜的手法
　26; 〜的な方法　12, 82, 201, 219
規則性　4f., 18
規則的　4
ことわざ的イディオム　62
コーパス　7, 12ff., 18, 21, 26ff., 34, 50,
　59f., 68, 71f., 75f., 78, 100, 110f., 147,
　149, 151fn., 155, 164f., 171, 173, 175,
　228, 263, 270, 286f.
コーパス・ベースの　→corpus-based
コーパス駆動型　→corpus-driven
コーパス言語学　5, 7fn., 8., 11ff., 26, 58
コービルド・プロジェクト　16
コリゲーション　3
コロケーション　3, 5ff., 12ff., 20f., 28f.,
　32ff., 46, 50ff., 58f., 63f., 67ff., 74ff.,
　104f., 110
　〜のリスト　53; 〜選択　52;
　(*CALD*³ における)　74; (*OALD*⁸ に
　おける)　71; (勝俣,『活用』の)
　34ff.; (パーマーの)　41, 43ff.
コロケーション・ボックス (COLLOCA-
TION BOX) (*MED*² における)　75;
　(*LDCE*⁵ における)　72
コミュニケーション能力　10
共同編纂期, 第一次学習辞典期（英和辞
　典の歴史）　31fn.

索　引　325

強意の副詞　285, 289, 297, 299f.
句　3f., 6f., 16f., 38, 104, 307
句レベル　3f., 17
句動詞　18, 54, 60f., 67, 70, 72, 74f.;（$OALD^8$ における）　71
句動詞と前置詞付動詞（Mitchell の分類）　61
繰り上げ　24
鯨の法則　245fn.
決まり文句　3, 10, 32, 62, 65, 73;（COB^7 における）　72
結合価　66
告発の力（you know what の）　134
諺　6, 10, 16, 126;　～研究　11
構文（BBI の）　66
古英語（OE）　86, 88, 119
後期近代英語　30, 99
効果的な意思伝達　81ff., 86, 216
構文文法　13, 57
肯定疑問文　→疑問文
混交　81;　～形　177, 278
共同謀議（you know what の）　134
"LKL" Corpus　117, 135, 144, 149, 153, 165f., 171, 175, 185f., 190f., 195, 263
let 命令文　176f.;　開かれた～　177;　1 人称を包含する～　177f.
'Let's Talk'（$CALD^3$ における）　73
磨滅　147, 171
脈絡　14, 258
民族心理　91
名詞パタン（Francis et al. (1998) の）　25
名詞中心主義（定型表現の配列法）　32f.
命令文　126, 146, 176f.
明晰性の原則　93
黙字　90, 196
中心語　15
n グラム　→n-gram
ノルマン・フレンチ　86
人間の惰性　94

日本人のための英語辞書期　31fn.
認知言語学　6, 24, 26
認知文法　11, 13, 22f., 26
音韻論　14, 96
音声実質　14
追い込み見出し（DAI における）　62
パタン　3, 10, 13, 15, 17, 24ff., 28, 44, 63, 66, 75, 137, 141, 163, 172, 177, 187ff., 191, 197, 204f., 215, 228
パラダイム　12
フレーズ・レベルにおける「らしさ」　9
フレイジオロジー（本書の定義）　3ff.;（本書の呼称）　7;　～の研究対象　7
フレーズ（COB^7 における）　72;（MED^2 における）　74
プラハ学派　93
クイズ疑問文　→疑問文
「らしさ」　8f.
レキシカル・バンドル　→lexical bundle
レキシコン　4, 8
レジスター　7fn., 32, 63ff., 277
理論言語学　4, 13, 16f., 27
理論的定型表現研究　57
量的機能の副詞　297
類推　81, 90, 92, 95, 235, 270, 280
連結語　15
労力節減　81ff., 89, 92, 95f., 216;　～の原理　81, 96
スパン　15
ストレス表記（$OALD^8$ における）　71f.
スピーチレベル（『英和雙解熟語大辭典』）　32
再分析　234, 270, 280
最小労力　83;　～の原理（原則）　82f., 89f., 93, 95f.
最上級への移行　19
削除テスト　61, 77
索引見出し（DAI における）　62
制限語彙　63;　～900 語　45;　～リス

ト 42
制限的コロケーション 65
成句 3, 10, 16f., 33, 58, 114, 133
成句表現研究 6f.
成句論 6
生成意味論 22
生成文法 4f., 11, 13, 15f., 18, 24, 26, 84fn., 88
接続副詞 197, 207, 213ff., 216, 219
選択疑問文 →疑問文
選択制限 15, 22
使用頻度 8, 50, 83, 94, 129, 187
識別標識 22
主要見出し（DAI における） 62
周辺的な部分（言語現象の） 81, 171
習慣としての言語 10
習慣化 10f.
処理可能の原則 92
初期近代英語 30, 85, 99
所有の have 18
書記実質 14
書記論 14
省略 19, 66, 87, 89, 91, 93, 96, 114f., 117, 129f., 132, 145, 153, 177, 181, 192, 202, 234, 240, 248, 255, 263ff., 279f.
象徴性 84fn.
心理的力（言語変化の原因） 92
深層構造 24
進行形 18, 121
組織英語学 39
相互参照（DAI における） 62
総称 254, 256
's 所有格 19
to 不定詞（動詞補部として） 288f.
テキスト機能（Halliday の） 92
トピック名詞 266f., 270
多音節語（ストレスの位置） 90
多様化 82f.
対人機能（Halliday の） 92
置換テスト 61, 77

通常の命令文 176
定型表現 3f., 6ff., 12ff., 16ff., 29, 31ff., 39ff., 44, 48, 51ff., 57ff., 64f., 67, 71ff., 77ff., 81, 103ff., 108ff., 114f., 118, 129ff., 135, 145, 151ff., 165, 169ff., 173, 175f., 185, 189, 191f., 196f., 201, 208, 213, 215f., 221, 227, 254f., 257, 261, 263f., 268ff., 274, 279ff., 285f., 301, 305;（$OALD^8$ における）71; 〜のイディオム性 61; 〜的イディオム 62; 〜的結合 77; 〜的結合体 77; 〜度の段階 48
定式 10, 84fn.
統一化 83
統語規則 8, 21
統語標識 21f.
統語論 7, 14, 18, 86, 92, 95
統合的 94
閉ざされた要素 18
what で終わる定型表現 129
what で終わる命題部分省略定型表現 129f., 132, 145, 149, 151, 153
will に画一化（shall との比較）87
yes-no 疑問文 →疑問文
ヨーロッパの研究動向 7
ヨーロッパ定型表現学会 57
有意なコロケーション 15f.
融合 81, 170f., 173, 192, 235
余剰性 94
容易理論 91f.

accusing force（告発の力 you know what の）134
alternative question →quesetion
analogy →類推
avoidance（回避，you know what の）134
bottom-up 78, 82
casual collocation →collocaton
chunk 6

clarity principle, the 93
COBUILD Project 16
colligation 3f.
colligation（範疇結合）(*BBI* の) 66
collocate 15
collocation 3, 7fn,, 15, 21f., 43, 54, 65ff., 72, 78
　casual～ 16; grammatical～ 66; lexical～ 66; restricted～ 65; significant～ 15
combinatory (*BBI* の) 65f.
comings-together-of-words (Palmer の) 41ff., 53
complementation (*BBI* の) 66
concept categorization →概念の範疇化
congruent 8
conspiracy（共同謀議，you know what の）134
construction（構文）(*BBI* の) 66
context 14, 28, 78, 225
CONVENTION (*COB*[7] における) 72
conversation guiding phraseological unit, CGPU 131, 145, 153
corpus-based 28
corpus-driven 26, 28
cross-reference entry (*DAI* における) 62
current 100
declarative *wh*-question →question
discourse marker 113, 234
distinguisher 22
do-support 18
D Structure 24
drift 85f.
ease and speed 89
ease theory, the 91
echo-question →question
economy 38, 82, 84fn., 91fn., 96;
　～ principle, the 93; ～ of articulation 96; principle of ～ 82, 90; ～ of effort (in speech)（石橋（編）の）89; ～ of effort（勞力節減）88, 91, 93
effective communication 82
EFL (English as a Foreign Language) 41f., 59
ellipsis 93, 265, 269
exclusive "we" (→incluseive "we") 177
expressivity principle, the 93
figurative idiom →idiom
1st person inclusive *let*-imperative →imperative
follow-up question →question
formulae 32
formulaic language 16
functional grammar 22f.
grammar 14, 21, 23f., 37f., 41, 44, 60, 201, 244fn., 245fn.
grammatical →文法的にも適格
grammatical collocation →collocation
graphic substance 14
Grice's cooperative principle 96
iconicity 84fn.
ideational function (Halliday の) 92
idiom 3, 38, 78, 226; figurative ～ 65, 77; lexemic idiom 62; phrasal idiom 62; pure idiom 65
idiomatic 38
idiomaticity 48
idiomology 37ff.
imperative 1st person inclusive *let*-～ 177f.; *let*-～ 176; open *let*-～ 177; ordinary ～ 176
inclusive "we" (→exclusive "we") 177
index entry (*DAI* における) 62
interpersonal function (Halliday の) 92

intensification 289, 297, 299, 303, 307
interrogative sentence-final *wh*-word
 ～, SFWI 130, 153; *wh*-～ 130
irregularities 4
let-imperative →imperative
lexemic idiom →idiom
lexical bundle 6f.
lexical collocation →collocation
lexical item 21
lexical priming 6
lexical profile 6
lexical semantics 4
lexicography →(英語)辞書学
lexicon 4, 38
lexis 14f., 24
limited English word-list 42
linguistic performance 89
linguistic typology 84fn.
main entry (*DAI* における) 62
merging 170
metonymy 24
multiword expression 3
national psychology 91
n-gram 7
node 15
open *let*-imperative →imperative
ordinary imperative →imperative
orientation (*SEC* の) 64
orthography 14
paradigm(atic) 12, 94
paremiology 11
performance 4
phonetic substance 14
phonology 14
phrasal idiom →idiom
PHRASE (*COB*^{7} における) 72;
 (*MED*^{2} における) 74
phraseme 7, 77
phraseological combination 77; ～
 fusion 77; idioms 62; ～ unit(s)

 7, 76ff., 131; unities 77
phraseology (定型表現研究) 3ff., 11,
 57ff., 65, 76ff; (本書の定義) 3ff.;
 (本書の呼称) 7
phraseoloid 77
PICTURE DICTIONARY BOX (*COB*^{7}
 における) 72
pragmatic meaning →語用論的意味
Prague School of Linguistics, the 93
Principle of Economy, the (Hockett の)
 84fn.
principle of least effort, the 82
processibility principle, the 92
pronominalization 93
provebial idioms 62
psychological force 92
pure idiom →idiom
question alternative ～130; declara-
 tive *wh*-～ 130; echo-～ 130;
 follow-up ～ 227; quiz-type ～
 130; tag-～ 130; *yes-no* ～ 130
reanalysis 270
redundancy 82
regularity 4
restricted collocation →collocation
run-on entry 62
selection restriction 15, 22
semantic marker 22
semantic meaning →語彙的意味（意味
 論的意味）
semantic prime 22
semantic syntax 22
sentence-final *wh*-word interrogative,
 SFWI →interrogative
set phrase 3, 58
sexism 87
significant collocation →collocation
silent letter 90, 96
situation 14
span 15

索　引

S Structure　24
STUDY PAGES（OCD^2 の）　70
substitution　93
syntactic marker　21
syntagmatic　94
tag-question　→question
textual function（Halliday の）　92
THESAURUS（COB^7 における）　72
topic noun　→トピック名詞
USAGE（COB^7 における）　72
USAGE NOTE（BBI の）　66
valency（結合価）（BBI の）　66
VOCABULARY BUILDERS（COB^7 における）　72
vocabulary selection　48, 53
what at the end with proposition-deleted（WEPD）　132
word-combinations　41f.
word-compounds　42
WORD LINKS（COB^7 における）　72
WORD PARTNER（$CALD^3$ における）　74
WORD PARTNERSHIPS（COB^7 における）　72
yes-no question　→question

語　句

a heck of（名詞句の修飾）　300
a hell of（名詞句の修飾）　300
a lot（much との比較）　303f.
about what　129ff., 144
alive, very much　286
all（Palmer and Hornby (1937) における）　54
ally（ストレスの位置）　90
and　〜＋接続副詞　197, 213ff., 219；〜 besides（定型表現）　197, 201ff.；〜 nevertheless（定型表現）　197, 211ff.；〜 still（定型表現）　197, 207ff.；〜 then（定型表現）　197, 205ff.；〜 yet（定型表現）　197, 199ff., 204, 215ff.
any（定義）　255ff.
as（＝although）　299
as ... as 構文　239
as ... as any (...)（『熟語本位』）　245；（大沼 (1968)）　248；（定型表現）　254ff.
as ... as any (other)（『英語語法大事典　第3集』）　249, 250ff.
as ... as any other student と as ... as any student（『続・英語語法大事典』）　247
as ... as anybody/anyone（『英語語法大事典』）　247
as ... as anything　254f.；〜 can be　255
as ... as ever　240；（『熟語本位』）　245；（大沼 (1968)）　248；〜lived（小川 (1954)）　246；（定型表現）　257ff.
as good as any (...)　252ff.
as good as any (other) person　250
as to what　129ff.
ask（Palmer and Hornby (1937) における）　53f.
at a cost of ...　109, 114f.
at all costs（定型表現）　109f.
at any cost（定型表現）　109f.
aware, very much　286
be incidental on/upon（〜に付随する）　104ff.
because（発音）　91；〜節（「動機」, 離接詞）　224；（「理由」, 付加詞）　224
believe　19；（Palmer and Hornby (1937) における）　54
besides　197, 201f., 204f., 214
blow off steam（定型表現）　77
but　216ff.；〜＋接続副詞　197, 207, 213ff., 219；〜 besides（定型表現）

197, 201ff., 215; ～nevertheless（定
　型表現）　197, 211ff., 215;　～ still（定
　型表現）　197, 207f., 210f., 215;　～
　then again　197, 205;　～ then（定型
　表現）　197, 205ff., 215;　～ yet（定型
　表現）　197, 201, 204, 215ff.
can't think wh 節　122ff.
careful（$LDCE^5$ における）　73
carry on regardless（節末副詞，定型表
　現）　271
car（OCD^2 における）　69
clothes（OCD^2 における）　69f.
Colorless green ideas sleep furiously
　15
comes at a cost（高くつく，定型表現）
　108ff.
computer（OCD^2 における）　69
concerned（very ～ と much ～ の意味
　の違い）　295ff.
conclusion（BBI における）　66
copier　94
copying machine　94
cost（定型表現）　108ff.
decision（SEC における）　64
delicious　28f.
despite　276, 279f.
despite of　276, 279f.
do you know what　129, 132, 146, 149
doing what　129ff.
enhance（MCD における）　68
extend（GSL における）　49f.
face（GSL における）　53
for what　129ff.
from what　129ff.
funding（MCD における）　68
gain（(友人を) 得る）　101ff.
game（GSL における）　51
geo（COB^7 における）　72
get（COB^7 における）　72
get off（→get out of）　20f.

get out of（→get off）　20f.
go（『英和雙解熟語大辭典』）　32f.
go a wool-gathering（定型表現）　32f.
go on regardless（節末副詞，定型表現）
　271
guess what　129, 132, 145f., 149
habit（MED^2 における）　75
have a game with ...（…をだます，定
　型表現）　103f.
here goes（定型表現）　155, 157, 165,
　169
here it is（定型表現）　155f., 167ff.
here we go again（イントネーション）
　156f., 163;（嫌悪）　158, 160f., 163f.,
　169f.;（定型表現）　155ff., 169ff.,
　173;（統語構造）　155f.;（奮起）
　158f., 163, 169f.
here we go（イントネーション）　156f.,
　163;（嫌悪）　158, 160f., 163, 169f.;
　（行為完了）　158, 160f., 163, 169f.;
　（注意喚起）　158, 163, 169f.;（定型表
　現）　155ff.;（提示）　158, 162ff.,
　169ff.;（統語構造）　155f.;（同意）
　158, 161ff., 170f.;（奮起）　157ff.,
　163f., 169f.
here you are（定型表現）　155, 157, 169
here you go（定型表現）　155, 171
hope（much, very much との関係）
　299
how come?（定型表現）　228, 230ff.
how come ...?　221ff.;　～ S＋V?（定
　型表現）　228ff.;　～ not（定型表現）
　228, 233
*How come grass is green?　222
how did (does) it come that (about) S
　＋V?　234
I bet / I'll bet（MED^2 における）　75
I can tell you what　129, 132, 145, 149,
　151
「今の現状」　29

in spite（前置詞・接続詞・節末副詞用法） 263, 276f., 279f.
in spite of（定型表現） 263f., 275f., 279
interested 6
irregardless（前置詞・接続詞・節末副詞用法） 278ff.
irregardless of 264, 278f.
irrespective（前置詞・接続詞・節末副詞用法） 263, 277ff.
irrespective of（定型表現） 263f., 275, 277, 279
kick（ディクソンにおける） 40
kind（形容詞） 20
kind of（定型表現，名詞句の修飾） 300
*「この時計は正しい」 8
laboratory（COB^7 における） 72
less（fewer の代わりの） 19
let 175ff., 191f.
let me tell you what（定型表現） 129, 149f.
let us assume 191
let us say（定型表現） 175ff., 185ff., 190, 192
let us see 188ff., 192
let's 177, 191; 〜 assume（定型表現） 175, 185, 190ff., 196; 〜 say＋(that)節（節を従えて喩を言う） 178, 181ff., 185; 〜 say（間詰め） 184f.; 〜 say（前言訂正） 184f.; 〜 say（定型表現） 175ff.; 〜 say（例をあげる） 179ff., 185
let's see（定型表現） 175f., 185, 188ff., 192, 196
let's suppose（定型表現） 175, 178, 185, 190ff., 196
let's us go 177
light（GSL における） 51
like（much, very much との関係） 297ff.
like（接続詞化） 19

live（意味） 261fn.
make a dive（→take a dive） 20
meaning what 129ff.
much 283ff.
much (-ed 形，比較級の前位修飾) 291ff.; 〜の3つの機能 289ff.; 〜の遊離的機能 291; （名詞句の修飾） 300ff.; (-ed 形の修飾) 294f.; （〜の修飾語） 286; （機能的特徴） 304f.; （前置詞句） 302ff.
much concerned（→very concerned） 295f.
much the same 285, 290, 300f., 306
nevertheless（接続副詞） 197, 208, 211ff.
no matter（前置詞用法） 264, 268ff., 274, 279f.; （定型表現形成の歴史） 268ff.
notwithstanding（前置詞・接続詞・節末副詞用法） 275, 279f.
of course（Palmer and Hornby (1937) における） 54; of course（$CALD^3$ における） 73
of what（定型表現） 129ff.
pretty much（定型表現） 6, 9, 17, 286
put の定型表現（GSL における） 52
quite（名詞句の修飾） 300
rather（名詞句の修飾） 300
regardless（形容詞） 273f.; （節末副詞） 271f.; （前置詞用法） 278; （歴史） 273f.
regardless of 263f., 270ff., 274fn., 279; 〜＋wh 節 273
regardless＋wh 節 273
respected（very 〜 と much 〜 の意味の違い） 295
rob (rob A of B, rob B from A) 280
same as（接続詞化） 19
say what（定型表現） 129ff.
see what（定型表現） 129ff.

shall（1人称未来→will）　18
sort of（定型表現，名詞句の修飾）　300
steal　280
still（接続副詞）　197, 207ff., 214
student（発音）　85
take a dive（→make a dive）　20
*Thanks very much　8
That's about it（定型表現）　32
that's how come（定型表現）　227f., 232f., 235
the show / it isn't over until the fat lady sings（定型表現）　74
then（接続副詞）　197, 205, 207, 214
there you are（定型表現）　155, 157, 168f.
there you go again（定型表現）　166f., 169
there you go（定型表現）　155, 166f., 169f.
they（単数扱い）　19, 87
think　19；〜 wh 節　119ff.
until to next Friday（冗漫の例）　82
very alone　28；〜 delicious　28f.；*〜 polar　28；*〜 senior　28
very　2つの機能（強意，同意）　289；（機能的特徴）　304f.
very concerned（→much concerned）　295f.
very much　283, 285f., 288, 291, 293, 295, 297ff., 305ff.；（定型表現）（「段階性」の機能）　306f.；（「同定」の機能）　305f.；（定型表現）　285ff.
(way) back then（定型表現）　118f.
(way) back when（定型表現）　9, 115ff.
want（much, very much との関係）　299
whatever（前置詞用法）　264ff.；（形容詞）　267fn.
What is it all about?（イディオム）　17
whom　19
why ...?　221ff.
why ... for　226
Why is grass green?　222ff.
why is it that S + V?　234
Xerox　94
you know　71, 132f., 139f., 142, 146f., 171, 181, 194f., 205f., 208, 263
you know what（定型表現）　129ff.；（間詰め）　135, 139, 145f.；（基本機能）　145；（機能の発展）　145ff.；（強調）　135, 137ff., 145f.；（前方照応）　147；（後方照応）　145f.；（語用論的意味）　133, 145；（語彙的意味）　133, 145；（情報補足）　135, 141f., 145f.；（多義・多機能）　135ff.；（代用）　135, 143ff., 147；（皮切り）　135ff., 145f.；（話題転換）　135, 137, 145f.；（話題転換と強調の混合）　135, 140f., 145f.
you know why　151f.

本書に収録した論文などの初出一覧

第 1 章

八木克正・井上亜依 (2008)「英語教育のための phraseology（上）（下）」(2008 年 5，6 月)『英語教育』5 月号 Vol. 57, No. 2；6 月号 Vol. 57, No. 3．

八木克正 (2013)「フレイジオロジーと実証性」『関西学院大学　社会学部紀要』第 116 号（八木克正教授退職記念号），pp. 45-61．

第 2 章

八木克正・井上亜依 (2007)「日本の phraseology——歴史と展望」『六甲英語学研究・小西友七先生追悼号』第 10 号，256-270．

第 3 章

Inoue, A. (2007) *Present-Day Spoken English: A Phraseological Approach*, Kaitakusha, Tokyo.

第 4 章

八木克正・井上亜依 (2006)「現代英語の変化を見る視点（序説）——「効果的な意思伝達」と「労力節減」——」『言語コミュニケーション文化』（関西学院大学大学院言語コミュニケーション文化学会），Vol. 2, No. 1, 65-79．

第 5 章

八木克正 (2007)「英語の変化と辞書記述」『エクス』（関西学院大学経済学部），5 号，19-30．

第 6 章

井上亜依 (2003)「Phraseology に基づく口語英語研究——you know what の場合——」『言語コミュニケーション文化』（関西学院大学大学院言語コミュニケーション文化研究科），Vol. 1, No. 1, 29-43．

Inoue, A. (2007) *Present-Day Spoken English: A Phraseological Approach*, Kaitakusha, Tokyo.

井上亜依 (2009)「文末疑問詞疑問文の成句化——*like what?* の場合」『防衛大学校紀要』第 98 輯，163-180．

第 7 章

井上亜依（2005）「here, there を伴った成句表現の多義と融合現象」『英語語法文法研究の新展開』，田中実・神崎高明（編），70-76，英宝社，東京．

Inoue, A. (2007) *Present-Day Spoken English: A Phraseological Approach*, Kaitakusha, Tokyo.

第 8 章

井上亜依（2004）「口語英語の phraseology—let's say の多義性」*JASEC BULLETIN*（日本英語コミュニケーション学会），Vol. 13, No. 1, 16-26.

Inoue, A. (2007) *Present-Day Spoken English: A Phraseological Approach*, Kaitakusha, Tokyo.

Inoue, A. (2012) "Functional Differentiation between Hesitation Fillers: The Case of *you know what* and *let's say*," *Phraseology and Discourse: Cross Linguistic and Corpus-based Approaches*, ed. by Antonio Pamies et al., 164-172, Schneider Verlag Hohengehren GmbH.

第 9 章

Inoue, A. (2009a) "Semantic Identification of Phrase Variants in the Case of 'and yet' and 'but yet' Based on a Phraseological Approach," *Dictionaries in Education* ASIALEX'09 Thai CD-ROM Proceedings, The Asian Association for Lexicography.

井上亜依（2009b）「成句表現成立に働く言語経済の冗漫の原理」*JASEC BULLETIN*（日本英語コミュニケーション学会），No. 18, Vol. 1, 27-39.

Inoue, A. (2012) "Similar Functions of Phraseological Units: Cases of the Patterns '*and* + conjunctive adverb' and '*but* + conjunctive adverb'," *Research on Phraseology in Europe and Asia: Focal Issues of Phraseological Studies*, Volume 1, *Intercontinental Dialogue on Phraseology*, ed. by Joanna Szerszunowicz et al., 79-99, Białystok University, Poland.

第 10 章

Inoue, A. (2010) "The Functional Classification and Expansion of Similar Phraseological Units: Interrogatives with *how come* ...? and *why* ...?" 『言語コミュニケーション文化』（関西学院大学大学院言語コミュニケーション文化学会），Vol. 8, No. 1, 19-33.

第 11 章
八木克正 (2011)「同等比較で最上級の意味を表すことができるか—as ... as any (...) as ... as ever の本質—」『英語学・英語教育研究』(日本英語教育学会創立 30 周年記念号), 170-187.

第 12 章
八木克正・井上亜依 (2004)「譲歩を表す成句表現にともなう省略現象と機能転換」『英語語法文法研究』第 11 号, 158-173, 英語語法文法学会.

第 13 章
八木克正 (2005)「意味的統語論からみた much と very の機能と意味」『英語語法文法研究の新展開 (八木克正教授還暦記念論文集)』, 田中実・神崎高明 (編), 127-133, 英宝社, 東京.

八木克正 (2006)「意味的統語論からみた副詞 much と very の用法」『言語と文化』(関西学院大学言語教育研究センター紀要), 9, 1-16.

著者紹介

八木　克正（やぎ　かつまさ）

関西外国語大学教授．関西学院大学名誉教授．1944 年生まれ．
　専門分野：英語辞書学，英語の phraseology，英語音声学．
　日本英語コミュニケーション学会学術担当理事および編集委員，日本英語音声学会副会長，英語語法文法学会元会長・現在名誉顧問，関西英語語法文法研究会会長，フレイジオロジー研究会代表．
　主な単著：『英語教育に役立つ　英語の基礎知識 Q&A』(2011，開拓社)，『英語の疑問　新解決法——伝統文法と言語理論を統合して』(2011，三省堂)，『世界に通用しない英語——あなたの教室英語，大丈夫？』(2007，開拓社)，『英和辞典の研究——英語認識の改善のために』(2006，開拓社)，『英語の文法と語法——意味からのアプローチ』(研究社出版，1999)，『ネイティブの直観にせまる語法研究——現代英語への記述的アプローチ』(研究社出版，1996)，『新しい語法研究』(山口書店，1987)．
　『ユースプログレッシブ英和辞典』(2004，小学館) 編集主幹．

井上　亜依（いのうえ　あい）

防衛大学校　総合教育学群外国語教育室　准教授．
　専門分野：現代英語の phraseology．
　主な著書：*Present-Day Spoken English: A Phraseological Approach* (2007，開拓社)，『英語語法文法研究の新展開』(分担執筆，2005，英宝社)，『新版　英語学概論』(分担執筆，2006，英宝社)，*Phraseology, Corpus Linguistics and Lexicography* (*Papers from Phraseology 2009 in Japan*) (共編，2010，関西学院大学出版会)，*Research on Phraseology in Europe and Asia: Focal Issues of Phraseological Studies*, Volume 1 (*Intercontinental Dialogue on Phraseology*) (分担執筆，2012，Białystok University Publishing House)，*Phraseology and Discourse: Cross Linguistic and Corpus-based Approaches* (分担執筆，2012，Schneider VerlagHohengehren GmbH)，『21 世紀英語研究の諸相——言語と文化からの視点』(共著，2012，開拓社)，その他，論文，国際学会・国内学会での発表多数．
　学会賞受賞歴：2007 年 5 月日本英語音声学会奨励賞受賞，2010 年 3 月山崎賞（防衛省学術振興会）奨励賞受賞，2012 年 10 月日本英語コミュニケーション学会奨励賞受賞．

英語定型表現研究
― 歴史・方法・実践 ―

ISBN978-4-7589-2190-6 C3082

著　者	八木克正・井上亜依
発行者	武村哲司
印刷所	日之出印刷株式会社

2013年10月25日　第1版第1刷発行©

発行所	株式会社　開拓社	〒113-0023　東京都文京区向丘1-5-2 電話　(03) 5842-8900 (代表) 振替　00160-8-39587 http://www.kaitakusha.co.jp

JCOPY ＜(社)出版者著作権管理機構　委託出版物＞

本書の無断複写は，著作権法上での例外を除き禁じられています．複写される場合は，そのつど事前に，(社)出版者著作権管理機構（電話 03-3513-6969, FAX 03-3513-6979, e-mail: info@jcopy.or.jp）の許諾を得てください．